A lógica da escrita e a organização da sociedade

Dados Internacionais de Catalogação na Publicação (CIP)
(Câmara Brasileira do Livro, SP, Brasil)

Goody, Jack
  A lógica da escrita e a organização da sociedade / Jack Goody ; tradução de Marcus Penchel. – Petrópolis, RJ : Vozes, 2019 – (Coleção Antropologia)

  Título original: The logic of writing and the organization of society
  Bibliografia.
  ISBN 978-85-326-6231-6

  1. África, Oeste – Civilização 2. Civilização antiga 3. Escrita – Aspectos sociais 4. Escrita – História 5. Evolução social I. Título. II. Série.

19-28215   CDD-303.4

Índices para catálogo sistemático:
  1. Escrita : Mudança social : Sociologia   303.4

Cibele Maria Dias – Bibliotecária – CRB-8/9427

Jack Goody

A lógica da escrita e a organização da sociedade

Tradução de Marcus Penchel

EDITORA
VOZES

Petrópolis

© Cambridge University Press 1986.

Título do original em inglês: *The Logic of Writing and the Organization of Society*
(4ᵗʰ reprint 1996)
Esta tradução é publicada por intermédio da Cambridge University Press.

Direitos de publicação em língua portuguesa – Brasil:
2019, Editora Vozes Ltda.
Rua Frei Luís, 100
25689-900 Petrópolis, RJ
www.vozes.com.br
Brasil

Todos os direitos reservados. Nenhuma parte desta obra poderá ser reproduzida ou transmitida por qualquer forma e/ou quaisquer meios (eletrônico ou mecânico, incluindo fotocópia e gravação) ou arquivada em qualquer sistema ou banco de dados sem permissão escrita da editora.

CONSELHO EDITORIAL

Diretor
Gilberto Gonçalves Garcia

Editores
Aline dos Santos Carneiro
Edrian Josué Pasini
Marilac Loraine Oleniki
Welder Lancieri Marchini

Conselheiros
Francisco Morás
Ludovico Garmus
Teobaldo Heidemann
Volney J. Berkenbrock

Secretário executivo
João Batista Kreuch

Editoração: Fernando Sergio Olivetti da Rocha
Diagramação: Mania de criar
Revisão gráfica: Nilton Braz da Rocha / Nivaldo S. Menezes
Capa: Felipe Souza | Aspectos

ISBN 978-85-326-6231-6 (Brasil)
ISBN 978-0-521-33962-9 (Reino Unido)

Editado conforme o novo acordo ortográfico.

Este livro foi composto e impresso pela Editora Vozes Ltda.

Sumário

Estudos sobre a escrita, a família, a cultura e o Estado: uma introdução – Apresentação da série original, 7

Prefácio, 11

1 A palavra de Deus, 17

2 A palavra de Mamom, 54

3 O Estado, o escritório e o arquivo, 90

4 A letra da lei, 125

5 Rupturas e continuidades, 163

Referências, 175

Índice remissivo, 191

Índice geral, 201

Estudos sobre a escrita, a família, a cultura e o Estado: uma introdução
Apresentação da série original

Os livros desta série são resultado de uma jornada que começou na Europa Ocidental e Mediterrânea e deu em seguida uma guinada mais acadêmica para a África e a Índia ocidentais. Indiretamente voltou no tempo e estendeu-se no espaço, apoiando-se na convicção da unidade das ciências sociais, cujo valor está não tanto em uma teoria generalizada e em um conjunto de conceitos abstratos altamente sofisticados, mas no incentivo à abordagem de problemas intelectuais da condição humana, passada e presente, sem o constrangimento a um campo e um método únicos.

Os diferentes campos que chamamos de antropologia, sociologia e história são apenas aspectos da investigação mais ampla da interação humana que em contextos mais específicos se fraciona em estudos de economia, política, demografia e religião. Cada um dos grandes campos concentra-se em determinado conjunto de sociedades ("simples" ou "complexas", presentes ou passadas, específicas ou gerais) e utiliza diferentes métodos e fontes de informação (observações de campo ou documentos escritos, processos dedutivos ou indutivos). Mas lidamos melhor com problemas substantivos quando não utilizamos apenas um método nem confinamos o discurso a um único campo, tentando em vez disso penetrar as pesadas cortinas das fronteiras instituídas e institucionalizadas com a mais ampla gama de recursos disponíveis.

Há três fios condutores que percorrem os vários estudos. Um é metodológico. Entre as razões pelas quais empreendi de início um trabalho de campo na África Ocidental estava o desejo de traçar para mim mesmo de forma mais clara alguns aspectos da sociedade ocidental, por exemplo no contraste entre o escrito e o oral. Uma vez lá, fiquei profundamente envolvido com a África Ocidental, tanto do ponto de vista pessoal quanto acadêmico, e assim permaneci desde então. Tendo realizado trabalho de campo, quis tentar avaliar de forma mais ampla as conclusões examinando situações semelhantes em outras partes do mundo, às vezes por meio de comparações informais mas também em um nível mais sistemático (p. ex., em *Production and Reproduction*, 1977, e vários estudos demográficos). Pois "experimentos cruciais" em intenso trabalho de campo e mesmo comparações críticas de povos vizinhos ou de uma mesma região, advogados por muitos antropólogos, não são sempre por si mesmos adequados, embora eu tenha feito uso de todos esses procedimentos em diversos momentos e com diferentes finalidades. O resultado dessa busca metodológica foi levar de volta, obviamente, da etnografia para interesses mais antigos em sociologia comparativa (ou antropologia social) e história comparativa. Com efeito, se nos interessamos mais por problemas e tópicos do que por campos de estudo estritamente delimitados, esse entrelaçamento de interesses é essencial, mesmo que os resultados passem bem longe de uma "ciência social unificada".

O segundo fio condutor tem a ver com o conteúdo desses estudos. Se há muitas e detalhadas diferenças nas sociedades humanas que requerem explicações muito específicas (e tentei examinar algumas delas em duas comunidades vizinhas da África Ocidental em meu livro *Death, Property and Ancestors*. Stanford, 1962), há outros aspectos mais disseminados (tanto similaridades quanto diferenças) que exigem algumas hipóteses mais gerais. Em certo nível, esses aspectos estão relacionados às suposições que as pessoas fazem sobre as diferenças e similaridades entre sociedades orais e com escrita, simples e avançadas, frias e quentes. Em outro nível, têm a ver com as formas de ganhar a vida em cada uma delas. O primeiro conjunto de problemas foi central no meu estudo sobre as implicações das mudanças nos meios e modos de comunicação (*The Domestication of the Savage Mind*, 1977 e o presente volume), o segundo na análise de aspectos da vida doméstica e política no contexto das mudanças nos meios e modos de produção e de destruição (*Technology, Tradition and the State in Africa*, 1971; *Production and Reproduction*, 1977).

As hipóteses sugeridas inevitavelmente têm que ser refinadas e testadas mais a fundo. Qualquer situação empírica envolve uma variedade de fatores diversa dos já considerados. Mas para entender o fluxo geral da história humana é preciso começar com alguma perspectiva teórica e de um determinado ponto de partida. Observando a família e o casamento na África Ocidental, estudei primeiro diferenças e similaridades específicas entre dois pequenos subgrupos étnicos dos lodagaa [LoDagaa no original, termo mesclando *lobi* e *dagart*, ou seja, gente a oeste e a leste – N.T.], voltando-me em seguida para algumas diferenças regionais (*Comparative Studies in Kinship*, Kegan Paul e Stanford University Press, 1969) e, por fim, para certos aspectos gerais de diferença entre a África e as principais sociedades da Eurásia (p. ex., *Bridewealth and Dowry*, sobre riqueza e dotes matrimoniais, com S.J. Tambiah, 1973). Impressionado por certas inconsistências entre o meu modelo e primitivos sistemas europeus de casamento e família (a história dos últimos 200 anos levanta outras questões), fui levado a examinar o papel histórico da Igreja cristã na promoção e em certa medida no estabelecimento de novas normas de vida doméstica (*The Development of Marriage and the Family in Europe*, 1983). Esse estudo, por sua vez, levantou outras questões, primeiro quanto às transformações nos últimos 200 anos, abordadas em geral segundo a perspectiva do presente (e sempre a da Europa Ocidental) mas que precisam ser examinadas comparativamente e a partir do passado; segundo sobre as possíveis implicações de outras culturas templárias para o casamento e a família, assim como o papel da caridade de forma mais geral. Mas estes são outros problemas para outras investigações e investigadores, que serão beneficiados pelo avanço nos dados, conceitos e métodos da pesquisa social comparativa, combinados com intensa observação, extensas sondagens e estudos documentais.

Jack Goody
Cambridge, fevereiro de 1986.

Prefácio

Este livro tenta precisar algumas das diferenças gerais de organização social entre sociedades sem e com escrita e os processos de transição de uma para a outra. É um tema tremendamente amplo, mas que pede um tratamento preliminar e uns poucos comentários de abertura. Por necessidade confinei minha atenção em grande parte a duas situações desse tipo, uma com escrita, outra sobretudo sem: o antigo Oriente Médio, onde surgiu a escrita, e a África Ocidental contemporânea, onde o uso da escrita proliferou nos últimos 50 anos. Diferentes sistemas de escrita têm, naturalmente, diferentes implicações em sociedades diferentes e em momentos diversos. Mas há também importantes aspectos em comum entre certos contextos específicos, e foi para esses que quis chamar atenção.

Não me preocupam as diferenças simplesmente em função das diferenças. Em primeiro lugar, tento fornecer uma explicação mais satisfatória, para mim mesmo e para o leitor, de certos conceitos amplamente usados, sociológicos e antropológicos, históricos e do senso comum, que têm servido para descrever as grandes diferenças ou transições na história das sociedades humanas. Essa tentativa leva-me a deslocar parte da ênfase dada aos meios e modos de produção na explicação da história humana para os meios e modos de comunicação. Ao mesmo tempo, acho necessário desafiar certas noções sobre o caráter único do Ocidente no que toca a explicação sobre a emergência do mundo "moderno", uma vez que vejo algumas das precondições distribuídas de forma mais ampla do que admitem muitas das teorias atuais. Mas tais objetivos, especialmente o último, nem sempre ocupam o centro do palco, uma vez que estou lidando com aspectos de uma adoção "primitiva" da escrita e não com o seu posterior desenvolvimento.

A forma presente deste estudo resultou em grande parte do convite que me fizeram para dar cinco palestras na Universidade de Chicago em outubro de 1984, celebrando L.A. Fallers e sua obra. Foi significativo o fato de que a pesquisa dele cobria não apenas o "simples" Estado africano oriental dos busoga no momento em que este se ajustava ao domínio colonial, mas a muito mais complexa nação turca, herdeira islâmica dos nômades asiáticos e também da agricultura, comércio, população, governo e, em certa medida, das tradições do Império Bizantino centrado em Constantinopla. Esse deslocamento da pesquisa da África para o Oriente Médio não decorreu da indagação antropológica tão frequente sobre "onde irei em seguida", mas da colocação da mesma sob uma perspectiva intelectual e não territorial. O interesse de Fallers nos textos de Max Weber e no quadro contemporâneo em que trabalhou – a emergência das novas nações africanas – e suas próprias reações a esses eventos impeliram-no a uma comparação da natureza das formações estatais simples e complexas e ao estudo da transição entre elas. Daí avançou para uma investigação dos aspectos e fatores por trás desse contraste dinâmico, contraste que não é certamente nem binário nem linear mas que representa um processo com pontos de ruptura significativos que é preciso ser capaz de identificar para poder apresentar razões plausíveis para a mudança social, tanto para o declínio quanto para a ascensão de estados, impérios e nações.

Foi por saber que ele se ocupava desses problemas – e uso o verbo no sentido em que um quaker se ocupa de algo – que, quando eu estava no Centro de Estudos Avançados de Stanford em 1960 e ele se preparava para participar daquela importante mudança coletiva com Geertz e Schneider de Berkeley para Chicago, enviei-lhe, para que comentasse, um artigo escrito por Ian Watt e por mim descaradamente intitulado "As consequências da escrita". A resposta foi encorajadora. Estivéramos trabalhando juntos naquela época em planos para publicar um novo *Journal of Social Anthropology* (cf. STOCKING, 1979), mas como essa ideia estava muito no ar ele sugeriu que o artigo fosse enviado a uma publicação importante e já estabelecida, *Comparative Studies in History and Society*.

Em uma série de publicações subsequentes segui aspectos desse artigo. Um trabalho editado, *Literacy in Traditional Societies*, reuniu artigos sobre a etnografia da escrita em várias sociedades de diversas partes do mundo. Um volume chamado *The Domestication of the Savage Mind** (1977) examinou algumas das implicações da representação gráfica da língua para os processos cognitivos, em especial o uso parcialmente descontextualizado da língua em contextos formais, a lista, a tabela (i. é, listas emparelhadas em fileiras e colunas), a matriz (uma tabela mais complexa), junto com o desenvolvimento de noções mais precisas de contradição, de formas de "lógica" (no sentido especializado), incluindo o silogismo, e de outros tipos de argumento e prova (GOODY, 1977; YOFFEE, 1979).

O segundo objetivo da minha investigação sobre as implicações da escrita foi examinar a interface entre o oral e o escrito, não apenas para as culturas mas para os registros e *performance* nas culturas escritas. Discuti essa interface numa série de ensaios recentes, principalmente sobre "escrita" e formas "artísticas", que no momento estou tentando reunir em livro (embora destinado lamentavelmente a permanecer incompleto).

---

* Tradução brasileira: *A domesticação da mente selvagem*. Petrópolis: Vozes, 2012.

O terceiro objetivo, que constitui o presente estudo, tem a ver com os efeitos a longo prazo da escrita na organização da sociedade. Tentarei esclarecer este objetivo. Parte do empreendimento é examinar certos aspectos que sociólogos e outros estudiosos têm considerado importantes na análise das instituições sociais – por exemplo, a dicotomia ou polaridade particularista-universalista usada por Talcott Parsons como uma de suas variáveis-padrão (essencialmente derivadas de Max Weber) – para ver até que ponto podemos explicar a incidência de diferenças em termos de desenvolvimentos na comunicação humana. Dá-se o mesmo com as discussões sobre sistemas legais. Em tudo isso, meu interesse é próximo ao de Fallers, que não se preocupava em transgredir fronteiras entre antropologia e sociologia, entre sincronia e diacronia, entre culturas europeias e outras, porque estava mais preocupado em propor soluções para problemas intelectuais do que com limites disciplinares ou geográficos.

Grande parte do material que utilizo para identificar diferenças e transição entre sociedades sem e com escrita é produto de trabalho, meu e de outros, na África Ocidental. O resto vem das culturas primitivas dotadas de escrita do antigo Oriente Médio; apesar do meu conhecimento escasso a respeito, essas culturas são de importância óbvia, pois estamos lidando com os primeiros desenvolvimentos no uso da escrita, com o início de uma tradição escrita que, em sentido amplo, alimentou a Grécia e a Europa. E ao tratar da lei discuti sumariamente o desenvolvimento do uso da escrita na Europa durante a Idade Média como outro período de transição.

Os problemas envolvidos num esforço desse tipo são muitos e sujeitos a mal-entendidos, ainda mais que a ironia do título sobre a "domesticação" da mente selvagem nem sempre tem sido apreciada. Para os propósitos atuais, examino esses problemas sob três rubricas: implicações causais, categorias e evidência.

Meus colegas antropólogos estão acostumados a analisar um contexto específico, quer o tenham observado em trabalho de campo, quer tenham ouvido relatos de outros (os "informantes", como são às vezes barbaramente chamados) ou lido a respeito em livros e documentos. A análise envolve desvendar os fios condutores constituintes dessa situação humana e a percepção de como esses vários fatores interagem nesse cenário sociocultural específico. Meus colegas historiadores e arqueólogos estão mais acostumados a rastrear as situações no tempo e a estabelecer, entre outras coisas, sequências cronológicas de desenvolvimento, algumas das quais, como a transição da caça à coleta e à agricultura, tendem a se repetir em uma variedade de condições. Uma terceira forma de investigação consiste em pegar um fio condutor específico (ou mesmo um tópico) e seguir seu caminho mutável no tempo e no espaço. Foi o que eu tentei fazer e é uma forma de pesquisa com respeitável linhagem. Pode-se mencionar, no campo da comunicação, o trabalho de Eisenstein sobre as implicações da imprensa (1979) ou o de Turkle sobre o efeito dos computadores no "espírito humano" (1984), ou, no campo da agricultura, o de White sobre o arado (1940) e sobre a tecnologia medieval mais genericamente (1962).

São tipos amplos de pesquisa mais ou menos ligadas a disciplinas acadêmicas específicas. Não exaurem a gama de possibilidades, que incluiriam investigações como a de Thomas (1978, 1983) sobre aspectos da consciência em mutação na época do Renascimento ou o admirável registro sócio-histórico da vida medieval em *English Villagers of the Thirteenth Century*, de Homan (1942). Mas para o presente estudo bastará a categorização tripartite.

Em vários momentos tentei as três formas de pesquisa. Cada uma tem seu preço e suas vantagens. Um preço óbvio da pesquisa sobre as possíveis implicações do arado é que alguns leitores verão a abordagem como determinista de um fator isolado. Por outro lado, uma investigação completa dos fatores ou rede causal numa situação de campo torna difícil para o autor evitar ser tido como um proponente convicto de uma abordagem estrutural ou funcional. Um estudo histórico é com frequência visto como parte de uma análise mais ampla do desenvolvimento, às vezes até caracterizado como unilinear. Mas, por mais tentadoras que sejam, essas caracterizações precisam ser evitadas.

Ao tomar como assunto a escrita e a tradição escrita, por exemplo, não suponho sequer por um momento que esses sejam os únicos fatores envolvidos em qualquer situação específica, mas apenas que são importantes. Nessas investigações, gostaríamos de poder avaliar a relevância de diferentes elementos e de produzir um diagrama de progressão que pesasse, de forma mais ou menos precisa, os fatores envolvidos. A não ser, claro, que o pesquisador se satisfaça em deixar a análise no nível funcional de mostrar que tudo influencia tudo o mais, ou no nível estrutural de indicar homologias abstratas ou ressaltar princípios. Mas esse modo mais exigente de avaliar fatores contribuintes, tão amplamente utilizado em economia devido à natureza numérica de muitos dos dados, é praticamente impossível, pelo menos no momento e talvez num futuro previsível, para muitas das situações com as quais têm lidado as ciências sociais mais suaves. Consequentemente, escolher um assunto para investigar significa não apenas que se corre o risco de inflar sua importância mas, pior, de ser tido por alguém que acredita que os negócios humanos são determinados por um único fator. Alguns escritores até parecem supor que "relações causais" são aquelas determinadas apenas dessa maneira – isto é, situações que têm uma causa em todo lugar e a qualquer momento.

Não aceito essa visão da análise sociocultural, nem a natureza oposicional da teoria e prática sociais que essa visão implica. Até certo ponto, porém, surgem mal-entendidos dos diferentes tipos de pesquisa que destacamos. A questão é colocada claramente por Cole e Keyssar numa recente monografia:

> Há também concordância em que o impacto causal geral do conhecimento da escrita não é unidirecional da tecnologia para a atividade. As atividades fornecem maiores ou menores oportunidades para dar efetividade a tecnologias de escrita específicas. Como registrado por Goody (1977) ou Schmandt-Besserat (1978), a interação de forças socioeconômicas e de tecnologia da escrita representa um caso clássico de interação dialética de sistemas que estão sempre incipientemente em processo de mudança (1982: 4).

O fato de alguns leitores interpretarem o argumento como unidirecional e outros reconhecerem as influências em mão dupla de múltiplos fatores pode dever-se mais às dificuldades da comunicação escrita, enquanto distinta da comunicação oral, do que a uma falha de entendimento. Mas há também a questão de estar disposto a suspender não a própria descrença mas as "crenças" pessoais, os envolvimentos ideológicos pessoais, as categorias pessoais predeterminadas de entendimento. Foi para tentar evitar alguns desses mal-entendidos que escolhi para título uma fórmula verbal que me sugeriu Marshall Sahlins, "A lógica da escrita..."

Não foi somente esse o resultado positivo da minha visita a Chicago. R.T. Smith foi um excelente anfitrião e recebi comentários úteis de B. Cohen, T. Turner, E. Shils e outros. Anteriormente, tive que ser grato a J. Flanagan por ler vários capítulos. Caroline Wyndham e Antonia Lovelace fizeram o processamento de texto e ajudaram com as referências. John Baines e Keith Hart foram de grande ajuda com o manuscrito como um todo, enquanto John Dunn e A.L. Epstein leram capítulos específicos. Tenho que agradecer à Universidade de Cambridge por me conceder a aposentadoria antecipada para terminar o manuscrito e ao St. John's College por me ceder uma sala e o ambiente adequado para continuar o trabalho. Na primavera de 1985, dei as palestras sob forma diversa no Collège de France (graças a um convite providenciado por Françoise Héritier-Augé) e o clima social e intelectual acolhedor de uma primavera parisiense me estimulou a voltar à tarefa de revisão; o esforço de preparar o curso para uma plateia diferente e o trabalho com minhas tradutoras Anne-Marie Roussel e Anne de Sales ajudaram-me a reformular partes da argumentação. Sou também especialmente grato a Patricia Williams, a Anne Nesteroff, da Armand Colin, e a Michael Black, da Cambridge University Press.

Tenho uma última ressalva. Embora haja dividido os tópicos dos capítulos segundo os subsistemas de sociedade geralmente aceitos – isto é, religião, economia, política e direito –, uma série de temas e aspectos pululam sob cada uma dessas rubricas, que de qualquer forma se sobrepõem. Tal duplicação é inevitável, uma vez que tento mais distinguir certo número de fatores gerais do que examinar situações específicas detalhadamente, em parte porque esse último tipo de trabalho foi em alguns casos empreendido em outros textos. Os antropólogos sem dúvida ficarão irritados por essa carência de dados de campo, os historiadores pela ausência de relatos específicos, os sociólogos pela escassez de referências à literatura social teórica. Todos, do ponto de vista de seus domínios específicos, terão razão em seus comentários. Pior ainda é que deixei de tratar de uma série de tópicos, tais como ação ritualística, parentesco e educação, para o que a minha desculpa é que tentei e estou tentando atualmente lidar com esses assuntos em outros contextos.

Mas basta de prefácio; vamos aos argumentos propriamente ditos. Começo tratando no primeiro capítulo da influência da escrita sobre a religião, porque isso levanta muitas das principais questões em jogo. Primeiro examino até que ponto a presença da escrita afetou a noção e o estudo dos fenômenos religiosos. Aqui, da mesma forma que, com relação ao direito, o livro escrito nos leva a diferentes ideias do que é a religião, ideias que também se relacionam a matérias substanciais de forma e conteúdo. *De forma*, pelo estabelecimento de uma fronteira para a "crença" e para a prática, o que levanta questões que têm a ver com a natureza da crença, da verdade e da conversão. *De conteúdo*, pela tendência da escrita a supergeneralizar as normas. De ambas as maneiras a religião adquire uma autonomia crescente em relação a outros aspectos do sistema social. Mas a emergência da religião como uma das "grandes organizações" (não apenas como um aspecto diferenciado, digamos, da interação intrafamiliar) implica autonomia em outro nível: a autonomia da Igreja como organização. É a autonomia parcial dessas organizações que nos exige qualificar a tentativa de Durkheim, em *Formas elementares da vida religiosa*, de usar o termo "igreja" de uma maneira totalmente englobante (como outros antropólogos fizeram com o direito ou a lei), assim como de modificar as teorias sociais de muitas e diferentes inspirações que supõem que a religião, mesmo em sua forma eclesiástica, reflete os temas dominantes do resto do sistema sociocultural de uma forma estrutural ou funcional rígida. As "grandes organizações" com sua tradição escrita adquirem uma certa independência própria, promovida por sua custódia dos livros, assim como por seu interesse na continuidade terrena e na salvação além-túmulo.

1
A palavra de Deus

Aprendemos que no princípio era o verbo, a palavra. E era, naturalmente, a palavra de Deus, Deus que criou o mundo, ou a palavra dos seus profetas e, depois, a palavra do seu filho que salvou o mundo. Tal palavra foi não apenas falada mas escrita em um livro, o Livro Sagrado, a Bíblia, o Testamento. Que diferença faz se o verbo, como no judaísmo, no islamismo e no cristianismo, é escrito num livro (ou num conjunto de livros) e não simplesmente proferido de boca, produto da língua falada? Há algum padrão geral pelo qual as culturas orais e escritas tendem a diferir em suas crenças e práticas religiosas? De que maneira os sistemas de culto dependem de modos específicos de comunicação? E até onde, no tempo, as tradições de atividade intelectual dependem da presença primitiva de uma religião do Livro?

Tais são questões de grande generalidade mas que muitos estudiosos se fazem, sobre as quais alguns refletem mas que outros põem de lado, dando margem a várias suposições tácitas. Minha tentativa é de dar voz a esses pensamentos em grande parte silenciosos, tomando como ponto de partida um amplo contraste entre certos aspectos das religiões africanas e eurasianas, incluindo entre estas não apenas as religiões do Oriente Médio que se concentram num único livro mas também aquelas que significativamente dependem da escrita, especialmente a escrita alfabética, para a transmissão do mito, da doutrina e do ritual. No entanto, essas formas adquiridas pelas religiões orientais são com frequência mais ecléticas do que as mediterrâneas, modificando a tendência a um compromisso exclusivo da congregação, se não sempre dos sacerdotes. Embora a questão desta e outras diferenças seja importante, trato aqui de tendências gerais.

Deixem-me começar dizendo que no nível mais geral há muito em comum entre as duas tradições; isto é, na África o observador eurasiano identificaria facilmente uma área de crença e prática que designaria como religiosa, cerimonial ou ritualística, independentemente de aceitar ou não essas crenças. Por exemplo, perceberia os rituais centrados nos ciclos humano e cósmico. O primeiro compreende os ritos do nascimento, do casamento e da morte (assim como os que marcam várias fases intermediárias, como gravidez, iniciação, divórcio, aposentadoria etc.); o segundo inclui os ritos do ciclo anual, que na maioria das sociedades agrícolas são celebrados no início e no fim da estação produtiva. Depois há as representações ocasionais, realizadas em geral quando ocorrem infortúnios, sob a forma de morte, seca ou enchentes, eventos cuja própria irregularidade requer um ato divinatório para elucidar os agentes ou forças envolvidas, quer humanas ou não.

Ao estudar esses ritos que marcam fases do ciclo humano, estamos por definição ocupados com a entrada e saída de machos e fêmeas neste e no outro mundo. Os mistérios do nascimento e da morte são centrais à experiência religiosa. Pois permanece verdadeiro, pelo menos até os tempos seculares recentes, que todas as sociedades humanas têm algum tipo de conceito do outro mundo e do movimento da alma (e às vezes do corpo) entre este mundo e o outro. Consequentemente, todas as religiões tratam dos dois mundos e dos seus habitantes, em grande parte humanos num dos casos e, no outro, seres ou mesmo forças "sobre-humanas", com algum tipo de deus supremo figurando na maioria das vezes como criador deste mundo, embora habitando o outro. Questões de vida e de morte, a conduta dos deuses e dos homens – tais são os temas que constituem em toda parte o domínio das religiões.

Embora haja muito em comum, vale a pena explorar as próprias diferenças gerais entre as religiões da África e da Eurásia à luz de sua associação às culturas oral e escrita. Não se trata apenas de uma questão de contraste sincrônico. O fato de que a palavra é escrita num caso e não no outro é importante, diacronicamente, para ajudar a entender a característica difusão das chamadas religiões mundiais (que no caso da África são o islamismo, o cristianismo e o judaísmo) por conversão e por absorção, difusão que foi acompanhada pelo gradual declínio – ou deveria dizer pela incorporação ou ajuste – das religiões locais.

No Ocidente inevitavelmente tomamos como modelos, por exemplo em cursos sobre religião comparada, as que têm textos escritos sobre mito, doutrina e ritual. São as religiões mundiais, às vezes chamadas de religiões éticas. A meu ver, há uma intrínseca conexão entre as características dessas religiões implicadas por tais epítetos e a própria modalidade escrita, por meio da qual as crenças e comportamentos religiosos são formulados, comunicados e transmitidos, ao menos em parte. Mas, primeiro, à África.

Nesse continente, as únicas religiões do livro foram as do Oriente Médio e a sua distribuição mais importante foi ao norte do Saara. Historicamente, o Egito nos deu uma das primeiras religiões escritas, um culto sacerdotal e templário no qual o ensino e mesmo o uso da escrita se concentrou amplamente nas mãos dos sacerdotes; como na Mesopotâmia, a escrita era essencial tanto para a religião quanto para os sacerdotes. Geograficamente, essa religião estava sobretudo confinada a fronteiras políticas, e pode ser significativo que apenas através da escrita alfabética algumas religiões tenham rompido decididamente suas fronteiras nacionais e se tornado religiões de conversão. Na África, partes da Etiópia, assim como os vizinhos Iêmen e Arábia, foram bem cedo influenciadas pelo judaísmo e, mais tarde, pelo cristianismo e o islamismo. Os cartagineses trouxeram da Fenícia um conjunto de cultos e crenças semíticos que subsequentemente deram lugar a práticas judaicas por todo o litoral mediterrâneo; chegou-se a propor, com efeito, que um importante elemento da diáspora judaica na Europa consistiria de fenícios convertidos do norte da África[1]. Mais tarde, a mesma região abrigou também a Igreja Donatista e por um breve período a Cristandade estendeu-se por todo o norte da África, do Magrebe à Etiópia, abrangendo os coptas do Egito e os reinos cristãos do Sudão. Por fim, foi precisamente essa área cristã que mais tarde veio a ser dominada pelo islamismo em expansão (deixando para trás pequenos bolsões judaicos e cristãos), que se espalhou pelo Saara a leste e a oeste e também em direção ao sul pela costa oriental africana até Madagascar. Além dos cultos do Egito antigo, essas religiões estavam ligadas à escrita alfabética, que era mais amplamente distribuída dentro e mais facilmente adotada fora; era portanto mais provável que se tornassem religiões "mundiais" em vez de "nacionais". Poderíamos mesmo dizer que essas religiões alfabéticas difundiram a escrita e também que a escrita difundiu essas religiões. E foi a difusão não apenas de uma religião em particular mas da "ideia de religião".

O conceito de "uma" ou "da" religião

Deixem-me primeiro explicar o que não quero dizer com essa observação. Não quero dizer a ideia de religião. Como já vimos, não é preciso ser muito comparativista para reconhecer aspectos de prática e crença em todas as sociedades que estão centrados em torno de noções de vida e de morte, de outro mundo, de seres espirituais e adivinhação, de propiciação e sequências ritualísticas. Mas nas línguas africanas eu não encontro qualquer equivalente para a palavra ocidental "religião" (ou mesmo "ritual") e, mais importante, os atores não parecem encarar crenças e práticas religiosas da mesma maneira que nós, quer sejamos muçulmanos, judeus, hinduístas, budistas, cristãos ou ateus – ou seja, não parecem encará-las como algo distinto, à parte. Essa diferença é indicada pela maneira como definimos uma religião africana, não apenas por suas características enquanto seita ou igreja (com o devido respeito a Durkheim, que aplicava o termo mesmo às mais simples sociedades), mas como religião kikuyu ou religião axante. Em outras palavras, definimos uma religião em termos das práticas e crenças de um grupo específico de indivíduos territorialmente limitados – uma tribo ou um reino. Com efeito, pode-se argumentar que só a partir da competição com o islamismo

---

[1]. M. Bernal, comunicação pessoal.

ou o cristianismo é que a ideia de uma religião axante, como algo distinto do conceito mais inclusivo de um modo de vida axante, começou a tomar forma, primeiro na mente do observador e depois na do ator. A indicação dessa diferença encontra algum suporte no fato de, ao tentar definir tais sistemas religiosos de maneira abrangente, deixando de lado as designações "étnicas", os estudiosos europeus lançaram mão de rótulos como paganismo e animismo, que descrevem religiões em termos de uma oposição às formas escritas hegemônicas.

Fronteiras

A razão desse estado de coisas é bastante óbvia. As religiões escritas têm algum tipo de fronteira autônoma. Os praticantes estão comprometidos com apenas uma fronteira e podem ser definidos por sua adesão a um Livro Sagrado, por seu reconhecimento de um credo, assim como pela prática de certos rituais, preces e modos de propiciação. Não afirmo que seja sempre fácil dizer quem é muçulmano, judeu, cristão, budista ou hinduísta; a fronteira, com frequência, não é nada clara. Mas há sempre um conceito equivalente ao do *Dharmashastra*, ou caminho. Portanto, alguns estão dentro e outros estão fora – e não puramente de um ponto de vista espacial ou territorial, embora a proximidade seja com frequência um fator importante. Compare-se a situação em sociedades sem escrita. Não se pode praticar a religião axante a não ser que você seja um axante; e o que a religião axante é hoje pode ser muito diferente da religião axante 100 anos atrás. As religiões escritas, por outro lado, pelo menos as alfabetizadas, são geralmente religiões de conversão, não simplesmente religiões de berço. Você pode espalhá-las como geleia. E pode persuadir ou forçar as pessoas a desistir de um conjunto de crenças e práticas e a adotar outro conjunto que é chamado pelo nome de uma seita ou igreja específica. Com efeito, a palavra escrita, o uso de um novo método de comunicação, pode por si dar às vezes o próprio incentivo à conversão, independente do conteúdo específico do Livro; pois essas religiões não são apenas vistas como "superiores" porque seus sacerdotes são letrados e podem não só ouvir como ler a palavra de Deus, mas também por dar à congregação a possibilidade de se tornar ela própria letrada. O que estou afirmando aqui, com efeito, é que somente as religiões escritas podem ser religiões de conversão em sentido estrito, diferentemente da mudança para um novo fetichismo de mercadoria, um santuário de cura ou um movimento de caça às bruxas.

Apesar dessa diferença, crenças e práticas locais tendem a ser vistas em certo sentido, tanto por atores quanto por observadores, como alternativas a sistemas de religião que impõem "fronteiras", como o islamismo e o cristianismo. Na corte distrital de Lawra, norte de Gana, na década de 1950, todos os que eram levados perante o comissário colonial tinham a alternativa de jurar que falavam a verdade pela Bíblia, pelo Corão ou por um relicário local que todos chamavam de "fetiche". Assim, no tribunal, um santuário de culto lodagaa ocupava um lugar de equívoca paridade com o das religiões mundiais e inevitavelmente sofria pelo contraste, quando nada porque os juramentos em seu nome empregavam varetas ou pedras – ídolos em vez de ícones ou da palavra escrita. Nesse contexto, pelo menos, a palavra escrita de Deus era vista, também por todos, como mais efetiva que a palavra meramente falada ou mesmo a visão do santuário ou a ideia visualizada, devido à evidente força performática daquele canal de comunicação e o *status* hierárquico de seus praticantes.

Mudança

Embora eu afirme que nas culturas orais seja impossível a conversão, no sentido usual da palavra, não quero dizer que não ocorram mudanças no sistema religioso, distintas de mudanças na adesão religiosa; bem ao contrário. O rótulo "religião axante" pode esconder mudanças consideráveis de uma década para outra, mesmo que essa maneira étnica de rotular, de falar sobre as coisas, pareça supor uma continuidade, uma homeostase, suposição que é também subjacente a muitas discussões acadêmicas sobre religiões não escritas. Mas o que eu afirmo vai contra qualquer suposição desse tipo sobre a natureza estática dos sistemas religiosos das sociedades mais simples, sem escrita, se comparados com os do mundo moderno, dinâmico, mutável. O contraste pode muito bem valer quanto à tecnologia, à economia e outras esferas relacionadas de ação social. Mas deve ser questionado quanto à religião. Em primeiro lugar, as religiões mundiais de que falei têm todas seu Livro Sagrado, suas Escrituras – a Torá, a Bíblia, o Corão. Tais obras são repositórios sagrados da palavra de Deus, que em si mesmos permanecem imutáveis, eternos, inspirados pelo divino e não apenas pelo homem. A liturgia da Igreja Católica pode mudar com o tempo, as técnicas de oração podem diferir como ocorre entre a Qadariyya e a Tijaniyya no Islã magrebino, entre as sinagogas ortodoxa e reformada ou entre as Igrejas Calvinista e Luterana; as interpretações variam, mas a palavra mesma permanece como sempre foi. (Embora cada leitura seja diferente, é um exagero equivocado do crítico literário dizer que o texto só existe na comunicação.) E tem sido tarefa primordial dos copistas, dos calígrafos islâmicos, dos impressores do rei ou da rainha (como a Cambridge University Press) preservar o texto exatamente na mesma forma canônica, produzindo versões "autorizadas". Um único equívoco de impressão (e aconteceu) trocando Judas por Jesus dá margem a escândalo. É verdade que as religiões orientais não focam da mesma maneira sobre um livro sagrado maior, mas possuem um corpo de escrituras transmitidas de geração em geração de forma precisa e, portanto, "canonizadas". Não faz muito tempo (1977), em uma aldeia indiana, ouvia meu vizinho brâmane recitar diariamente suas preces em sânscrito, do R̥gveda, compostas supostamente há mais de 3.000 anos. Na Indonésia assisti a uma leitura pública e exegese de um antigo texto budista; as palavras exatas foram preservadas, com tradução para o baixo balinês pelo manipulador dos títeres, ao mesmo tempo com uma interpretação mais ampla. Podem-se ouvir os mesmos mantras sânscritos recitados ou lidos em lugares tão distantes quanto a China, o Tibé e o Japão, é verdade que em contextos diferentes mas com os mesmos textos usados numa enorme área e com grande diferença de tempo. A escrita é seguramente fundamental no fato de o hinduísmo (mesmo levando em conta a variedade de cultos e manifestações locais) existir de forma nitidamente similar em todo o subcontinente, enquanto é enorme a variação de crenças religiosas e ações ritualísticas na África e na Nova Guiné.

São geralmente os rituais, mitos, crenças e práticas das sociedades mais simples que consideramos (e com certeza tratamos como) estáticos, aqueles que persistem imutáveis por gerações, transmitidos de uma a outra de modo fixo (ou pelo menos subjacente). Tal suposição nunca teve sua comprovação apresentada de forma adequada, quando nada porque as culturas não escritas deixam poucos vestígios de seu passado oral. Mas o advento do gravador capturou o fluxo da fala, as palavras de uma recitação, em fita magnética, e os resultados tendem a mostrar a inventividade das culturas africanas em matéria religiosa, incluindo os rituais e mitos. Com efeito, a grande variação entre grupos vizinhos por si mesma nos impele a tal conclusão. Os que têm lidado com o que se chamou de lado cultualístico das religiões ficam satisfeitos que a evidência de migração dos "santuários de cura" entre grupos étnicos e unidades políticas demonstra que essa adoção e adaptação de crenças e práticas não é um fenômeno novo. Na África Ocidental, o axantehene (o chefe-mor) monitorava essas importações, motivado mais por considerações políticas do que por algum apego a uma ortodoxia religiosa; outros tentaram, com sucesso, tirar lucro disso. Alguma uniformidade é sem dúvida estabelecida e alguma variação é mantida sob controle por um sistema político centralizado. Mas nos tempos pré-coloniais os santuários circulavam e chegavam trazendo novas ideias, novas proibições, novos tabus, jamais simplesmente repetindo "mais do mesmo". Assim, muitas vezes modificavam de modo significativo os sistemas classificatórios da comunidade em que penetravam, introduzindo novos valores sobre a experiência, às vezes tendo efeitos de largo alcance na ordem política, moral e cosmológica. Foi o que aconteceu no caso da migração do santuário de Kungkpenbie de Birifu para os arredores de Kumasi e com o advento do Deus Pequeno entre os lodagaa (GOODY, 1975). No primeiro caso, as esculturas de barro de Birifu difundiram-se amplamente entre os axante; e em 1950, quando primeiro estive na região, uma banda de metais de Kumasi apresentou-se nos funerais do chefe gandaa, que era o guardião do santuário principal. Essa penetração da cultura material de uma sociedade na outra é indicativa de outras transferências culturais e, embora o ritmo da movimentação dos santuários tenha sem dúvida aumentado durante o regime colonial, tal mobilidade já estava certamente presente antes da colonização. O movimento do Deus Pequeno representou, porém, uma mudança diferente de perspectiva, sendo em parte um culto sintetizador, sincrético. Mas o potencial para tal síntese está presente pelo menos desde o advento do Islã, e mesmo antes disso contradições na noção de um Deus Criador (que estava aqui ontem e hoje se foi) tornavam seu reaparecimento no nível humano, ainda que temporário, uma possibilidade sempre presente.

Obsolescência

Argumentei em outro trabalho (GOODY, 1957) que em certas áreas da atividade religiosa, aquelas ligadas à aflição e à fertilidade, com finalidades humanas específicas e concretas, há uma contradição parcial entre o que é ofertado e o que se recebe, o que é dado e o que se toma. Há momentos em que o culto falha em entregar a mercadoria, em fornecer o alívio esperado, de modo que os indivíduos ou grupos envolvidos são levados a buscar outros meios de satisfação. Daí os sistemas africanos de crença serem abertos de maneira significativa, estimulando a busca, a procura, a investigação da verdade (se é que posso traduzir dessa maneira o conceito lodagaa de *yilmiong*, o caminho adequado, o discurso correto). Pode-se considerar isso um indicativo de visão extremamente pragmática da atividade religiosa; mas não estou tentando dar conta de todo o escopo das religiões africanas e, sim, explorar as razões pelas quais elas são mais "flexíveis" do que muitas teorias admitiriam, mais sujeitas à mudança e absorção do que à rejeição e conversão.

O mesmo parece-me verdadeiro acerca do mito, essas recitações formais parcialmente abstraídas do fluxo da ação ritualística. E aqui tenho que estender a explicação pragmática apresentada acima e argumentar por uma busca intelectual (embora a dicotomia seja menos convincente do que as palavras sugerem). Deixem-me voltar aos dados que apresento em suporte da minha afirmação de que o mito é mais flexível do que muitas teorias permitem. Alguns anos atrás, gravei a longa recitação bagri entre os lodagaa do norte de Gana (GOODY, 1972). Na época pensei que tinha uma forma oral padronizada que era deliberadamente ensinada e variava pouco no tempo e no espaço. Desde 1950 o uso do gravador portátil a bateria permitiu-nos captar muitas outras versões ao longo dos anos, algumas do mesmo povoado e outras de lugares vizinhos. As diferenças são muitas e profundas, especialmente no culto mais especulativo, "mítico", do bagri negro. Mas variações ocorrem em uma série de outros níveis. Os indivíduos chegam a corrigir versões da invocação formal de abertura, cerca de uns vinte versos, como se fossem fixos, de modo que essa curta seção repetida acaba tendo quase tantas variantes quanto celebrantes, num acentuado contraste com a fixidez do Pai--nosso ou a Oração de Graças antes das refeições, ambos incorporados num texto escrito e lido ou sabido "de cor".

Flexibilidade, então, é uma característica das crenças e práticas religiosas africanas, tornando-as abertas à mudança interna e às importações de fora. Essa é a história dos axante e seus cultos, muitos dos quais vindos do norte. Pois a verdade implicava uma busca, não apenas interna, por meio da adivinhação, mas também externa. Para descobrir as verdadeiras intenções britânicas na época de sua invasão em 1874, a corte axante enviou representantes ao santuário denti de Kete Krachi, bem além dos seus domínios efetivos. Também investigaram na localidade gonja de Salaga a possibilidade de obter conselhos de muçulmanos cultos de Kano, na terra haussa, cujo conhecimento era visto como resultado do estudo do Livro Sagrado. Essa busca significava pedir conselho independente fora da própria unidade política, assim tomando emprestado ao trabalho de praticantes religiosos de outros países, de outras regiões.

Nas Igrejas dotadas de escrita, ao contrário, o dogma e os serviços são rígidos (i. é, dogmáticos, ritualísticos, ortodoxos); o credo é recitado palavra por palavra, as Tábuas da Lei aprendidas de cor, o ritual repetido literalmente. Se ocorre mudança, geralmente assume a forma de um movimento de ruptura (o verbo "romper" é usado em relação a seitas que se separam da igreja-mãe); o processo é deliberadamente reformista, revolucionário até, ao contrário do processo de incorporação que tende a marcar a situação oral.

Incorporação ou conversão

Quando se tem fronteiras, limites do tipo que impõem as religiões do Livro, então ocorrem não apenas rupturas de seitas mas de indivíduos, apóstatas ou convertidos. A conversão é uma função das fronteiras criadas, ou melhor, definidas pela palavra escrita.

Tomo como exemplo o advento dos Padres Brancos a noroeste dos Territórios Setentrionais da Costa do Ouro (hoje Gana) no início da década de 1930. O cuidado com os doentes e as preces pelas plantações, que felizmente eram logo inundadas pelas chuvas, benefícios que estavam entre os que eram conferidos pelas divindades locais e seus santuários, levaram primeiro uma minoria a aderir à Igreja Católica e, em seguida, a uma adesão de massa. O rápido apego a um novo santuário eficaz era algo comum à prática local e, como vimos, novos santuários com frequência traziam novos tabus. Mas nesse caso os resultados foram mais impressionantes e ao mesmo tempo imprevistos. Pois a longo prazo a aceitação das crenças e práticas da Igreja Católica significou não apenas um suplemento com limitadas modificações para o sistema religioso existente, mas a rejeição de tudo o mais. Significou a conversão, a ultrapassagem da fronteira, a troca de todo um conjunto de crenças por outro inteiramente diferente, com base na escrita. O ecletismo deixou de ser a ordem do dia, substituído pela ortodoxia. A verdade assumiu um significado diferente, pois uma nova medida se impôs, a palavra escrita.

Universalismo e particularismo

Voltemo-nos agora ao exame de certos aspectos relacionados do sistema moral. As religiões escritas são com frequência conhecidas como religiões mundiais em contraste com as religiões locais; no seu livro *Primitive Culture* (1871) Tylor referiu-se àquelas como éticas em contraste com os cultos não éticos. Os dois aspectos são inter-relacionados, porque as religiões escritas tendem a ser associadas a mais de um lugar, a mais de uma época, a mais de um povo. Isso significa que seus mandamentos comportamentais colocam-se inevitavelmente numa moldura mais ampla do que provavelmente ocorre com um culto puramente local. Em outras palavras, são marcadas pela característica que Weber e depois Parsons chamaram de universalismo, em contraste com o particularismo das religiões locais.

Em sua introdução (1947) à tradução da 1ª Parte de *Wirtschaft und Gesellschaft* ["Economia e sociedade", título original alemão – N.T.], Parsons referiu-se à ideia de Weber de um processo de racionalização fora da esfera econômica, racionalidade tendo a ver com raciocínio e cálculo mas sendo também "uma atitude receptiva a novas soluções de problemas, em contraste com o tradicionalismo" (1947: 28). Esse processo é caracterizado, entre outras coisas, pela devoção a uma tarefa por si mesma, sem motivos ulteriores (ou seja, pela noção de "um chamado"), uma disposição de se encaixar em papéis funcionalmente especializados e se deixar governar por "padrões universalistas" (1947: 28). O universalismo, por sua vez, é relacionado à presença de um Estado legal racional e de um sistema legal universalista, argumento desenvolvido em sua obra sobre sociologia política. Mas a ideia é também muito evidente em sua sociologia da religião, onde analisa a orientação especial da sociedade ocidental, uma atitude que considera um marco distintivo do "protestantismo ascético" e com cinco componentes principais (PARSONS, 1947: 71-72). Primeiro, há a orientação transcendental. Segundo, essa orientação é direcionada ao Reino de Deus na Terra: é deste mundo. Terceiro, é "racional". Quarto, é marcada pelo universalismo ético, isto é, "a insistência no tratamento de todos os homens pelos mesmos padrões gerais impessoais" (1947: 72). Parsons notou que, embora essa noção seja comum a todos os ramos do cristianismo, tem especial importância em relação à "atitude ascética ativa" do protestantismo. E, quinto, estimula a especialização de papéis.

Quer encaremos a relação proposta entre a ascensão do capitalismo e o crescimento do "protestantismo ascético" como uma associação empírica única ou como uma questão de "afinidade eletiva", as características com que estamos lidando parecem muito mais amplamente distribuídas nas religiões do livro e nas sociedades dotadas de escrita de forma mais geral do que aí se sugere. A questão geral foi objeto de forte argumentação quanto ao islamismo, ao budismo e ao hinduísmo, fato que deve nos fazer desafiar a tese estimuladora de Weber. Neste contexto, gostaria de sugerir que um componente do universalismo, especialmente do universalismo ético, é característico não apenas do cristianismo mas de todas as grandes religiões mundiais e está diretamente ligado ao uso que fazem da escrita. Pois as religiões escritas influenciam a estrutura normativa de um sistema social no sentido do universalismo de duas maneiras primordiais. Primeiro, na medida em que a religião vem em certo sentido de "fora", pelo processo de conversão e expansão, suas normas são necessariamente aplicadas a mais de um grupo ou sociedade. Segundo, as formulações escritas encorajam a descontextualização ou generalização das normas. O segundo desses processos funciona da seguinte maneira: nos códigos escritos há uma tendência a apresentar uma única fórmula "abstrata" que se sobrepõe às normas mais contextualizadas das sociedades orais e em certa medida as substitui. Por contextualizadas me refiro a que em sociedades mais simples as normas, por exemplo contra a violência, tendem a estar relacionadas a condições específicas, tais como estruturas segmentares. Nessas sociedades sem governo central a reação a um homicídio varia de acordo com a distância social das partes envolvidas, de modo que, como Evans-Pritchard mostrou de forma convincente (1940), uma reação limitada tem lugar entre membros de segmentos próximos, ao passo que medidas mais agressivas são tomadas contra grupos ou indivíduos mais distantes. Matar alguém dentro da própria "tenda" pode ser punido com o exílio, entregando-se o culpado às mãos de Deus, sem adotar qualquer ação violenta por conta própria, ao passo que matar alguém de outro clã pode gerar um longo conflito em que a obrigação individual (a responsabilidade do "redentor") é vingar o sangue do irmão ou irmã (DAUBE, 1947; BLACK-MICHAUD, 1975). Isso é verdadeiro em se tratando de sociedades acéfalas com processos segmentares de privilégio. Sistemas estatais tendem inevitavelmente a aplicar normas a todo o Estado, pelo menos em esferas críticas como o controle da força. Se a religião em algum nível se liga à ordem política, então um governo centralizado tenderá a ter um efeito semelhante sobre alguns elementos de culto, como vemos entre os axante. Mas códigos escritos levam esse processo de generalização, de consolidação, a um estágio à frente. Primeiro, quando os códigos (mais especialmente os alfabéticos, pois são mais facilmente adotados) estão ligados à religião, com frequência se estendem para além das fronteiras de qualquer Estado em particular e abarcam toda a comunidade dos fiéis. Segundo, por sua própria natureza os códigos escritos da lei, das normas, das regras tiveram que ser abstraídos de situações específicas para se dirigirem a um público universal lá fora, em vez de serem entregues em contato direto a um grupo específico de pessoas num tempo e lugar particulares. O contexto comunicativo mudou dramaticamente tanto em relação ao emissor quanto em relação aos receptores, com consequentes implicações para a natureza da mensagem. Na comunicação escrita uma injunção universal "não matarás" tende a substituir a fraseologia mais específica "não matarás outros judeus" ou, mesmo, "não matarás, exceto sob as ordens de um líder, partido ou nação".

Contradições cognitivas no geral e no específico

Os dois tipos polares de estrutura normativa, o segmentário (ou particularista) e o universalista, dão origem a contradições no nível cognitivo. Comecemos por elucidar o primeiro. Ao tentar "explicar" os rituais de homicídio em sociedades sem escrita, não centralizadas, observei que até mesmo matar justificadamente (assassinatos honrosos, perpetrados em defesa da família ou da aldeia) tem um lado negativo, pois isso vai contra sentimentos humanitários generalizados, ou seja, relativos ao derramamento de sangue, a tirar a vida humana (GOODY, 1962: 115-121). A destruição ou gasto de recursos ambientais, quer humanos, animais, vegetais ou minerais, é qualificada não apenas segundo as demandas econômicas específicas mas de acordo com o desejo mais geral de preservar o que Deus ou o Acaso forneceu. É fácil ver como a criação ou cultivo trabalha enfatizando a conservação tanto quanto o crescimento. Especialmente com os cereais, uma parte da colheita tem que ser reservada para a semeadura do ano seguinte; o ato de matar o espírito do milho – ceifar os caules, atar o feixe, debulhar as espigas – deve ser acompanhado de sua ressurreição, tema que Frazer rastreou espetacularmente nas fontes clássicas do mito de Osíris no antigo Egito e em outras religiões do Oriente Médio. Com os animais domésticos, um abate seletivo e limitado é ainda mais essencial se as pessoas quiserem se alimentar e manter a sua criação, quando não aumentá-la. Pode-se argumentar que a difusão do sacrifício aos deuses como método formal de abate da criação doméstica está ligada à ambivalência, psicológica e social, que envolve o processo de primeiro criar e depois matar animais para o consumo humano, isto é, o processo de ter que cuidar e se afeiçoar àquilo que depois se mata e cozinha. O problema seria mitigado pela entrega do animal vivo aos deuses ou pelo fato de seu servo empunhar a faca e matar em nome deles? Pois dessa maneira a mão que cuida do carneiro não é a mesma que derrama o seu sangue, enquanto os verdadeiros "receptores", aqueles entendidos como tais, são deuses e não homens. Nas religiões escritas, esse tipo de sacrifício tende a desaparecer com o tempo, com as oferendas aos deuses tomando formas diferentes, em parte através de um processo de "racionalização", de inquirição das contradições por especialistas letrados, em parte porque as oferendas são então canalizadas para o sustento desses próprios especialistas letrados e suas obras (GOODY, 1983). Tanto o cristianismo quanto o hinduísmo abandonaram em grande parte a oferenda de animais aos deuses e também seu abate e consumo por uma parcela da hierarquia religiosa. Estarão a imagem central do pastor e do rebanho no ensinamento cristão e a das vacas e do vaqueiro no hinduísmo relacionadas de alguma maneira ao problema do abate e preservação simultâneos?

A ambivalência quanto ao derramamento de sangue emerge de maneira mais clara quando está em jogo a própria vida humana. Os grupos humanos são intimados a matar em determinadas circunstâncias e a preservar a vida em outras; as práticas de tirar a vida humana (i. é, os rituais que envolvem homicídio) são com frequência do tipo que explicita e talvez, portanto, encena os problemas inerentes ao ato de matar um indivíduo da própria espécie; esses problemas são tais que mesmo um homicídio honroso na guerra ou num conflito requer expiação antes que a humanidade perdoe completamente aquele que o perpetra – ou então este se exclui inteiramente para praticar o derramamento de sangue.

O mesmo tipo de ambivalência estrutural em relação à matança de animais e plantas existe mesmo nas sociedades que superficialmente parecem puramente predatórias, isto é, nas sociedades em que a sobrevivência da pessoa é obtida através da coleta e da caça. Pois cuidar dos animais soltos na natureza é quase tão importante quanto sua criação doméstica, mesmo que implique cuidar a distância; assim também a preservação de matas e plantas, de modo que possam dar frutos nos anos seguintes. A destruição gratuita é contrária aos interesses da espécie humana. Como apoio etnográfico a esta afirmação, sirvo-me de um incidente não de uma sociedade de caçadores, mas dos lodagaa, que são típicos agricultores de enxada do norte de Gana. Certa vez, ao anoitecer, eu tentava inutilmente reduzir o número de insetos voadores que se juntavam ao redor do meu lampião enquanto escrevia minhas anotações de campo. "Não sabe que são criaturas de Deus?" – protestou meu assistente, talvez querendo dizer que, da mesma forma que agíamos com elas, Ele agiria conosco, o tipo de atitude que Shakespeare tão bem expressou no Rei Lear: "Como moscas para meninos travessos, assim somos nós para os deuses, que nos matam por diversão". Pouco tempo depois vi meu assistente eliminando o que me pareceu um inofensivo lagarto porque, como me explicou, o animal carregava o perigo da lepra, associação que se baseava nas cores da pele do lagarto. Ao me repreender no primeiro caso, meu amigo não estava, acho, influenciado pelo cristianismo, pelo islamismo ou qualquer outra das religiões "éticas": sua visão derivava de uma ideia mais geral da interligação do mundo de seres vivos. Os problemas decorrentes da proteção de algumas espécies e da destruição de outras (às vezes por razões mais facilmente identificáveis do que a transmissão da lepra, tais como perigo pessoal ou provisão de alimento) recebem, a meu ver, formulação mais clara nas doutrinas e práticas totêmicas, em que uma espécie é associada a e preservada por determinado grupo, enquanto que para o resto da tribo é uma presa aceitável. Totemismo desse tipo (e há outros tipos e outros aspectos em cada um deles) é especialmente importante em sociedades de caçadores e coletores, nas quais é total a dependência do homem face à natureza. Um problema das sociedades orais, portanto, é que esse tipo de preocupação universalista tende a ser subestimada por causa da imersão do discurso e da ação num cotexto específico, de modo que figura amplamente como "contradição implícita". A situação nas sociedades com escrita sofre com a pressão oposta sobre os sistemas normativos. Pois se substituo "não matarás" por "não matarás outros judeus", estou não apenas ampliando o âmbito em que se aplicam as minhas normas morais, mas tornando-as menos aplicáveis a contextos efetivos. Em outras palavras, fica difícil e talvez impossível para qualquer indivíduo ou grupo estar à altura desse tipo de moral ou injunção ética universalista. Pois, em certo nível, as religiões escritas estão trabalhando numa base mais explicitamente abstrata (ou generalizada) do que aquelas das sociedades puramente orais (mesmo as centralizadas). E o aberto reconhecimento dessa discrepância, explicitada por e através da escrita, pode fazer surgir grupos dissidentes, por exemplo os constituídos por pacifistas ou vegetarianos. Para eles as contradições têm que ser resolvidas assumindo-se posições que são de imediato "extremas", embora "lógicas" na moldura do universalismo, ao rejeitar totalmente a matança de homens e animais e o consumo de sua carne.

Esse processo de generalização pode, na verdade virtualmente deve, levar a certas tensões e a fórmulas universalistas da Igreja e a demandas mais particularistas da ordem política – quer em nível do Estado, da família ou do indivíduo. Essa tensão pode resultar eventualmente em conflito de injunções normativas e jurídicas, que se tornam de especial interesse para o desenvolvimento dos sistemas sociais quando são incorporados em textos específicos e em específicas organizações, resultando na clássica oposição entre Igreja e Estado. Se guerreiros e sacerdotes, kshatryas e brâmanes, se complementam uns aos outros, seus papéis e normas colocam-nos em uma medida de conflito que deriva do seu padrão fundamental. A diferenciação não é simplesmente uma questão de complementariedade e reciprocidade, mas também da oposição, conflito e mesmo dominação que marcam as relações das "grandes organizações" em sociedades complexas dotadas de escrita.

Especialização: sacerdotes e intelectuais

Este argumento aponta para um outro elemento no contraste entre religião nas sociedades orais ou com escrita, a saber a especialização dos papéis e das organizações. Em primeiro lugar, uma forma de especialização claramente ocorre nas organizações religiosas que têm um corpo de homens letrados, especialmente quando esses praticantes controlam de algum modo o conhecimento do livro, pelo menos do Livro religioso. Não quero dizer que não exista sacerdotado, enquanto corpo distinto, nas sociedades orais sem escrita. Algo parecido com tal corporação estava presente nos sistemas religiosos dos axante e daomé da África Ocidental, especialmente nessa última sociedade, onde os iniciados eram isolados em uma ordem desse tipo para um período de treinamento longe da vida normal da sociedade, para aprimorar o tipo de "instrução" que ocorre em inúmeros rituais de iniciação. Com a escrita surge uma nova situação, uma vez que o sacerdote tem acesso privilegiado aos textos sagrados (ou ao texto sagrado) de que se torna guardião e intérprete primordial. Como mediador, ele tem uma ligação única com Deus, cuja Palavra com frequência só ele é capaz de ler. No início era o Livro, mas era o sacerdote quem o lia e interpretava. Daí que as religiões do Livro são com frequência associadas a restrições sobre o uso e a extensão da capacidade de leitura. No caso extremo, os sacerdotes são a única categoria de pessoas capazes de ler; em outras palavras, a divisão entre os que leem e os que não leem corresponde à divisão entre sacerdotes e leigos. Tal foi a situação em vários estágios da história da Índia em que a faculdade de leitura se restringia aos brâmanes (DAS, 1930; INGALLS, 1959). Era praticamente a situação que vigorava na Europa no início dos tempos medievais, após o declínio do mundo letrado leigo com a queda de Roma. Na Inglaterra, *clericus* tornou-se sinônimo de *literatus* e com conhecimento de latim (CLANCHY, 1979: 177). Tal conhecimento trazia grandes privilégios; num estágio posterior, o "benefit of clergy" ou foro eclesiástico significava que a capacidade de recitar num tribunal o *"neck-verse"* ["verso do pescoço", em geral as primeiras linhas de uma versão latina do Sl 51, para alegar inocência – N.T.] podia salvar uma pessoa do enforcamento, o que acabou sendo um estímulo forçado a uma mínima capacidade de leitura (p. 185). A maioria das religiões (incluindo o hinduísmo mais recente) não levam a separação a esse ponto, ainda que as línguas das religiões escritas não sejam em geral simplesmente arcaicas, mas mortas ou estranhas. Com o alfabeto, a capacidade de ler se torna de mais fácil acesso aos que estão fora da corporação de escribas ou sacerdotes. Por outro lado, no cristianismo, islamismo e judaísmo o ensino (pelo menos a promoção de avançadas capacidades de leitura) continuou a ser dominado por especialistas religiosos até o advento da educação secular moderna, situação que obviamente interessava ao clero manter para preservar seu papel de guardião das ideias; mesmo quando as técnicas já estavam mais amplamente difundidas, o conteúdo ideológico permaneceu largamente sob controle eclesiástico. Até o momento, a supervisão religiosa das escolas tem uma importância sociopolítica fundamental em muitas partes do mundo, como vimos nos eventos na França e na Irlanda do Norte.

O controle efetivo dos meios de comunicação escritos, pelo menos os meios de reproduzir não apenas os textos (no *scriptorium*) mas seus leitores (na *parsallah* hindu, na *madrasa* muçulmana ou no *collegium*), deu ao templo ou igreja imenso poder sobre os letrados que se encarregaram de produzir. Esse poder foi hoje em dia largamente assumido pelo Estado, mas o tipo de separação que ocorreu entre o sacerdote e o professor, entre as ordens religiosas e as realizações escritas na Grécia e, em menor grau, na China tem sido um fenômeno raro nas civilizações letradas.

Dotação e alienação

Se o ensino das capacidades de ler e escrever é parte intrínseca das religiões do Livro, seus especialistas inevitavelmente adquirem controle sobre a aquisição e a geração de parte considerável do conhecimento escrito disponível. Mas, além disso, precisam dos meios para manter as escolas em que se dá essa instrução. Essa manutenção requer não apenas um prédio, um templo, mas pessoal (professores e alunos) que têm que ser sustentados não por simples óbulos, mas por dotações mais substanciais e permanentes. De especial importância foram as dotações fundiárias, grande quantidade de terras passando ao controle das Igrejas letradas – na Europa Ocidental, um terço da terra cultivável, praticamente o mesmo no Ceilão medieval e em partes da Índia meridional, uma quantidade considerável no Nepal e no Tibé, quantidades substanciais sob o Islã e até um terço no antigo Egito. Com efeito, a capacidade de ler e escrever é não apenas uma das finalidades mas também o meio, estando decisivamente envolvida no próprio processo de aquisição, uma vez que a produção de testamentos e atos escritos com frequência realiza, legitimiza mesmo, a alienação da propriedade da família ou da linhagem para a Igreja. Como observo ao discutir o direito, parece haver uma íntima associação entre a capacidade de ler e escrever e variações na herança.

Tais dotações criam o problema do que Weber descreveu como "o paradoxo de todo ascetismo". É uma contradição que dá margem a oposição tanto dentro quanto fora da Igreja. Um exemplo de dissensão interna face à tendência dominante é encontrado entre os monges ascetas das florestas no Sri-Lanka medieval. Enfatizavam a existência contemplativa numa época em que a vida em alguns dos grandes monastérios budistas tendia ao "conforto", senão ao "luxo" (GUNAWARDANA, 1979: 350; CARRITHERS, 1983). Embora fossem em pequeno número, sua visão de mundo e estilo de vida lhes dava prestígio e influência entre os leigos, o que em troca lhes valeu a autoridade necessária para desempenhar um papel importante no período de reforma do século XII que se seguiu à dominação estrangeira (no final do século X), a capacidade de interferência política e o poder de confiscar propriedade da *sangha*, comunidade dos monges budistas (no início do século XII). A tensão ideológica inerente ao acúmulo de propriedade corporativa por uma seita levou ao surgimento de uma tendência dissidente que representava uma fonte ideológica e humana a que se poderia recorrer para movimentos de reforma. Não que a tensão fosse permanentemente resolvida, mas as *sangha* receberam um novo ímpeto, um novo começo. Como argumentei em outro trabalho (GOODY, 1982) no caso da oposição ao consumo luxuoso na China, a importância continuada dessas tendências dissidentes torna-se maior quando a dissensão, como o ceticismo, cristaliza-se na escrita e assim se torna parte de uma tradição contínua, filosófica, crítica ou radical, que é legada às gerações seguintes.

As burocracias gêmeas

O crescimento da Igreja como instituição burocrática, no sentido simplista de ter um escritório com registros escritos, abriu uma outra era de conflito de interesse entre a Igreja e o Estado. Tais desdobramentos não estão naturalmente confinados às sociedades dotadas de escrita; um certo dualismo de poder secular e religioso é característico de muitos sistemas estatais simples. No entanto, o desenvolvimento da burocracia, o controle das mentes e das capacidades, assim como o acúmulo de propriedade fundiária que são permitidos ou estimulados pela escrita ampliam a defasagem entre os interesses da Igreja e do Estado. Eles estão unidos em algumas preocupações comuns, por exemplo, quanto às atividades dos despossuídos, pelo menos nos casos em que estes ameaçam as hierarquias estabelecidas nos campos leigo ou clerical, embora a Igreja sempre tenha demonstrado uma preocupação maior com a caridade, que constitui uma pedra de toque de sua ideologia e uma justificação para o seu acúmulo de propriedade em parte destinada a redistribuição. Mas Igreja e Estado podem também competir por poder, até mesmo o poder político, o que leva à dominação de um pelo outro. Esse processo pode operar nas duas direções. Religiosos letrados acham no geral que o Reino de Deus deveria transferir-se à terra e que o clero deveria administrar o seu Estado, ideia incorporada no papado medieval, no califado islâmico e na ideologia xiita do Irã contemporâneo. Por outro lado, governantes seculares como Atatürk trabalham firme para diminuir o papel da religião na arena política mais ampla.

A situação das burocracias gêmeas decorre das suas dotações parcialmente independentes e dos requisitos do sistema de contabilidade com que os fundos são administrados. Discutirei esses aspectos em detalhe quando examinar a relação da escrita com a economia. Mas aqui quero tratar do papel da própria atividade letrada na contribuição à economia estrutural através da criação de uma tradição escrita no domínio da religião.

Autonomia na organização e estrutura

A questão da complexidade organizacional e a natureza da atividade letrada está intimamente relacionada à autonomia maior dos sistemas religiosos. Uma religião escrita e com uma Igreja proprietária não pode mais ser encarada como reflexo ou homóloga de outros aspectos do sistema social, como parte de uma superestrutura ordenada de maneira direta pela infraestrutura da economia política. Com efeito, tal contenção (como o polo oposto, idealista) implica uma vasta supersimplificação das coisas mesmo na cultura oral, mas nas culturas com escrita há ampla evidência de um aumento da autonomia, da independência. Uma vez escrita em forma de livro e institucionalizada em uma Igreja, a Palavra Sagrada torna-se profundamente uma força de conservação, ou melhor, uma força de continuidade – sua própria continuidade, não necessariamente a do Estado, a despeito de mudanças na forma de governo ou na economia. Claro que uma religião escrita (mesmo sob a forma de uma Igreja) jamais é um elemento puramente conservador (como algo distinto de elemento de conservação) na sociedade, mesmo quando seu carisma se tornou rotina; pois os ditos originais dos profetas, os altos desígnios dos fundadores foram encapsulados em palavras e podem representar potencialidades fortes para a mudança. Apelos subsequentes de "volta ao livro" são com frequência feitos pelos revolucionários que organizam e legitimizam suas atividades retornando ao que outrora era novo, um credo reformado. Mesmo em tempos comuns as implicações normativas do texto são em geral um instrumento de medição da diferença entre o real e o potencial, entre o que é e o que deveria ser, entre a existência e a utopia. Dessa maneira ele dá uma medida do nosso descontentamento. No norte da Nigéria, no início do século XIX, reformadores muçulmanos retornaram ao Corão, declarando que o momento era de limpar o mundo e restaurar-lhe a saúde de acordo com a palavra de Deus. Para seitas fundamentalistas contemporâneas no Irã, no Sudão e outros lugares, uma volta às prescrições originais do Livro significou, entre outras coisas, a obrigatoriedade dos véus para as mulheres e a perda das mãos para os ladrões. Os muitos movimentos "heráticos" da Europa medieval que culminaram na Reforma Protestante buscaram inspiração na volta à Palavra original, não adulterada. Ainda que exibam certas semelhanças com os cultos da mercadoria da Melanésia, também manifestam diferenças significativas em relação à natureza da comunicação escrita.

Tais diferenças estão relacionadas a outras características das sociedades com e sem escrita. Nestas últimas, há uma acomodação relativamente cerrada entre religião e outros aspectos do sistema social. No que diz respeito à moralidade e à ética, as noções de bem e mal estão mais intimamente ligadas a situações sociais específicas. Quanto aos mitos e tradições orais, de maneira geral, são valores que tendem a se alterar com as mudanças no resto do sistema e assim, em certo nível, constituem uma espécie de roteiro sempre adaptável para a ação social – um esquema normativo e ideológico de ajuste, mesmo homeostático. Refiro-me aqui ao papel maldiferenciado da religião e do ritual na vida social, não às formas particulares que, como indiquei, estão sujeitas a transformação criativa – daí o grau de variação no tempo e no espaço. Quando a capacidade de ler e escrever entra na comunicação interpessoal, então o bem e o mal tendem (embora não de imediato) a ser registrados por escrito e sistematizados como um código legal ou de ética. Ideais incorporados mais num texto do que num contexto já não estão presos a preocupações atuais com a mesma firmeza; pode persistir uma velha escatologia ou ser criada uma nova que conflita, por acaso ou de propósito, essencialmente ou por interesse, com outros aspectos da tradição sociocultural. Em outras palavras, a religião pode se tornar um elemento relativamente distinto na matriz social, tanto manifestando quanto criando uma maior complexidade de crenças e práticas. Por exemplo, se pode haver cultos aos espíritos entre os hindus, o hinduísmo não os reconhece. Mais deliberadamente ainda, o cristianismo exclui a magia, mas crenças alternativas em astrologia têm sido para muitos cristãos parte de sua visão de mundo e também uma medicina alternativa para muitos pacientes hospitalares. Com o tempo, a "adaptação" da religião à sociedade toma uma forma diferente à medida que passamos da comunicação oral para a escrita. A palavra religiosa adquire uma corporificação física própria e passa de parte mais ou menos integrante da cultura a um papel mais ou menos distinto, por vezes determinante e, depois, decrescente, com uma medida maior de autonomia estrutural; se é que posso usar uma terminologia atual com um sentido especializado, há uma mudança de visão de mundo para ideologia, considerada esta última, com Gellner (1978), como essencialmente parcial, de oposição. Podemos constatar isso em miniatura nos sistemas de adivinhação. A adoção de modos islâmicos de adivinhação em Madagascar e na África Ocidental (HÉBERT, 1961, 1965; GOODY, 1968a: 25-26) mudou o aparato conceitual da sociedade adotiva de uma forma limitada mas significativa, criando um laço com fragmentos do sistema simbólico de uma outra civilização, dotada de escrita.

A acomodação relativamente estreita entre religião e outros aspectos do sistema social nas sociedades orais (embora mais uma vez, de forma alguma, estejam inteiramente ausentes as contradições) podem dar lugar nas religiões escritas a uma considerável falta de adequação, mesmo a uma situação em que a religião, longe de "refletir" o sistema social, pode na verdade influenciá-lo de várias formas significativas. Pouca dúvida pode haver, acho, de que na África contemporânea, como na Inglaterra de Santo Agostinho, na Nova Espanha do século XVI (BERNARD & GRUZINSKI, 1985) ou na Escócia do século XVII (GOODY, 1983: 216-19), a Igreja cristã mudou as leis do casamento de maneiras muito significativas. Algumas dessas mudanças foram vantajosas para a Igreja no curto prazo, como foram todas no médio prazo. Só esse fato deveria levar-nos a modificar a noção da pura interdependência funcional ou estrutural entre religião e sociedade e a reconhecer que a escrita, a presença da palavra em texto, além da sua emissão, favorece um papel parcialmente independente para a ideologia, dando-lhe uma medida de "autonomia estrutural" que não possui nas sociedades orais.

Grande e Pequena Tradições: cultos dos espíritos e religiões mundiais

A existência de uma ortodoxia é um convite à busca de alternativas. As grandes religiões mundiais variam claramente em termos de tolerância de crenças heterodoxas, práticas de culto e procedimentos mágicos que não parecem provir do seu corpo ortodoxo. Pelo menos na prática, elas promovem diferentes tipos de acomodação, dependendo do credo ("não terás outros deuses..."), das demandas políticas e da capacidade de impor reivindicações de jurisdição – isto é, do controle que exercem sobre o sistema judicial, a propriedade e a propaganda. As Igrejas do Oriente Médio – judaísmo, cristianismo e islamismo – foram com certeza mais insistentes na sua reivindicação de verdades espirituais únicas do que as religiões orientais, o hinduísmo e o budismo. No entanto, mesmo no Oriente vemos uma persistente oposição entre religiões escritas, de um lado, e os cultos locais dos espíritos, de outro. A religião escrita é de molde universalista. E tem que sê-lo, quando nada por não se limitar a sua influência a um tempo e local específicos. Por outro lado, os cultos de espíritos estão associados a práticas locais, lagos ou bosques locais, e levam mais em conta fenômenos locais, os microclimas do espírito. Dessa maneira, os dois conjuntos de crenças e práticas tendem na verdade a suplementar-se entre si, embora a religião escrita reivindique predominância, tente em geral excluir os cultos locais de uma consideração intelectual ou teológica séria e os defina excludentemente como "magia" ou "folclore", meros desvios do caminho correto.

Na discussão que faz sobre os cultos dos espíritos na Tailândia, Tambiah examina a interação entre "o grande budismo literário e a religião da aldeia" (1970: 367). Ele nota que, no que diz respeito à Índia, houve duas abordagens antropológicas da relação entre texto literário e observação de campo. Uma deriva da Escola de Chicago, de Redfield e seu grupo, abordagem que fica especialmente clara no ensaio "Pequenas comunidades em uma civilização indígena" (1955), de Marriott, à qual pode ser relacionada a obra de Srinivas sobre o processo de sanscritização (1956). Em contraste estão as ideias de Dumont e seu colaborador Pocock a respeito do pré-hinduísmo e do passado histórico da cultura religiosa literária (1957, 1959). Tambiah criticou a argumentação de Marriott com base em que a Grande Tradição não se opunha à da aldeia, portanto os processos de universalização e "paroquialização" não podem ser entendidos em termos das duas Tradições, Grande e Pequena. A Grande Tradição já existia na própria aldeia sob a forma de textos escritos.

Dumont e Pocock fazem uma versão alternativa dos dois níveis, por um lado a civilização tradicional do sânscrito, mais elevada, que é essencialmente literária e demonstra a unidade da Índia, por outro o nível popular ou inferior de cultura e religião que enfatiza a diversidade. Tambiah critica esses autores, por sua vez, por substituírem uma dicotomia por outra; a religião nas aldeias inclui textos escritos que vêm do passado e fazem parte do aprendizado e das encantações ritualísticas dos oficiantes de aldeia. No entanto, para o aldeão, ele argumenta, há um campo de visão unificado. Os chamados níveis são de certa forma homogêneos ou homólogos, pois há um certo número de "relações complementares" entre eles, a saber a distinção puro/impuro, a dupla ligação ao divino através dos sacerdotes (i. é, uma relação mediada) e através da possessão (i. é, diretamente), além da distinção em cultos entre divindades masculinas e femininas. Ao mesmo tempo, diz Tambiah, as ideias gerais da tradição escrita são exercidas em nível local, noção que parece semelhante ao conceito de Marriott sobre paroquialização.

Devemos observar que a complementaridade envolve hierarquia, que é também uma hierarquia de valorização; a pureza congrega no polo superior, a impureza no inferior. O sacerdócio é elevado, a possessão é baixa; os deuses hindus geralmente consistem de pares sexuais, enquanto as divindades inferiores, locais, são em geral figuras femininas maternais (FULLER, 1984).

Tambiah encara toda a noção de dois níveis como profundamente a-histórica, pois os próprios textos cobrem uma vasta extensão temporal. Os dois níveis são um artifício do antropólogo cujas observações têm lugar num período limitado de tempo, ampliado por uma pesquisa em biblioteca para indicar a literatura relevante. O problema, observa, é que os antropólogos não foram orientados a "coletar e registrar textos ritualísticos e literatura usada por especialistas rurais" (p. 372). Em suma, "os antropólogos que lidam com complexas sociedades dotadas de escrita deveriam prestar mais atenção ao papel das redes tradicionais de aprendizado e transmissão do conhecimento" (p. 373). Pois certos tipos de literatura têm uma base referencial para toda a sociedade, até para as massas iletradas, como nota Stock (1983) sobre a Europa medieval. Isso implica uma diferença entre a perspectiva sociológica e a perspectiva histórica, nenhuma delas estando necessariamente errada. Para o ator há uma única perspectiva, um único campo. Mas para o observador que olha o quadro histórico há uma oposição entre o escrito e o não escrito, entre a prática hindobudista e os cultos locais. O rumo geral desse debate mostra certas similaridades com o que tiveram Fortes (1936) e Malinowski (1938) sobre o tempo do contato cultural. Há dois campos ou um? Há duas culturas em choque ou uma simples rede de relações sociais?[2]

---

2. Para o estudo do contato cultural e uma análise das interações entre pretos e brancos na África do Sul, cf. M. Gluckman, 1958. Toda a controvérsia sobre o contato cultural teve tanto um nível prático quanto "ideológico", uma vez que a capacidade de Malinowski para atrair financiamentos

Internamente, o problema é mais nítido e pode-se considerar que depende em parte da diferença entre o ator e o observador, entre o que alguns chamaram de pontos de vista êmico e ético. Mas se o ator opera num único campo que compreende tanto religião mundial quanto culto local, trata-se no entanto de um campo diferenciado, não simplesmente em termos históricos mas, por exemplo, pela estrutura normativa. Isso fica claro a partir da análise de Obeyesekere sobre o budismo em Sri Lanka (1963). Encontramos aí uma especificação escrita dos cinco preceitos básicos que os budistas theravada devem seguir e que são de certa forma similares, na função e no conteúdo, aos dez mandamentos do judaísmo e do cristianismo. Condena-se o assassinato, o roubo, o adultério, a mentira e a bebida. Tais proibições são expressas de maneira um pouco mais clara no texto original páli. Mas a questão nuclear é que numa cultura oral as proibições dificilmente seriam feitas e enumeradas dessa maneira formal e organizada, possivelmente nem sequer seriam formuladas, pois sua enunciação tenderia a ser contextualizada num grau muito maior. Uma vez escritas, elas assumem um caráter universal, o que significa que não podem ser cumpridas à risca por ninguém que participe da vida social no Sri Lanka ou na Tailândia, exceto talvez por monges, padres e santos, isto é, por especialistas religiosos, por seguidores "perfeitos". Tornaram-se preceitos generalizados, mandamentos normativos do tipo que a palavra escrita promove.

A defasagem entre o código e a realidade pode ser preenchida por alternativas locais, dando origem, tanto no budismo cingalês quanto tailandês, a uma contradição ou talvez tensão básica entre a tradição escrita da religião ascética e a prática social cotidiana do mérito combinada com os ritos dos cultos "mágico-animistas" dos espíritos. Há tensão mas há também interpenetração. Há 6.000 mosteiros no Sri Lanka habitados por monges que instruem o povo comum sobre a vida religiosa (AMES, 1964). Até monges eremitas são procurados por gente leiga que quer seus ensinamentos, processo que diminui a religiosidade e isolamento dos monges mas que ajuda a transmitir mais amplamente ao povo os ideais mais elevados da tradição. Esses monastérios estão ligados ao sistema de classes; a educação monástica promove o progresso social dos alunos, tanto os que permanecem intramuros quanto os que retornam à vida comum. Grande parte do aprendizado utiliza uma língua morta, o páli, preservada com propósitos religiosos de forma semelhante ao que ocorreu com o latim na Europa. A própria literatura consiste no geral de elaborados textos ritualísticos. Os monges budistas têm que seguir, por exemplo, 227 preceitos para alcançar o nirvana. São características dessa tradição a "ilustração" escolástica, a elaboração e a precisão, enfatizando o contraste

---

de pesquisa na África dependia da sua habilidade em vender à Fundação Rockefeller a "antropologia aplicada", enquanto Evans-Pritchard e seu colega Fortes mostravam grande desdém por esses desvios da pesquisa "pura" (GOODY, inédito).

entre a pureza letrada e o ascetismo, de um lado, e a poluição e o caráter profano da vida cotidiana, contraste que é paralelo à distinção entre a generalidade ou universalismo das normas escritas e a maior particularidade ou especificidade da religiosidade oral. De várias maneiras, portanto, a existência da escrita é tão fundamental às discussões sobre a Grande e a Pequena Tradições na Índia quanto o é para a alta cultura e a cultura popular na Europa e nas Américas.

Escrita e religião no antigo Egito

O culto dos mortos

Para rastrear algumas das influências da comunicação escrita em um sistema religioso volto-me para uma das primeiras sociedades com escrita, a do antigo Egito. No antigo e médio impérios, grande parte da escrita e formas gráficas centrava-se no culto dos mortos. O legado desse período foi sobretudo de textos monumentais ligados a cultos religiosos, mais que textos administrativos, os quais normalmente usavam materiais de menor durabilidade. Os monumentos deixam clara a ligação entre acontecimentos nas duas esferas, pois a maioria das imagens incluía escrita e grande parte da escrita primitiva consistia de figuras. As paredes dos túmulos eram elaboradamente decoradas com cenas da vida terrestre, o que se tornou fonte importante de conhecimento acadêmico sobre a Antiguidade. Fica claro que a comunicação dirigia-se não aos vivos mas aos mortos e aos deuses, pois as figuras e imagens são ocultadas ao olho humano, ao contrário da monumental exibição dos reis. A importância exata dessas representações, quer retratem a vida após a morte ou visem criar uma ambientação para os mortos-vivos, tem sido objeto de muita discussão e não parece ter muito sentido tentar selecionar alternativas quando há escassa evidência e as possibilidades não são exclusivas; note-se apenas que às vezes atribui-se uma superioridade "moral" a um conjunto de interpretações sobre outro. Por vezes a religião egípcia tem sido encarada como de um tipo que gradualmente adquiriu "moralidade" e até "racionalidade" com o tempo, à medida que se tornaram predominantes as tendências ao monoteísmo.

Essa linha de argumentação é parte reconhecida das tradições acadêmicas do Ocidente, tendo um apelo evidente para os seguidores de religiões monoteístas. Se esse ponto de vista, que informa grande parte do tratamento dado às crenças religiosas no sintético estudo da Unesco *The Beginnings of Civilisation*[3], é inacei-

---

3. Cf., p. ex., os comentários de Woolley: "O egípcio não era dado ao pensamento reflexivo e não tinha a menor preocupação com o fato de que suas ideias sobre os fenômenos da realidade fossem irremediavelmente incompatíveis" (1963: 719); "os textos do sarcófago como um todo não reconhecem qualquer ligação íntima entre religião e moral" (p. 722). Cf. tb. sua insistência sobre o uso da magia para forçar a concordância dos deuses.

tável enquanto tal, pode-se considerar que alguns aspectos dessas características, como a generalização das normas ("moralidade") e sua formalização ("racionalidade"), se relacionam à presença da escrita. Todas as sociedades humanas, claro, têm sistemas normativos, que se estendem mais amplamente nos estados centralizados do que em comunidades tribais, mas já argumentei que registrá-los por escrito tende a gerar preceitos mais inclusivos e mais construídos.

O culto dos mortos foi importante no desenvolvimento de uma tradição escrita de um outro ponto de vista. Pois parece que os grandes templos foram fruto do culto dos mortos da realeza, com seu clero e escrita florescente apoiados por dotações do faraó. Mas são temas para seções e capítulos posteriores.

Materiais e textos

O papel da escrita no caráter mais "literário" da atividade religiosa egípcia pode estar ligado não apenas à natureza pessoal dos cultos dos mortos e à sua íntima relação com a arte pictórica, mas também à natureza dos materiais utilizados. O papiro era conhecido no Egito já na Primeira Dinastia (c. 3000-2800 a.C.) e seu uso, como o uso mais geral da escrita na administração, parece ter estimulado formas cursivas de texto desde o início; na sua forma primitiva, a inscrição hierática (cursiva) difere da hieroglífica apenas como a escrita com um estilete ou outro instrumento pontudo diferiria da escrita com uma caneta (JAMES, 1979: 89, 93). Embora um dos primeiros exemplos de rolo de papiro (o anterior não tem inscrições) seja da Quinta Dinastia (c. 2500-2350 a.C.) e consista de fragmentos dos livros contábeis do templo de Abusir (os de Gebelein, a montante de Tebas, podem ser mais antigos), a natureza dos materiais talvez tenha estimulado textos de tipo mais "literário" (contínuos)[4].

Supôs-se também que obras didáticas como o texto da Sabedoria conhecido como Instrução de Ptahhotep, espécie de "cartas a um filho", datavam da Quinta Dinastia, embora muitos agora considerem-na um trabalho posterior, do Primeiro Período Intermediário ou Médio Império. Livros de instrução semelhantes são encontrados datando até o período romano (século I d.C.), com injunções do tipo "Não adquira riqueza enquanto não tiver um espaço seguro" ou fortificado. São encontrados textos literários pessimistas, proféticos e meditativos datando desde o Médio Império (c. 2000 a.C.). Composições literárias como os textos de Sabedoria pessimista foram produzidos por intelectuais e sua disseminação pode

---

4. Há dúvidas quanto ao estímulo da escrita à maior produção (literária) em sentido estrito. Assmann e outros argumentaram que textos de "sabedoria" tiveram uma origem especificamente legal e no geral moralizadora (1983: 80ss.), indicando que, fora narrativas, a "literatura" estava mais ligada à exibição monumental do que à escrita em papiro. No entanto, a ideia de transmissão de um texto integral é muito importante para a literatura e está relacionada à mistura de matemática, medicina, "magia" etc. com textos especificamente "literários" (J. Baines, comunicação pessoal).

ter estimulado (ou manifestado) algum questionamento posterior da ordem estabelecida (JAMES, 1979: 136). Hinos ao deus Sol também aparecem entre os textos encontrados em pirâmides da Quinta e Sexta dinastias, provavelmente extraídos de liturgias. Componentes ditos "mágicos" são comuns na literatura egípcia, incluindo encantamentos, calendários com os dias de sorte e de azar, interpretações de sonhos, consultas oraculares e amuletos com textos protetores. Registros de histórias e relatos de viagem ocorrem no Médio Império. Por outro lado, cartas, que mais tarde fariam parte da instrução escolar, aparecem a partir da Quinta (nos papiros de Abusir) e Sexta dinastias. Entre essas cartas encontra-se a de um comandante militar encarregado de tropas que trabalhavam numa pedreira, protestando contra os uniformes que seus soldados tinham que usar, desconfortáveis para as tarefas. No Novo e no Antigo impérios, também foram escritas cartas a parentes mortos e também aos deuses, implorando por sua ajuda (O'CONNOR, 1983: 197-199).

A composição do panteão

A unificação do país, a invenção da escrita e possivelmente a reorganização do panteão em base nacional, tudo aconteceu no mesmo período, levando à adoção do falcão Hórus como primeiro grande deus da realeza egípcia. Outros deuses, incluindo Ptah de Mênfis e, na Quarta Dinastia, o deus Sol, Rá, de Heliópolis, foram cultuados como deuses nacionais (HORNUNG, 1982). Alguns deuses locais foram absorvidos no panteão, mas como este era nacional, sendo aceito por todo o clero, acabou mudando a longo prazo. Seria portanto equivocado encarar o panteão como algo inteiramente fixo; divindades como Astarté foram incorporadas, outras como Hathor chegaram a Biblos, mas o ritmo de mudança parece bem diferente do que ocorreu em tempos mais recentes na África Ocidental (SCHOSKE & WILDUNG, 1984: 181; O'CONNOR, 1983: 147). Pois estamos lidando com um período histórico que se estende por mais de 3.000 anos, durante o qual as principais figuras e sua iconografia parecem na maioria ter persistido, ainda que mudassem suas relações. Essa relativa estabilidade, pelo menos a partir do Novo Império, foi garantida pelos grandes templos do Estado dedicados ao culto público do rei, um culto que em grande parte excluía a populaça, exceto nas ocasiões de grandes festividades[5].

Apesar da diversidade do panteão, parece provável que em todo santuário importante "ocorria um ritual diário que já no Antigo Império tinha adquirido um grau notável de padronização em todo o país" (JAMES, 1979: 139). Essa

---

5. Um dos exemplos mais impressionantes da posterior independência dos templos é a maneira como absorveram a mudança trazida pelos ptolomeus e os imperadores romanos (J. Baines, comunicação pessoal).

uniformidade devia-se parcialmente ao fato de que o rei era sempre apresentado, em todo lugar, como o oficiante[6]. Mas, além disso, o registro escrito de um ritual (p. ex., o banho e o ato de se vestir do deus-rei, a oferenda de incenso e alimento) significava que esse texto podia servir de modelo e regulamento para cerimônias em outros lugares, como também que o passado podia indicar de modo preciso um padrão de comportamento (O'CONNOR, 1983: 189, 242).

Conservação e revolução

Um aspecto do poder de conservação das religiões escritas revela-se na história de Amenotep IV (1364-1347 a.C.), mais tarde chamado Akhenaton, que favoreceria o culto de Aton, o disco solar associado ao poder imperial, "miticamente sem cor e manifestação mais adequada da imanente divindade do rei", constituindo um aspecto do culto do faraó (O'CONNOR, 1983: 220-221). Ao fazê-lo ele desviou a atenção e tributo prestados a Amon-Rá, o grande e já fortemente definido deus Sol cultuado em Tebas. O clero opôs-se a essa mudança e o faraó reagiu desapropriando os sacerdotes e proscrevendo Amon-Rá e os deuses mais antigos, chegando ao ponto de mandar apagar o nome de Amon dos relevos e monumentos sagrados. "Mesmo a palavra 'deuses', quando aparecia numa inscrição, era em geral cortada, e as capelas mortuárias, túmulos e estátuas dos ancestrais do rei foram violados impiedosamente e, como o nome de seu pai incluía o de Amon, até esse nome teve que ser apagado das paredes dos grandes prédios com os quais ele havia enriquecido Tebas" (WOOLLEY, 1963: 726; HORNUNG, 1982: 249)[7]. Sob o impulso da mudança religiosa e da criatividade mística, o esquecimento não podia mais ser deixado a cargo apenas da passagem do tempo; a reinterpretação tinha que ser agora uma questão de revolução deliberada, de destruição física da palavra, um equivalente verbal de iconoclasma. Claro, não é que a escrita impedisse qualquer mudança. Em algumas esferas do conhecimento, um registro permanente era condição para o desenvolvimento futuro. Mas em outras esferas e em diferentes graus a escrita tornava a mudança mais uma questão de reforma deliberada do que de uma adaptação contínua.

Do período inicial do Egito dinástico, Woolley ressalta que a religião era muito "fluida" e "confusa" (1963: 717). De fato predominavam esquemas formalizados e um sistema de decoro, mas com alguma invenção. Se há confusão aqui e ali, essa é talvez a condição "natural" das religiões orais, se com essa pala-

---

[6]. Humanos tinham o título de altos sacerdotes mas não são mostrados oficiando o culto. Isso parece, em parte, uma questão de "decoro", mas é grande o efeito exercido sobre a uniformidade. Um texto diz, p. ex., que mesmo num período fraco um templo de província recebia da capital sua nova imagem de culto (J. Baines, comunicação pessoal).

[7]. Os monumentos de Hatshepsut foram desfigurados, outro exemplo da tentativa de eliminar um registro muito sólido do passado (O'CONNOR, 1983: 218-219).

vra nos referimos à frequente ausência de um panteão formalizado e à contínua incorporação de práticas mutáveis devido à obsolescência característica de grande parte da atividade religiosa. Maior formalidade e conservantismo entram no quadro quando a escrita reduz a efervescência borbulhante da descoberta sobrenatural (ou invenção, dependendo do ponto de vista) a um conjunto de relações específicas entre divindades dotadas de existência mais estável, em parte por sua incorporação no texto, em parte por sua posição fixa no esquema e em parte por sua institucionalização num templo cujos sacerdotes letrados, como os de Amon-Rá, relutam em ver desaparecer seus deuses e seus meios de subsistência; com efeito, é o poder que têm sobre os meios de comunicação que permite a esses sacerdotes resistir a tais ameaças.

A "revolução" de Akhenaton não durou e a velha ordem com seu clero se restabeleceu com poder fortalecido, desaparecendo os novos estilos artísticos (SCHOSKE & WILDUNG, 1984: 186). No nível popular as noções monoteístas não foram absolutamente bem-sucedidas, ao eliminarem como fizeram algumas das festividades mais concorridas (O'CONNOR, 1983: 221). As ideias ligadas ao novo culto tiveram, no entanto, efeito mais durador sobre "o pequeno grupo de escritores mais ou menos filosóficos", ou seja, os intelectuais. Alguns pesquisadores detectaram uma tendência monoteísta continuada na expressão religiosa do antigo Egito[8]; uma vez difundido através da escrita, foi difícil eliminar todo vestígio do novo culto, de modo que seu ressurgimento permaneceu como possibilidade sempre presente, embora longínqua. Ao receber expressão literária, mesmo a dissidência criava uma tradição própria. Um dos papéis do intelectual era desenvolver e preservar visões de mundo (i. é, ideologias) alternativas, cuja acumulação e difusão eram função da escrita, uma vez que sua intervenção impede que o ceticismo e a especulação sejam totalmente absorvidos no *ethos* cultural dominante; quer dizer, a escrita pode fornecer até à oposição uma plataforma semipermanente. No antigo Egito, por exemplo, até nos túmulos encontram-se canções de harpistas que negam o valor das provisões mortuárias, afirmando que "ninguém jamais voltou de lá".

Não vejo tais desdobramentos como imediatos ou inevitáveis. As tendências emergem em longo prazo no quadro de uma tradição escrita. A cultura letrada hitita da Anatólia dá um bom exemplo desse processo dinâmico. Ao estabelecer seus novos reinos com escrita, os governantes hititas não apenas depunham elementos mais primitivos como se mostravam peculiarmente dispostos a adotar uma cultura mais avançada com a qual entravam em contato, incluindo os deuses

---

8. A tendência "monoteísta" também foi descrita como "henoteísta" por Hornung (1982) e Assmann (1983) (cf. BAINES, no prelo). Henoteísmo refere-se à crença em um só deus sem afirmar que ele é o único, o que por vezes é visto como um estágio de crença entre o politeísmo e o monoteísmo (*Oxford English Dictionary*).

(WOOLLEY, 1963: 729). Os do leste adotaram por atacado as lendas mitológicas da Suméria, talvez de início como obras literárias, ao passo que os hurrianos da Síria, no oeste, adotaram como suas as divindades semíticas ocidentais. O panteão, escreve Woolley, era "estranhamente eclético e confuso", fato que atribui à incorporação de divindades locais à época da conquista e expansão imperial. O processo, no entanto, não foi simplesmente de incorporação, mas de identificação; os inúmeros deuses locais da Tempestade – cada cidade hitita tinha o seu – foram com o tempo fundidos no deus nacional da Tempestade.

A formalização de um panteão está em geral ligada à formação do Estado, com a incorporação ou identificação de deuses locais em uma moldura nacional mais ampla. Com efeito, a expansão das relações entre estados significa que a identificação entre divindades (tais como Alá e o Deus Supremo local) tem lugar não apenas dentro como também fora da comunidade. Mas o apelo para a "racionalização", para a formalização, tem uma força muito maior nas culturas com escrita, onde o próprio fato de se fazer listas de divindades, em tablets ou monumentos, cria uma ordem hierárquica assim como identifica figuras particulares de diferentes grupos, separando-as por referência a suas relações e papéis específicos, dessa forma esquematizando um panteão muito mais sólido e menos ambíguo.

Nesse sentido os efeitos da escrita sobre as religiões do antigo Oriente Médio podem ser vistos como uma prévia do grau posterior de investigação enquadrada que teve lugar nos tempos alfabéticos, quando o sistema se tornou mais cursivo, mais simples e portanto mais disseminado, permitindo a mais fácil elaboração e multiplicação de comentários sobre o texto e tratados similares, que mais tarde se tornariam a produção da "escolástica" medieval, dos autores dos Hadith, dos comentaristas da Torá, dos padres cristãos. Perguntar quantos anjos cabiam na cabeça de um alfinete era o tipo de questionamento minucioso (sem dúvida apócrifo), uma tentativa de desvendamento de ambiguidades que o meio utilizado por eles estimulava, meio esse que, com o tempo, promoveu um uso da língua e uma definição de assunto parcialmente descontextualizados, assim como um debate mais abstrato[9]. De um certo ponto de vista, essas investigações representam um formalismo conservador, comentários sobre um cânone, uma ritualização do pensamento; mas, de outro ângulo, foi um processo potencialmente capaz de levantar questões e produzir comentários da elite "educada". No Egito não vemos a emergência de uma literatura religiosa "canônica", acompanhada de exegeses, da mesma forma que conhecemos na tradição judaica ou cristã; mas houve cópia

---

9. Para uma brilhante discussão desse processo na Europa dos séculos XI e XII, cf. Stock, 1983. Não foi o primeiro processo desse tipo, mas como a história tem por vezes recapitulado e desenvolvido processos anteriores, assim as implicações da escrita a longo prazo foram retomadas e alimentadas em diferentes lugares e em diferentes períodos. Não houve uma linha de desdobramento simples.

e explicação de importantes textos, representando uma espécie semelhante de processo dependente da escrita.

A organização do clero

A organização do clero egípcio baseou-se não apenas no culto do rei, na manutenção dos templos, mas também no seu papel, pelo menos no período final, como professores dos escribas e guardiães dos textos antigos. Essas posições, por sua vez, tinham suporte na propriedade da terra, constantemente doada pelos reis, para cujo *status* esses presentes eram indispensáveis e, no primeiro milênio, também por indivíduos. Em determinada época as terras pertencentes aos templos equivaliam a um terço de toda a área cultivável do país, de modo que a posse fundiária eclesiástica dava uma sólida base econômica para a elaboração de atividades mágico-religiosas (O'CONNOR, 1983: 202)[10]. Com a derrota dos invasores hicsos e a subsequente adoção de suas armas e táticas militares, os faraós estenderam seu domínio do Vale do Nilo às margens do Eufrates. Os deuses do Egito tornaram-se os deuses das terras conquistadas que contribuíam anualmente para o tesouro dos templos. Embora seja possível supervalorizar o grau de separação entre o templo e o palácio, no final da Vigésima Dinastia (1200-1085 a.C.) o faraó já não passava de um número na luta pelo poder entre sacerdotes e militares.

Desnecessário dizer que a tomada do Estado pela Igreja, ou vice-versa, só é possível quando uma clara separação de poderes, funções e organização já existe. O "rei-sacerdote" da história das religiões no relato de Frazer tinha tanto o poder político quanto religioso sob seu controle; na verdade, os dois domínios mal se distinguiam. A separação dos papéis do "sacerdote" e do "rei", dos oficiantes políticos e religiosos, significava que era também possível, sob certas condições, que uma parte assumisse as funções da outra. Mas a dominação de uma pela outra torna-se uma possibilidade contínua com a emergência de duas organizações distintas, especialmente quando ambas apoiam-se em rendimentos significativos produzidos por impostos, tributos ou propriedade fundiária e num importante controle da força, quer militar, espiritual ou ideológica. Inevitavelmente, com seu controle da força física, é mais provável que o Estado assuma o comando. Mas há exemplos de dominação da Igreja, por exemplo na tomada do Estado tibetano pelas ordens religiosas, no poderio do Sacro Império Romano e, mais tarde, nos Estados Papais da Itália. A oposição muito discutida entre Igreja e Estado

---

10. Não uso o termo "magia" em sentido depreciativo, mas apenas para indicar um tipo de atividade. O judaísmo, o cristianismo e o islamismo contêm muitos elementos que outras sociedades chamam em geral de práticas de magia, embora nossa tendência seja excluir nossas próprias ações dessa categoria, encarando a passagem da magia à religião como um movimento progressivo, ou seja, que progride dos praticantes de magia para nós.

é uma função dessa diferenciação, ligada a uma elaboração dos meios de comunicação, das formas pelas quais o conhecimento pode ser armazenado. Mesmo que a escrita fosse usada sobretudo para propósitos leigos governamentais no antigo Oriente Médio, era em geral ensinada nos templos, que (assim como os conventos e mosteiros da Europa medieval) deviam servir como bibliotecas da palavra escrita e também escolas. Por conseguinte, os templos funcionavam não apenas como centros de instrução mas de atividade escolástica (OPPENHEIM 1964: 243), o que exigiu crescente especialização com o tempo, à medida que a língua do conhecimento escrito inevitavelmente ia divergindo cada vez mais da língua comum falada no dia a dia, ainda que antes houvessem correspondido fonológica ou semanticamente; como em outras áreas, a incorporação do conhecimento num sistema de escrita que perdurava por longo tempo levou à necessidade de reformas intencionais, uma vez que ele congelava o processo de constante adaptação (BAINES, 1983: 584).

A grande importância da escrita para o clero e a prática do culto pode ser vista na organização interna da atividade religiosa, especialmente na parte desempenhada pelas escolas do templo e no papel dos sacerdotes como escribas e guardiães dos registros[11]. Tudo isso tem abundante evidência nos títulos que recebem no Onomasticon de Amenope, uma listagem enciclopédica (embora incompleta nas cópias preservadas) de todas as categorias de pessoas e objetos existentes no universo. Seguindo a rubrica 113, "chefe dos guardiães de registros da Casa do Mar", chegamos a uma nova seção de clérigos, listados por Gardiner como:

114. real escriba e sacerdote-leitor como (?) Hórus;

115. escriba da Casa da Vida, qualificado em sua profissão (a Casa da Vida designa os escritórios do templo em que obras religiosas e doutas eram compostas e copiadas);

116. sacerdote-leitor do divã real;

117. Sacerdote chefe de Amon em Tebas;

118. Vidente-mor de Rá-Atom (título do supremo sacerdote de Heliópolis);

119. Artífice-mor Dele que está ao sul de Sua Muralha (i. é, de Ptah; título do supremo sacerdote de Mênfis);

120. Sacerdote semita, Perfeito de rosto (i. é, de Ptah; segundo título do sacerdote supremo de Mênfis);

121. administrador dos Celeiros do Alto e do Baixo Egito;

122. mordomo palaciano do Rei;

123. camareiro do Palácio;

---

11. Sobre o papel dos sacerdotes no Novo Império cf. A.B. Lloyd, 1983: 301-309. Heródoto ficou impressionado pela pureza ritual deles, que incluía a circuncisão, banhos frequentes e a abstinência de peixe e feijão.

124. grande comissário do Senhor das Duas Terras;
125. escriba das oferendas para todos os deuses;
126. grandes sacerdotes (literalmente, servos de deus);
127. padres de deus;
128. sacerdotes (subordinados; literalmente, "puros" ou "limpos");
129. sacerdote-leitor;
130. escriba do templo (para funções gerais, inclusive contábeis);
131. escriba do livro do deus;

Essas rubricas são seguidas por 132. porteiro; 133. decano do portal; 134. observador da hora (astrônomo); 135. portador de oferendas; 136. carregador da jarra de vinho (segundo Gardner 1947: 1, 35*-63*).

O sacerdote-leitor, cujo nome significa "aquele que leva o livro do ritual", é representado muitas vezes nos templos e túmulos lendo um rolo de papiro, mas às vezes é apenas uma figura de destaque nas cerimônias. Sua principal qualificação era o conhecimento dos usos ritualísticos, que não era mais apenas uma questão de experiência e memória ao alcance de cada participante; quer dizer, o ritual já não era acessível principalmente de forma direta pelo acervo da memória societária (com o que não me refiro a nada mais do místico que a memória dos velhos), mas indiretamente nos livros. Esse papel dos sacerdotes nos cultos funerários é bem expresso numa inscrição do antigo Império que se refere à ajuda deles ao passar pelos túmulos: "Amado do Rei e de Anubis é o sacerdote-leitor que oficiará por mim as benesses para um espírito abençoado segundo o texto sagrado do seu ofício" (GARDINER, 1947: 1, 55*). Esses sacerdotes do templo, leitores de encantamentos e preces, eram chamados pelos hebreus de "feiticeiros do Egito" e são também descritos como praticantes de magia (BAINES, 1983: 585); muitas vezes eles são sacerdotes para os conhecidos e mágicos para os estranhos. Mas de qualquer forma, como mostra Gardner, a escrita era essencial para o ofício adequado do ritual do templo e até para algumas formas de ritos pessoais já no antigo Império, o período mais antigo de uso contínuo da escrita.

Escrita e religião em outras civilizações antigas

Há naturalmente grandes diferenças entre as sociedades quanto aos aspectos de um sistema religioso que são registrados por escrito e o que continua a ser comunicado apenas através da língua falada. As partes que são escritas representam diferentes segmentos da totalidade, como ocorre com as adivinhações dos reis na China primitiva. Em diferentes sociedades a escrita é usada para diversos propósitos. Em Creta, por um lado, quase nenhum dos textos remanescentes da Antiguidade se refere a atividades religiosas; tudo se resume a listagens administrativas (CHADWICK, 1976). Entre os hititas, por outro lado, os ricos arquivos de Bogazköy oferecem muitos detalhes do culto, lançando luz sobre a organização do templo, que tinha o suporte de contribuições do rei, do palácio e da municipalidade. Regras estritas eram especificadas para a limpeza física e espiritual, com grande severidade nas punições pelo descumprimento das mesmas, até mesmo a morte. Aí como em outras tradições as formas divinatórias eram influenciadas pela escrita, o que não surpreende, uma vez que a adivinhação com frequência envolve a manipulação de objetos às vezes marcados com sinais gráficos. Por exemplo, o exame do fígado de um carneiro sacrificado, ou haruspicação, foi um legado dos mesopotâmios; em Alalakh, como na Etrúria, encontramos um modelo do fígado em argila mapeado com diagramas para indicar o significado das marcas.

A elaboração de relatos escritos de eventos específicos, registrando a experiência para uso futuro, tinha importância particularmente interessante para os presságios mesopotâmicos. Anotavam-se atos incomuns de animais e eventos incomuns no firmamento, fazendo a prática divinatória "passar do reino folclórico ao nível de atividade científica", segundo Oppenheim (1964: 210). "A subsequente sistematização de tais coletâneas representa uma alta conquista acadêmica." A maneira com que isso se deu é de interesse considerável para qualquer estudo das implicações da escrita. "Uma vez em mãos de escribas estudiosos, esses compêndios [de presságios] tornavam-se arcanos cada vez mais complexos. A preservação desse texto escrito era importante para os copistas, preocupação que aumentava as dificuldades filológicas, uma vez que iam surgindo discrepâncias entre a língua do escriba e a do texto que ele copiava. Glossários explicativos e textos comentados tornaram-se necessários à medida que a atividade divinatória passava a integrar inteiramente o domínio acadêmico" (OPPENHEIM, 1978: 642).

A adivinhação acadiana gozava de alta consideração em toda a região, com os textos sendo copiados em muitos lugares e as práticas disseminando-se a leste e a oeste mesmo após o desaparecimento da civilização mesopotâmica. Em certas formas divinatórias, pede-se aos deuses que "escrevam" suas mensagens nas vísceras de animais sacrificados. O registro dessas práticas, sua interpretação e resultados levaram a uma forma acadêmica de adivinhação escrita que parece ter existido lado a lado com as versões folclóricas. Foi a arte real da astrologia pela qual ficou famosa a Mesopotâmia. A maior parte dos textos vem da biblioteca de Assurbanípal, pelos quais se pode distinguir uma série "canônica" de cerca de 70 tabletes que tratam dos corpos celestes (OPPENHEIM, 1964: 225). Encontramos horóscopos dos séculos V e III a.C., mencionando "a data de nascimento seguida de um informe astronômico" e uma previsão sobre o futuro da criança.

Esse envolvimento com presságios "gerou especulações que refletem uma preocupação com problemas teológicos e levaram não apenas a um refinamento dos métodos de interpretação dos presságios mas também a constantes mudanças nas técnicas divinatórias" (OPPENHEIM, 1964: 226). Embora raras, reações de aberto ceticismo ocorriam, às vezes revelando uma desconfiança na honestidade profissional dos adivinhadores, mas também dúvidas de um tipo mais amplo, mais abarcante, sobre o próprio sistema (OPPENHEIM, 1964: 227). Esse ceticismo não é incomum nas sociedades orais, mas quando as previsões são escritas é mais difícil, quando elas não se realizam, escapar das consequências intelectuais. Novas formas de adivinhação podem produzir interesses mais complexos, mais "objetivos", mais "científicos" pelos fenômenos celestes, levando ao desenvolvimento da astrologia e da astronomia. Ao mesmo tempo, a acumulação do ceticismo na escrita leva ao surgimento de uma tradição crítica que rejeita o "mágico", lado a lado com uma tradição de base mais oral que o aceita. Tais desdobramentos sem dúvida estenderam-se à Grécia clássica (LLOYD, 1979), à Europa medieval (STOCK, 1983) e ao Renascimento (THOMAS. 1978), mas os germes do processo já se encontravam na tradição escrita da Mesopotâmia.

Pode-se discernir vagamente nos textos mesopotâmicos um outro aspecto do que se poderia chamar de potencialidades da escrita. Oppenheim referiu-se a "[l]istas de divindades organizadas de várias maneiras ou listas que enumeravam os animais sagrados de certos deuses e outras tentativas dos escribas de especular sobre os deuses e suas relações – em suma, o que poderíamos chamar de uma *teologia*" (1964: 180, grifo meu). Para ele, isso refletia mais o espírito acadêmico que a religiosidade dos mesopotâmios, mas é importante que se possa de algum modo distinguir as coisas, não apenas por si mas também porque a construção e contemplação do texto constitui uma reflexão sobre a vida religiosa, um convite não meramente para consolidar mas para elaborar, uma forma embrionária do processo que Stock (1983) analisa em relação à Idade Média europeia. Vários escritores que tratam da "religião primitiva" têm apontado a relativa ausência de dogma e teologia, especialmente Robertson Smith na sua grande obra *The Religion of the Semites* (1889). Poderíamos colocar o mesmo problema de forma diferente e ao mesmo tempo sugerir um possível mecanismo; a construção do texto, que em todo caso é outra coisa além da mera transcrição do discurso, podendo levar à sua contemplação, ao desenvolvimento de reflexões sobre reflexões, a uma metafísica que pode exigir sua própria metalinguagem.

No entanto, a escrita poderia também congelar aspectos da religião, como vemos tanto nos rituais quanto nos mitos da Mesopotâmia. Da mesma forma que no Egito, a *performance* passou a ser dominada pelo texto. Essa mudança do ritual para o registro escrito na atuação "dos sacerdotes e técnicos eclesiásticos no santuário" é também um aspecto da Mesopotâmia em que os textos "prescrevem, muitas vezes de modo bem detalhado, os atos individuais de um ritual, as preces e fórmulas a serem recitadas (apresentadas de forma integral ou pela citação do introito) e as oferendas e aparato sacrificial exigidos" (OPPENHEIM 1964: 178). Sobre uma sequência específica de rituais de Assur o comentário de Oppenheim é que pertencem a uma "corrente de tradição" que remonta a protótipos muito anteriores, com preces sumérias, isto é, em outra língua. A ênfase e a intenção, sem dúvida, diferem, mas a aplicação de uma fórmula imutável desse tipo a um amplo conjunto de circunstâncias muito diversas e ao longo de extenso período de tempo é difícil de visualizar em uma cultura oral, mas perfeitamente comum numa cultura escrita.

Quero fazer um comentário específico sobre a fixidez do texto. Escrever uma prece é fixá-la de uma determinada maneira para que se torne essencial sua repetição; por exemplo, o Pai-nosso nas palavras exatas em que foi escrito, mesmo que entendidas de forma precária, em vez de inventarmos nossa própria variante que poderia ser mais apropriada aos tempos e ocasião (GOODY, 1986). Há um exemplo interessante disso na Mesopotâmia. "Assim como os atos e oferendas da prece são fixos, com pouca variação e pouco desvio de um pequeno número de padrões existente, assim também sua formulação verbal exibe um número limitado de invocações, queixas, demandas e expressões de agradecimento" (OPPENHEIM, 1964: 175). Esse "enunciado repetitivo" na prece resulta de uma padronização das oferendas verbais ao deus com limitada consideração pela ocasião. É uma padronização ao longo do tempo que leva a uma crescente divergência em relação à língua cotidiana (como em "santificado seja o vosso nome") e até a uma falta de entendimento. De forma que o texto ritual pode tornar-se uma algaravia para o povão, exigindo um corpo especializado de intérpretes para "traduzir" (de alguma das várias maneiras possíveis) as palavras dirigidas à divindade. Há ao mesmo tempo uma tendência de que esses textos simplifiquem procedimentos complexos, enfatizando a repetição ao pé da letra, para o que o Livro é extremamente útil.

A escrita afetou o mito de maneira ainda mais direta. A forma pela qual recebemos os mitos da Mesopotâmia não é certamente a das antigas recitações orais. Em suas versões escritas, as histórias "representam os temas mais óbvios e caros à criatividade literária de uma civilização... Essas formulações literárias", escreve Oppenheim, "são... obra de poetas da corte suméria e antigos escribas babilônios que os imitavam, tentando explorar as possibilidades artísticas de uma nova língua literária" (1964: 177) com todas as suas artificialidades "arcaicas" e eruditas. Estamos claramente lidando, como ocorre frequentemente quando são apresentados produtos de cultura oral, com um nítido tratamento literário.

Na Fenícia, os mitos dramáticos dos ritos agrícolas que emergem nos textos escritos (textos de culto e não míticos, literários) mostram similaridades com as crenças e práticas hebraicas antigas e também com as da Mesopotâmia. Os hebreus, apesar do seu passado de "nômades", sempre foram associados às culturas letradas das cidades e desde seu início efetivo no credo mosaico a religião foi marcada pela presença da escrita sob a forma das Doze Tábuas. A Bíblia não representa o registro escrito de uma religião oral tanto quanto a criação de uma religião letrada. Isso não significa negar que as partes "mitológicas" do Gênese não tiveram precursores orais, nem que as genealogias dos Números e as proibições do Levítico não sejam, sob certos aspectos, comparáveis às que se encontram em culturas não letradas. Comparações com a sociedade tribal são certamente relevantes e as sugestões, implícitas e explícitas, feitas a esse respeito por Evans-Pritchard (p. ex., 1956), Schapera (p. ex., 1955), Malamat (p. ex., 1973), Flanagan (p. ex., 1981) e outros lançaram uma luz importante sobre o antigo Israel. Mas é também claro que os usos e consequências da escrita foram muitos e importantes: o congelamento das genealogias, a ordenação dos Dez Mandamentos e a enumeração das tribos judaicas (Nm 1,1ss.), o detalhamento dos métodos de construção do templo, a coletânea de provérbios e a listagem dos tabus do Levítico, tudo isso foi fortemente afetado pelo uso da escrita.

Quando os levitas se estabeleceram no seu papel clerical, Moisés foi convocado pelo Senhor:

> Fala aos israelitas e toma de cada família paterna uma vara, isto é, doze varas, uma para cada chefe de família paterna. Escreve o nome de cada uma sobre a respectiva vara. Na vara de Levi escreverás o nome de Aarão, pois cada vara representa o cabeça da família paterna. Colocarás as varas na tenda de reunião, diante da arca da aliança, onde me encontro convosco. A vara daquele que eu escolher florescerá. Assim afastarei de mim as murmurações que os israelitas fazem contra ti (Nm 17,17-20).

Um uso similar da escrita em varetas ou cartões para fins divinatórios é encontrado entre os chineses contemporâneos em Taiwan, assim como em formas mais frívolas de adivinhação, como os biscoitos de Natal e a máquina que prevê o futuro. Tal uso tem seu correspondente bíblico num tipo de provação que atualmente utiliza um procedimento comum em regiões muçulmanas (cf. GOODY, 1968: 230). Ao testar uma mulher acusada de adultério ("Lei sobre o ciúme"), o sacerdote lançava uma maldição sobre ela. "E o sacerdote escreverá essa maldição num livro e a apagará com água amarga. Fará então a mulher beber da água amarga que traz a maldição, e a água que traz a maldição entrará nela causando-lhe amargura" (Nm 5,23-24). Depois disso o sacerdote pega as oferendas da mulher e queima um punhado sobre o altar, dedicando-as a Deus. Mas a provação mesma consistirá na internalização da palavra escrita no corpo da mulher, ritual que tem paralelos egípcios antigos e outros (BAINES, 1983: 588-589). O que está escrito cala fundo, mesmo em práticas divinatórias, maldições, feitiços e procedimentos mágicos de todo tipo.

A insistência em fazer listas dos membros da comunidade – em outras palavras, numa prática censitária – é característica marcante da sociedade hebraica primitiva. "Fazei um recenseamento geral de toda a comunidade dos israelitas, por clãs e famílias paternas, registrando, um por um, os nomes de todos os homens, maiores de 20 anos, aptos para a guerra em Israel. Tu e Aarão fareis o recenseamento por destacamentos" (Nm 1,1-4). Segue-se uma lista das tribos com seus representantes que "declararam suas linhagens de família, segundo a casa de seus pais, de acordo com o número de seus nomes, com 20 anos de idade para cima, um a um" (1,18). Dessa forma as diferentes "tribos" são numeradas para fins militares e suas tendas localizadas num arranjo espacial particular em volta do tabernáculo.

O próprio Moisés teria, segundo os compiladores da Torá, registrado leis e decisões legais por escrito (Ex 24,3-7; Dt 31,24-26), assim como memorandos das perambulações israelitas. Ele "escreveu todas as palavras do Senhor" e leu o livro do pacto para o seu povo; quando "concluiu o escrito", disse-lhes para colocar o "livro das leis... ao lado da arca da aliança". Ele indicou funcionários letrados (*šōṭerîm*) para registrar as decisões e ordenar os assuntos de modo geral (Dt 1,15; cf. Ex 18,21-22). Outros podiam "manejar a pena do escriba" ou lidar com o ofício escriturário (Jz 5,14), mas uma família quenita descendente de Calebe por muito tempo foi considerada especialista (1Cr 2,55). Do tempo de Moisés ao de Davi possuímos uma lista ininterrupta dos guardiães da arca da aliança que guardava a Torá ou documentos básicos do "Estado" (Dt 31,24-26). De Davi a Josias, começando com o período de um governo centralizado definido (FLANAGAN, 1979), temos o nome de cada escriba do estado, alto funcionário acima do Cronista (*mazkîr*) que mantinha os vários registros do estado (2Sm 8,16; 1Rs 4,3). O Escriba Chefe era um conselheiro real; outros eram empregados em tarefas militares ou censitárias (2Rs 25,19; Jr 52,25) e os mais experimentados tinham suas próprias salas no palácio ou no templo (Jr 36,10.12-21). Mas, até o Exílio, a profissão de escriba propriamente parece ter sido em grande parte separada do sacerdócio, que tinha suas próprias secretarias e escrivães.

Ritual e escrita

Mas há ainda um outro ponto que diz respeito mais ao ritual do que à religião e que será abordado em capítulos posteriores: é a questão do uso da escrita para registrar mudanças em condições pessoais no ciclo de vida – nascimento, casamento, morte etc. Sociedades orais geralmente fazem um anúncio público e aberto desses acontecimentos – falo aqui de mudanças organizacionais e não estruturais. A manifestação pública pode incluir uma procissão, danças, consumo de bebida, cerimônias ou outra atividade comunitária. Claro, a comunicação desse tipo de mudança não é de modo algum a única função dos ritos de passagem; o rito afeta a mudança e a formalidade da tradição é importante por si mesma. Na Inglaterra contemporânea, muita gente que não é "cristã praticante" quer casar-se na Igreja, embora a cerimônia possa ser realizada num cartório e o anúncio feito pelas colunas de um jornal. Meios alternativos, "não cerimoniais" de formalizar uma união estão disponíveis nas sociedades contemporâneas dotadas de escrita; "testemunhas" ainda são necessárias, mas a função dessas pessoas mudou de modo considerável. É significativo que, com o aumento da alfabetização, os ritos de passagem associados ao nascimento, ao casamento e à morte tornaram-se em grande parte assuntos privados, não mais públicos como nas sociedades orais. Estive muito tempo entre os lodagaa antes de superar uma certa vergonha por invadir os funerais de pessoas que não me eram familiares; na verdade, acho que nunca superei essa sensação. No entanto, na visão dos lodagaa, ir aos funerais de estranhos lhe confere um acúmulo de graças. Uma vez, estava andando por um caminho a certa distância de Birifu, depois de uma caçada, quando encontrei uma pessoa um tanto desinibida que me perguntou quem eu era. Disse-lhe de onde vinha e o homem comentou: "Sim, ouvimos falar de você". Aí, com um elogio um tanto extravagante, acrescentou: "É o sujeito que vai a todo funeral por aqui".

A divulgação, que é um aspecto importante dessas ocasiões, toma uma variedade de formas e aspectos nas culturas escritas – para a realeza são inscrições em monumentos, para os proprietários de terras são as inscrições em pedras que demarcam limites fundiários, em Roma era a difusão de anúncios de mudanças numa situação individual, de mudanças nas leis e dos legisladores. Essas formas de difusão, no contexto da natureza mutável da sociedade urbana, podem levar a uma certa decadência das cerimônias, que se mantêm por vezes em uma escala mínima. Seria perigoso afirmar que o caráter frouxo do comportamento ritualístico prevalece menos nas sociedades letradas contemporâneas, mas certamente a cerimônia é menos intrínseca nas diversas alterações do ciclo de vida de nascimento, casamento e morte. Mas essa foi uma mudança que se processou lentamente. Nos primeiros tempos, a escrita que se fazia nos casamentos e mortes, por exemplo, não se destinavam a publicar o acontecimento mas a registrar a transmissão de propriedade e outros direitos. Só mais ou menos recentemente os próprios eventos passaram a ter uma formulação escrita regular, com o seu registro nos arquivos das igrejas no fim da Idade Média europeia. O uso primitivo da escrita com propósitos quase contratuais será examinado mais adiante, em sua ligação com os efeitos da escrita sobre a lei.

Vários pontos que levantamos sobre a influência da escrita na religião vão ressurgir em outros contextos. Outras questões substantivas foram omitidas. Por uma questão de completude (exigência tipicamente escrita para a produção de conhecimento), eu deveria ter considerado a forma dos rituais escritos e a construção de um texto ritual, a reprodução do Livro (onde foi feita, a caligrafia e o papel da repetição), assim como a preparação dos leitores – em outras palavras, as primeiras escolas. Tais facetas estão ligadas ao crescimento do complexo do templo, os grandes mosteiros da Europa Ocidental, as mesquitas do Oriente Médio, os templos hinduístas, os monastérios budistas, que desempenharam um papel tão importante na Eurásia, Indonésia e norte da África em termos de estética, aprendizado e organização social, muitas vezes incluindo hospitais, hotéis, centros acadêmicos e de comércio[12]. São temas que requerem tratamento mais extenso do que seria possível aqui.

Também gostaria de ter feito uma discussão mais completa de algumas das implicações da escrita para o conteúdo das religiões. Referi-me especificamente ao elemento "estético", expresso não apenas dentro da Igreja mas também fora nas pessoas e grupos dissidentes de determinado tipo, aqueles que rejeitam alimento, sexo ou outros prazeres, em oposição às tendências maiores da sociedade civil. É um assunto que abordei em trabalho anterior (*Cooking, Cuisine and Class*, 1982) e ao qual voltarei no contexto da ação econômica e política.

Ligada também a esse desenvolvimento é a mudança geral do sacrifício no sentido literal para "sacrifício" no sentido metafórico, caminho que seguiram várias religiões escritas. E talvez, de formas mais complicadas, com relação à obsolescência e à manutenção de registros, à teodiceia e ao problema do mal, é a crescente primazia de um Deus Supremo[13]. Mas são caminhos que também não posso trilhar agora e que exigiriam mais tempo, mais erudição e talvez mais especulação do que sou capaz no momento.

---

12. No Sri Lanka medieval os hospitais monásticos eram aparentemente apenas para uso dos monges (GUNAWARDANA, 1979: 147). Sobre a relativa autonomia dos sacerdotes na Mesopotâmia, cf. Yoffee, 1979: 16.

13. Para comentários importantes sobre o sacrifício, cf. Goody, 1981b; e sobre a noção do Deus Supremo, Goody, 1972: 32.

2
A palavra de Mamom

Neste capítulo quero lidar inicialmente com o papel desempenhado pelas atividades econômicas na origem dos primeiros sistemas completos de escrita, os do antigo Oriente Médio. A pesquisa mais recente tem insistido em dois aspectos: o papel inicial da escrita nas trocas (com efeito, no comércio) e na gestão dos assuntos econômicos do templo e do palácio. Uma vez introduzida, porém, ela afetou outras áreas da economia.

A natureza desse domínio tendo sido examinada sob quatro aspectos pela antropologia econômica (NASH, 1968): (1) a tecnologia e a divisão do trabalho; (2) a estrutura das unidades produtivas; (3) o sistema e meios de troca; (4) o controle da riqueza e do capital. Aqui não é o lugar para discutir a influência da escrita no desenvolvimento da tecnologia e suas aplicações, uma vez que isso levaria a uma pesquisa das invenções propiciadas não apenas pelo uso da grafia mas por toda a tradição escrita. Claro que a escrita teve uma influência sobre as invenções e sobre a divisão do trabalho resultante de sua aplicação. Mas em si mesma a escrita constitui uma tecnologia importante que requer um tipo altamente treinado de especialista que tem que ser mantido às custas da comunidade. Alguns desses especialistas eram sacerdotes e outros eram administradores, que usavam a escrita na gestão, respectivamente, do templo e do palácio. Dada a importância do templo em relação à escrita e também à economia, os efeitos da escrita na sua economia exige um tratamento prévio. Embora não se possa separar essas esferas de modo absolutamente definido e apesar de suas características se sobreporem na comunicação escrita, passarei à discussão da economia palaciana (a partir do tema das burocracias gêmeas) e depois irei às atividades mercantis e transações individuais, pois acredito que podem ter sido afetadas por mudanças nos meios de comunicação. Meu contraste implícito permanece sendo a África Negra (embora esta não fosse inteiramente sem escrita) e numa seção final tornarei isso explícito ao discutir certos desdobramentos modernos.

O problema central da contribuição da escrita para a economia tem a ver com o seu papel no "desenvolvimento" no sentido mais amplo, isto é, na promoção de novas tecnologias (e, consequentemente, na divisão do trabalho), na extensão das possibilidades de gerenciamento, de um lado, e do comércio e da produção, de outro, na transformação dos métodos de acumulação de capital e, por fim, na mudança da natureza das transações individuais de tipo econômico. O problema foi analisado de duas maneiras diferentes. Se considerarmos medidas recentes para a expansão econômica de países do Terceiro Mundo, um certo índice de alfabetização em geral é visto como necessário a uma mudança radical, em parte segundo um ponto de vista limitado de que o agricultor seja capaz de ler as instruções no pacote de sementes, em parte devido à autonomia maior do autodidata (mesmo em relação ao pacote de sementes), parte em função de uma maior participação no sistema sociopolítico mais amplo. Uma outra linha de argumentação enfatiza a necessidade de acesso a uma tradição escrita existente para poder contribuir, adaptar, aceitar e imitar, não apenas no campo econômico mas também nos outros aspectos das atividades políticas, legais e religiosas que a escrita promove tanto interna quanto externamente e que, em suas formas elementares, são o objeto deste livro.

Há ainda um outro nível, mais básico, em que a escrita interfere e que parece ter sido particularmente fundamental no seu desenvolvimento primitivo. O mais óbvio é o seu uso para variados tipos de escrituração, assunto que retomarei mais tarde. Mas há também a questão a esta relacionada do laço entre diferentes sistemas de circulação, por um lado de dinheiro e, por outro, da palavra escrita. Muitas noções preestabelecidas sobre diferenças entre as sociedades ou, mais dinamicamente, muitas noções sobre o desenvolvimento de uma forma de sociedade para outra, levam em conta particularmente o contexto sociocultural do dinheiro e dos tipos de troca mercantil, do livre-trabalho assalariado e dos processos produtivos com os quais está associado. Um exame do papel da escrita pode levar-nos não a abandonar mas pelo menos a qualificar alguns dos contrastes radicais que estão por trás de muitas discussões sobre o "nascimento do Ocidente" e a economia da Antiguidade, exatamente como faria sobre a natureza das economias pré-industriais dos estados que a sucederam, as "sociedades orientais intermediárias" da China, da Índia e do Oriente Médio, como as chamou Parsons. Essa é uma questão que permanece implícita na nossa discussão. Primeiro, precisamos definir o que a escrita pode alcançar, facilitar ou acompanhar, a natureza da ligação em qualquer caso particular constituindo antes matéria a ser especificamente determinada e não objeto de uma suposição genérica.

Teria sido razoável, ao examinar os efeitos da escrita na vida social, começar pela economia e não pela religião, não em função de uma ideia qualquer de determinismo econômico universal, mas pelo fato de tantos estudiosos da Antiguidade afirmarem que foi no âmbito da economia que nasceu a escrita. Observe-se que há pouca ou nenhuma evidência indicando que a economia estava ligada de forma muito direta aos sistemas de protoescrita que se desenvolveram em outras partes do mundo, tais como as de maior destaque nas Américas do Norte e Central; aí os objetivos mais gerais foram mnemônicos e de calendário, embora nos estados centralizados a grafia fosse usada para uma variedade de propósitos da realeza, sobretudo em monumentos. Mas com os sistemas completos de escrita do Oriente Médio o caso é diferente. Chegaram a argumentar que a escrita cuneiforme mesopotâmica "não foi uma invenção deliberada, mas subproduto incidental de um forte senso de propriedade privada" (PIGOT, 1950: 180, apud SPEISER). Dessa forma a alegação não precisa ser levada muito a sério, pois a atribuição de direitos de propriedade a indivíduos não foi invenção da Idade do Bronze (RENGER, 1979: 249), sendo bastante forte em muitas economias mais simples. Em algumas sociedades sem escrita tais direitos são indicados por marcas gráficas de posse em potes e nos animais domésticos, dando origem, segundo alguns, a códigos semióticos de alcance limitado. Certamente são formas embriônicas de escrita com frequência associadas a reivindicações específicas de propriedade. Os selos, que desempenham um papel semelhante, de há muito são tidos como importantes no desenvolvimento da escrita (SCHMANDT-BESSERAT, 1978; HAWKINS, 1979: 133). Quase todo o nosso conhecimento das inscrições harapa do terceiro milênio, do norte da Índia e do Paquistão, decorre desses selos e sinais timbrados que por vezes se encontram nos potes tanto do Vale do Indus quanto da Mesopotâmia, regiões entre as quais existiram importantes relações de troca. Parece que eles serviam sobretudo como forma de identificar a propriedade nas trocas, embora possa ter havido outros usos para essa prática.

Marcas identificadoras foram largamente usadas nas primeiras cidades do antigo Oriente Médio. A prata usada como moeda, essencial na economia da Mesopotâmia, recebia uma marca de garantia de qualidade (*gin*, o selo de "normal") que servia para indicar tanto o valor exato quanto a autenticidade (OPPENHEIM, 1978: 664); o controle de qualidade e a padronização de pesos e medidas usados para as trocas já eram um importante aspecto da autoridade, como agora. Acima de tudo, essa supervisão era de interesse dos templos que buscavam aliviar as aflições dos pobres, além de controlar as taxas de juros (OPPENHEIM, 1964: 107). Mas esse uso específico de sinais gráficos não requeria um sistema completo de escrita, assemelhando-se bastante nesse aspecto aos tipos amplamente difundidos de marcas de posse encontradas em animais e vasos domésticos, neste último caso usadas às vezes para indicar não só o dono mas o criador do objeto, como a assinatura num quadro. O mesmo ocorreu com as fichas de barro ("cálculos") de diferentes formatos que aparecem por volta de 8500 a.C. por todo o Oriente Médio. Essas fichas não eram, naturalmente, elementos gráficos, embora algumas trouxessem marcas feitas por incisão ou perfuração, mas parecem que serviram como representações de transações realizadas por mercadores ou pela economia centralizada do Estado ou do templo, provavelmente ambos (cf., p. ex., SCHMANDT-BESSERAT, 1980). Qualquer que tenha sido seu papel inicial, mais tarde ligaram-se a atividades econômicas subsequentemente incorporadas na escrita – isto é, em representações gráficas da língua.

Dada a aparente relação entre os primitivos sistemas de sinais e a escrita posterior na economia da Mesopotâmia, onde são grandes a quantidade e a qualidade da evidência, inverterei o procedimento adotado no capítulo anterior e examinarei primeiro os aspectos econômicos do antigo Oriente Médio que parecem ter sido afetados pela escrita, lidando mais implícita que explicitamente com o contraste face às culturas orais, embora retorne a esse contraste no final.

A origem da escrita e a economia antiga

Relatos sobre a Mesopotâmia insistem na extensa dependência da economia em relação à escrita e da escrita em relação à economia. "Baseada na agricultura intensiva de cereais e na criação em larga escala de animais de pequeno porte, tudo nas mãos de um poder centralizado, [essa civilização] viu-se rapidamente inserida numa ampla economia que tornava necessário o controle meticuloso de infinitas movimentações, infinitamente complicadas, dos bens que produzia e fazia circular. Foi para realizar essa tarefa que a escrita se desenvolveu; com efeito, por vários séculos essa foi virtualmente sua única utilidade" (BOTTÉRO, 1982a: 28). A sequência de desenvolvimento é colocada em termos ainda mais precisos por Amiet:

> Desde essa época as capitais das duas regiões adjacentes desempenharam um papel decisivo: Uruk na Suméria e Susa ao pé dos Montes Zagros, que viram o nascimento dos primeiros estados dignos desse nome, inicialmente com uma ruptura da tradição pré-histórica simbolizada pela cerâmica pintada, depois pela elaboração de um sistema de contabilidade que se tornara essencial à administração de suas vastas riquezas. Essa escrituração levou naturalmente à criação de um sistema de escrita, ainda primitivo, parcialmente pictográfico mas sobretudo abstrato, que mais tarde se tornou conhecido como cuneiforme e foi adotado e adaptado na maior parte do antigo Oriente. Essa escrita é encontrada em Uruk no final do período que leva o mesmo nome, por volta de 3300 a.C., quando seus vizinhos, da mesma cultura, praticavam apenas contabilidade numérica. A escrita e a escrituração foram estabelecidas por uma administração sacerdotal que patrocinava uma arte decididamente realista em oposição às obras estilizadas do período pré-histórico (1982: 19).

É verdade que alguns escritores adotaram uma visão aparentemente diversa. Woolley sustentava que na Mesopotâmia "[a] escrita foi uma invenção do templo e por isso praticada primeiro pelos sacerdotes" (1963: 467). Essa afirmação, no entanto, aponta na mesma direção geral, uma vez que a escrita que eles inventaram e praticaram era usada primordialmente para a condução dos assuntos econômicos. Pois a escrita primitiva na Mesopotâmia era utilizada mais para escrituração contábil do que para o registro de mitos e rituais. Os livros foram primitivamente registros contábeis das lojas do templo (p. 510), de modo que se a escrita era praticada por sacerdotes e administradores do templo e possivelmente, na sua forma completa, fosse uma invenção do templo, sua origem dificilmente poderia ter sido religiosa no sentido corriqueiro da palavra, resultando antes da natureza econômica da primitiva sociedade mesopotâmica. Os registros das atividades diárias na Mesopotâmia "originaram-se no reinado de uma elaborada burocracia que lidava com habilidade técnica e consistência metodológica dos assuntos administrativos do templo na Babilônia meridional" (OPPENHEIM, 1964: 23). Tais registros também nos chegam dos palácios reais e, mais tarde, de transações legais privadas, de vendas, aluguéis e empréstimos, de contratos de casamento e de adoção, de testamentos e assim por diante. Os templos, assinala Adams (1966: 126), eram "centros cruciais de inovação em qualificações administrativas especializadas tais como a escrita e a contabilidade", parcialmente talvez em troca do excedente agrícola que absorviam no serviço de deus. Já nos primórdios da invenção da escrita o conhecimento da sua aplicação para manter registros teria fortalecido "as funções administrativas dos templos" e estimulado entre seus praticantes "uma superioridade e senso de desligamento em relação às preocupações cotidianas da vida secular". Assim, a escrita representa não apenas um método de comunicação a distância, mas também um meio de se distanciar da comunicação.

Como se desenvolveu esse sistema? Na década de 1930 as expedições alemãs a Uruk, no coração da Suméria, descobriram que os primeiros exemplos de escrita eram tabletes de contabilidade (FALKENSTEIN, 1936: 43; GREEN, 1981); havia também uma série de listas com propósitos econômicos e léxicos para "textos escolares" (p. ex., VAT 9130 de Fara), fenômeno bem impressionante da tradição mesopotâmica mas que não é nosso foco primordial de interesse aqui. Esses tabletes de contas parecem estar ligados ao uso anterior de fichas no Oriente Médio e, mais tarde, a uma espécie de fatura que se disseminou entre Elam, no sudeste, e a Síria, no noroeste.

Os fatos acerca das fichas e invólucros parecem ser os que seguem. Fichas de barro, modeladas de variadas formas, na maioria geométricas, são encontradas em depósitos arqueológicos do antigo Oriente Médio que datam desde 8500 a.C., mais ou menos contemporâneos aos primórdios da agricultura. Com o surgimento das cidades, por volta de 3500 a.C., as fichas sofreram uma mudança radical, indicada pela proliferação de marcas nas superfícies. E entre 3500 e 3200 a.C. encontramos os primeiros invólucros de argila usados para guardar as fichas[14]. Esses

---

14. Os invólucros mais antigos que se conhecem hoje são da camada Uruk Média de Farukhabad.

objetos redondos e ocos mais ou menos do tamanho de bolas de tênis, distintos das "bullae" [bolhas, em latim – N.T.] ovoides de argila usadas como selos para prender os cordões de pacotes de mercadorias, foram descobertos nas camadas arqueológicas protoelamitas em Susa. Ao reconhecer um invólucro muito posterior, do segundo milênio, como um sistema de registro baseado em fichas que complementava a contabilidade escrita do Palácio de Nuzi, Oppenheim abriu caminho para novas descobertas (SCHMANDT-BESSERAT, 1980: 360). Os movimentos de um rebanho pertencente ao palácio podiam ser registrados passando-se as fichas de um invólucro (ou seja, campo) para outro. Os exemplos de Susa foram então identificados por Amiet (1966) como "pièces de comptabilité" [peças de contabilidade, em francês no original – N.T.], com as fichas representando bens e mercadorias[15]. Depois ele especulou que devem ter sido usadas como conhecimentos de embarque de mercadorias de centros rurais de produção para os centros administrativos urbanos, mais ou menos da mesma maneira que mais tarde cartas contratuais foram usadas pelos mercadores assírios que comerciavam entre Assur e Kanish, na Anatólia.

A sequência evolutiva é mais claramente ilustrada em Susa. Na segunda metade do quarto milênio, as transações (apenas números, segundo Le Brun e Vallat, 1978) eram simbolizadas por fichas e as que representavam uma única transação eram fechadas numa bola de argila "au montant du contrat" [no montante do contrato, em francês no original – N.T.] (p. 30); na superfície desse invólucro um ou dois selos cilíndricos eram então enrolados para selar o documento. Em caso de discordância, o invólucro podia ser aberto, mas se fosse quebrado não tinha mais utilidade. Então um segundo estágio consistia em marcar os conteúdos na superfície, quer imprimindo a forma das próprias fichas na argila ou a de uma cópia inscrita. Já então não era mais necessário abrir o invólucro. Com efeito, as fichas mesmas tornavam-se agora supérfluas, dando lugar aos chamados "tabletes numéricos" – que Denise Schmandt-Besserat (1981b) chama de "tabletes impressos", pois considera o significado das fichas num sentido mais amplo. Na verdade, em Susa, esses tabletes são encontrados no mesmo nível arqueológico que os invólucros e fichas mas são substituídos no nível 18 por sinais pictográficos gravados protoelamitas[16], que em meados do terceiro milênio dão lugar à escrita cuneiforme dos seus vizinhos mesopotâmicos.

---

15. Le Brun e Vallat rejeitam a ideia de que as fichas representem algo além de números (1978: 33-34). Para outra crítica a Schmandt-Besserat, cf. tb. Lieberman, 1980 e a réplica de Powell (1981: 423ss.). Para uma análise muito interessante da maneira como evoluiu o desenho espacial da escrita cuneiforme mais primitiva, do uso de fichas como resposta a necessidades administrativas para a manutenção de registros sobretudo econômicos, cf. Green, 1981.

16. Amiet informa sobre a descoberta desses sinais no nível 17, mas eles só aparecem de forma "organizada" no nível seguinte (LE BRUN & VALLAT 1978: 40).

Alguns autores consideram que os invólucros e a evolução posterior da escrita estão ligados à administração do templo, registrando presentes dados à instituição ou impostos cobrados por ela. Para Denise Schmandt-Besserat, com efeito, o aparecimento dos invólucros no quarto milênio teria ocorrido na mesma época em que "o clero foi investido do poder de exigir a entrega de bens por meio de sanções" (1980: 381), embora as primeiras fichas tenham se difundido por todo o Crescente Fértil e pudessem estar ligadas a atividades comerciais. Ela acha que a invenção dos invólucros foi estimulada pela necessidade de dar um caráter oficial a certas transações por meio de selos, uma vez que todos os que foram encontrados nos principais centros administrativos estavam marcados dessa forma. Outros, no entanto, acham que os invólucros e fichas encontrados representam arquivos de mercadores (LE BRUN & VALLAT, 1978), contendo registros de contratos privados, especialmente acordos de empréstimo; em períodos posteriores, certamente, encontramos vendas de terras, de casas e arrendamentos agrícolas que constituem transações "privadas" e não "públicas". Esse ponto é crucial, primeiro, para aqueles como Polanyi, certos historiadores marxistas e a maioria dos antropólogos que veem a economia do mundo antigo como sendo organizada pelo Estado ou pelo templo de forma centralizada, quer considerando isso um exemplo de despotismo oriental, de capitalismo de Estado ou de sistema redistributivo; e, segundo, para aqueles como Woolley e outros estudiosos do antigo Oriente Médio que enfatizam mais as ações de grupos de mercadores trabalhando por conta própria mas fazendo contribuições em impostos, taxas e presentes às "grandes organizações" do Estado e do templo. Voltarei a essa questão depois de examinar evidências de um período posterior, mas por enquanto o papel das fichas em relação à escrita levanta uma outra questão importante, embora menos diretamente relacionada à economia.

Schmandt-Besserat diz não apenas que as fichas ligavam-se à escrita através dos invólucros de barro que mais tarde se transformaram nos tabletes de escrita, mas que as próprias fichas foram os protótipos de determinados sinais cuneiformes "pictográficos". Essa controvérsia colocaria de lado de uma vez por todas a ideia de que a escrita se desenvolveu a partir de sistemas ainda mais antigos de pictogramas (i. é, de imagens de objetos, em vez de sinais indicando palavras). Indubitavelmente, muitos sinais sumérios têm componentes figurativos, como muitos caracteres chineses. Mas não há um movimento geral do concreto para o abstrato, o que fica claro pela natureza "abstrata" de muitos desses primeiros sinais, especialmente sinais numéricos. Como Boas argumentou muitos anos atrás (1927), o mesmo é verdadeiro acerca da "arte primitiva" e do desenho primitivo em geral, ideia que para ser confirmada não precisa mais que de um momento de séria reflexão sobre as culturas orais contemporâneas. Com efeito, pode ser o próprio fato de que precisávamos de um grande número de sinais num sistema logográfico que estimula certo grau de representação pictórica com propósitos mnemônicos, assim como a identificação de algumas das miríades de estrelas no céu é auxiliada pela representação de certos aglomerados estelares como Ursa Maior, Cinturão de Órion e assim por diante. Observo isso em parte a fim de modificar a noção de uma passagem geral do concreto para o abstrato que está na base de algumas formulações sobre diferenças ou evoluções culturais; a passagem tem que ser relacionada a atividades de domínio específico e a mecanismos particulares, havendo também alguns aspectos, por exemplo de representação visual, que fizeram o movimento na direção oposta (cf. BAINES, 1985).

No entanto, há um elemento nesses processos que não leva à abstração e generalização. As fichas representam o conteúdo das transações de uma maneira abstrata quando comparamos essas operações não apenas ao escambo puro e simples, a troca direta em espécie, mas também às formas de "dinheiro" representadas por certos tipos de artigos de troca, tais como a prata na Mesopotâmia e as barras de sal na África Ocidental. Claro, poucas sociedades humanas, se é que alguma, limitam-se à troca simples de um objeto por outro no mesmo momento; algumas transferências envolvem atrasos ou demora, outras alguma generalização funcional de certos bens como meios de transação, sejam esteiras de palha ou peças de pano. Mas o uso sistemático de fichas marca uma primeira evolução rumo a uma economia baseada em um meio generalizado de troca que podemos chamar de dinheiro. O termo levanta problemas de definição ligados ao seu uso generalizado em uma gama de transações possíveis ou potenciais. Mas se as fichas eram tão intimamente ligadas à escrita, ambas devem ser vistas como propiciadoras do uso de meios mais generalizados de troca, ponto que retomaremos ao discutir "cartas de crédito" e "unidades contábeis".

Isso não é para sugerir, claro, que as fichas eram meios de troca; parece certo que num período posterior elas foram usadas em escrituração com propósitos mercantis ou organizacionais. Nem quero insinuar por um momento que nas culturas orais as pessoas não usam representações arbitrárias de troca. Entre os lodagaa da África Ocidental há um uso interessante em apostas. Como em muitas outras partes do mundo, as pessoas apostavam não apenas "fichas" ou mesmo "dinheiro", mas também outras coisas de que se achavam possuidoras, até as esposas. Os búzios ou conchas de cauris, meio de troca de alguma generalidade, são usados não apenas para fazer apostas mas como os próprios objetos apostados, como se o ganhador de um cara ou coroa levasse como recompensa a própria moeda utilizada no jogo. Mas também uma certa disposição dos búzios pode representar de maneira puramente arbitrária alguma outra coisa, como a esposa de alguém, o direito de fazer o primeiro movimento num esporte ou, numa prática divinatória (quando os deuses estão mais deliberadamente guiando o lance de dados), a necessidade de oferecer um sacrifício. Essas formas de representação abstrata são intrínsecas à condição humana. Se a meu ver o uso de fichas no nono milênio não marca o início da "contagem", nem mesmo da forma mais simples de produção de registros, marca no entanto, como a escrita, um ponto na separação posterior entre número e objeto que é essencial não apenas para o surgimento do "dinheiro" como também para o desenvolvimento da matemática, cujos primórdios supõem-se em geral no terceiro milênio, com o início da escrita (FRIBERG, 1978-1979).

Há uma outra forma pela qual a representação gráfica se presta à contabilidade, não só através de números – os quais, como sistema autodefinido, podem desenvolver-se em separado – mas de palavras. Pois a escrita estimula um uso não sintático da língua que a adapta especialmente aos propósitos contábeis que são tão característicos da escrita egeia linear B. Mesmo no Egito, onde os usos com propósitos religiosos e de exibição monumental eram tão importantes num estágio inicial, Baines acha que a "administração" (i. é, a "contabilidade") teve "primazia na origem da escrita" (1983: 575), quer dizer, o tipo de administração que caracteriza o complexo Estado burocrático. Esse uso "não textual" da escrita (a que me referi em outra parte como uso "não sintático" ou "descontextualizado" em termos de estrutura da sentença) incorporado em listas de vários tipos afetou outras áreas da comunicação mas dominou os usos administrativos, provavelmente resultando "numa vasta proliferação, o que permitiu aumentar o controle central da atividade econômica, assim como uma distribuição mais bem monitorada da liberalidade real".

Essas formas não sintáticas envolvidas na manutenção de registros tiveram um efeito realimentador sobre outros usos da língua e possivelmente sobre a própria língua, pois o uso de listas, tanto conceituais quanto de categorias e administrativas, era importante, especialmente para as escolas (GOODY, 1977). Isso encontra algum suporte no antigo Egito, onde, como observa Baines, se a escrita serviu praticamente desde os primórdios aos propósitos da administração e da exibição monumental, por outro lado não houve, por quase meio milênio, qualquer evidência de "textos contínuos". A "limitação original da escrita a tabelas, marcas de posse e legendas" continuou a exercer sua influência, mesmo sobre formas da língua falada. História interessante de um período posterior (c. 1200 a.C.) diz que um vaqueiro "lista" assim o que está carregando: "trigo-vermelho: 3 sacas; cevada: 2 sacas etc."; sobre o que Baines comenta: "As pessoas podem realmente não... falar dessa maneira, mas é profunda a influência da listagem em tabelas no material escrito envolvendo números" (1983: 575). A contabilidade e as listas desenvolveram um tipo diferente de linguagem, introduzindo fórmulas e omitindo verbos, como notou Veenhof no caso da Mesopotâmia (1972: 346). Se eu estivesse contando a alguém o que eu carregava, construiria sentenças simples em vez de fórmulas: "Bem, tem três sacas de trigo-vermelho e dois de cevada" ou algo assim. O discurso falado normalmente não é telegráfico. O que ali estava se desenvolvendo era uma linguagem escrita adaptada à contabilidade para a administração do templo e do palácio, para trocas comerciais e transações interpessoais.

A escrita e a economia do templo

Dotação e renda

Não foi apenas a administração central no Egito que se beneficiou da escrita; como na Mesopotâmia, também beneficiou-se a Igreja. No período inicial, o único grande acervo de documentos vem dos templos mortuários dos reis da Quinta Dinastia (c. 2500-2350 a.C.), o que inclui exemplos de "registros minuciosos"; fundações religiosas próximas à residência real eram "relativamente abastadas e bem dirigidas, tendo interesse e os recursos para fazer documentos elaborados" (BAINES, 1983: 585).

Como vimos no capítulo 1, a dicotomia entre templo e palácio como instituições socioculturais distintas, cada uma com seus próprios interesses, marca as duas grandes culturas escritas do Oriente antigo[17]. Sobre o antigo Império Egípcio Goedicke explicou como os grandes templos não resultaram inicialmente de cultos locais, pois esses careciam tanto de substância econômica quanto de um clero profissional[18]. Em vez disso, como no caso do culto de Hórus, parecem ter-se desenvolvido *pari passu* com a expansão do Estado (1979: 116); o clero em Heliópolis foi atuante desde a Terceira Dinastia mas não tinha independência econômica, constituindo parte da estrutura política. A "função econômica e administrativa do templo de culto evoluiu a partir das responsabilidades funerárias da coroa" (p. 120), uma vez que o extenso cuidado, especialmente na forma de oferendas diárias de alimentos, viria a exigir preparações administrativas que, por sua vez, exigiam recursos econômicos sob a forma das fundações funerárias reais que Goedicke compara às *waqf* islâmicas, as corporações religiosas que mais tarde se tornariam tão importantes precisamente nessa mesma região.

Quando a liberalidade requerida para aplacar os deuses não é mais suprida por oferendas diárias mas por dotações permanentes, o resultado é uma independência maior dos administradores clericais. Não afirmo que isso seja verdade universal, mas, se pensarmos nos dias de hoje, não temos que estar presos a uma

---

17. Sobre o problema mais geral do conflito entre uma Igreja que acumula e um Estado que se apropria, cf. Goody, 1983.

18. Há pouca evidência substancial no primeiro período de templos dedicados ao culto divino, exceto em um ou dois lugares; se tal material representa ou não uma distribuição mais ampla desses templos é algo a discutir.

noção de primazia do lado econômico para ver que é "natural" (i. é, provável) que as escolas, faculdades e seitas lutem para não depender da sacola diária, mensal ou anual de esmolas.

No Egito, as dotações fluíam generosamente da coroa e aparecem com frequência registradas por escrito. Na Pedra de Palermo, que é provavelmente uma cópia tardia dos anais compilados na Quinta Dinastia e remontando até a Primeira, em quase todos os anos são listadas doações ou mencionadas dotações reais, consistindo de propriedade fundiária e também oferendas, sobretudo a divindades veneradas por razões políticas e também de devoção.

Uma inscrição que registra uma oferenda desse tipo estipula que "toda a sua produção [ou patrimônio] é uma dádiva de deus, isenta como a terra de deus" (p. 127-128) – em outras palavras, livre de impostos do Estado. Tal isenção, detalhada num decreto do Rei Nefercare, parece aplicar-se não apenas a um culto mas a todos os "sacerdotes". Esses sacerdotes não parecem ter sido funcionários de tempo integral mas pluralistas. No entanto, estamos na presença de uma elite profissional que depende não apenas das oferendas diárias (a tigela de arroz, os tostões da viúva) mas do produto de uma doação que consistia do recurso agrícola básico – isto é, a terra.

Para tal fim, a dotação tem que ser de terra em certo tipo de sistema produtivo. A terra que um governante da África Ocidental poderia oferecer não seria um grande presente a não ser que ele pudesse suprir também a mão de obra e ainda assim os benefícios seriam mínimos. Você não pode estabelecer dotações no caso da maioria das formas de cultivo itinerante – só oferendas são possíveis, ainda que possam se acumular. Em tais condições, é grande a vinculação dos cultos religiosos com outros aspectos da sociedade e pequena a autonomia estrutural ou relativa independência da Igreja em relação ao Estado.

Independência significa que o governante pode ter que deliberadamente buscar o apoio da Igreja, o qual não é dado de forma automática. Goedicke sugere que as concessões feitas por Nefercare ao clero podem ter sido em troca do apoio sacerdotal à sua pretensão relativamente duvidosa à sucessão paterna no trono (p. 129). Seja como for, tais concessões levaram os sacerdotes a se tornarem cada vez mais independentes em consequência da posse sobre a "terra de deus"; embora o fato de que deviam receber tais posses em diferentes partes do país qualificasse a sua independência pessoal, a independência em relação ao Estado era limitada pelo fato de muitos servirem como altos funcionários do governo. Com o tempo aumentou a separação entre as instituições, o Estado e a Igreja, e seus respectivos quadros funcionais. Tal independência foi estimulada mais tarde por reis que se viam obrigados a conceder novas dotações para conquistar o apoio político do clero. Foi esse sistema complexo de uma Igreja e de um clero agraciados com terras que exigiu um complicado sistema de manutenção de registros, embora, é claro, provavelmente desde um período anterior, o Estado fizesse exigências similares.

A relação entre Igreja e Estado oscilou ao longo do tempo. Na Mesopotâmia havia uma separação mais nítida do que no Egito, pelo menos em certos períodos. Depois da antiga Babilônia, o crescimento econômico sofreu uma redução e assim também a importância política do templo em consequência da emergência da organização palaciana comandada pelo rei (OPPENHEIM, 1964: 187). Hamurábi, que submeteu grande parte da Mesopotâmia ao seu domínio, tentou incrementar o apoio econômico à coroa subordinando as casas do templo ao controle direto da administração do palácio, processo descrito como secularização (RENGER, 1979: 252; HARRIS, 1961: 117-120)[19]. Se a Igreja requer e recebe suporte por suas boas obras para os deuses e os homens, os recursos que acumulou constituem uma tentação constante para o palácio e a classe dirigente em geral, quer seus tesouros sejam confiscados para ganho privado, benefícios públicos ou simplesmente para reduzir o seu poder. Mesmo assim, o templo continuou sendo uma das duas "grandes organizações", junto com o palácio, consumindo os melhores produtos do campo e os rebanhos que eram enviados ao templo para serem usados como alimento da imagem, como renda ou provisões para seus administradores e trabalhadores, além de armazenados para uso futuro ou convertidos em itens de exportação a serem trocados por matérias-primas.

Como vimos, os recursos à disposição do templo provinham de variadas fontes: presentes dos devotos, dotações tributárias e contribuições do trabalho. Muito vinha do rei, que tinha a responsabilidade dos templos (LARSEN, 1976: 119). Um velho texto assírio utiliza a fórmula: "Pelo bem de sua vida e a prosperidade de sua cidade ele construiu o templo" (p. 64). Como em toda parte, uma proporção da riqueza necessária para isso era produto da pilhagem de guerras; mesmo os grandes predadores europeus que invadiram a América do Sul contribuíram para a construção de igrejas e para o tesouro dos reis.

Dos vitoriosos reis mesopotâmicos "o templo esperava uma parcela do butim, especialmente preciosos presentes votivos a serem exibidos à divindade no tabernáculo e a entrega de prisioneiros de guerra para aumentar a força de mão de obra do templo" (OPPENHEIM, 1964: 108). Os reis eram levados a entender que era seu dever construir "santuários maiores e mais suntuosamente decorados, com torres mais altas... como expressão de agradecimento e também como garantia de futuros sucessos". No entanto, o palácio e o templo divergiam em certas questões fundamentais, levando a conflitos de interesse. "Enquanto o templo lutava por independência econômica garantida por propriedades agrícolas e suficiente força de trabalho, o rei também tinha que manter e ampliar a base fiscal de sustentação do palácio, isto é, do Estado" (p. 109).

---

19. Sobre a secularização das terras pelos governantes de Acade, cf. Garelli, 1969: 91.

Contas

As dotações permanentes acumuladas pela Igreja e garantidas sobretudo por fontes reais, isto é, "governamentais", trouxeram uma série de implicações. Primeiro, a escrita tornou-se de fundamental importância na alienação de propriedade, especialmente fundiária, exigida pelas grandes organizações. Segundo, a aquisição dos meios básicos de produção colocou o templo no negócio produtivo e de organização da produção alheia. Terceiro, a organização da produção estava ligada à organização do comércio, embora este devesse fazer sua própria contribuição em separado para a renda e as atividades do templo. Por fim, a própria complexidade da economia do templo, a necessidade de alimentar e vestir o clero, implicava a manutenção de registros de arrecadação e despesas. Em todos esses contextos o templo fazia tanto uso da escrita quanto o palácio e o mercador, pois realizava atividades semelhantes. Uma vez que suas atividades destinavam-se, porém, a fins distintos, surgiam contradições internas entre a ideologia e a prática, entre as contas que se deviam prestar aos céus e à terra.

Tais temas podem ser melhor ilustrados pela história posterior, com exemplos mais ricos. O papel dos templos letrados numa economia posterior fica bem claro na história da Igreja cristã no início da Idade Média europeia. Apesar de uma ideologia dedicada à abnegação face às riquezas mundanas, ela transformou-se em uma Igreja proprietária com seus textos ritualísticos e registros formais, documentos que lançam tanta luz sobre os processos econômicos em geral[20]. Mas quero dar um outro exemplo, do Sri Lanka medieval, porque nos lembra de que, até tempos recentes, a importância da economia do templo foi crucial em grande parte da Eurásia.

Em sua descrição dos mosteiros budistas do início da era medieval, Gunawardana (1979) assinala a importância das dotações religiosas a partir do século II a.C. Se originalmente os monges budistas foram devotos da vida ascética e seus primeiros presentes foram cavernas, a ascensão clerical e dos monastérios passou a exigir doações regulares e habitações mais humanas. Sua total dependência da oscilação do nível de oferendas de alimento e roupa tornou-se impraticável; precisavam de uma fonte estável de renda para se abastecerem de forma independente. E isso só seria propiciado por direitos sobre os meios de produção.

Doações da congregação continuam sendo importantes para a maioria das comunidades clericais, sob a forma tanto de produtos perecíveis em devoção à imagem, como incenso, flores e a queima de oferendas, quanto de artigos de consumo mais duráveis para os monges, embora dinheiro no prato seja um presente mais flexível do que bens em espécie. Tais oferendas são demonstrações de participação devocional, uma pequena oferta sendo expressão visível da esperança de

---

20. Cf. o estudo de Dyer sobre o bispado de Worcester entre os séculos VI e VII (1980).

uma bênção imediata em troca. Doações perpétuas tendem a vir daqueles preocupados na continuidade em mais longo prazo, ou seja, dos reis e da nobreza, aqueles que contemplam seu destino no outro mundo, de modo que a noção de que o futuro no além depende das boas ações neste mundo reverte obviamente em benefício dos intermediários entre os deuses e os homens, assim como dos ricos pecadores.

No Sri Lanka, o avanço da tecnologia na produção agrícola, especialmente a extensão da irrigação, iniciada por volta de 100 d.C. e levada adiante pelos sete séculos seguintes, significou que reis e nobres tinham excedentes de produção suficientes para conceder as enormes dotações exigidas para a construção e manutenção de templos e monastérios. Tais dotações assumiram a forma não só de direitos sobre a terra, por vezes de propriedade, mas também de renda, impostos e taxas de irrigação, além de serviços de mão de obra, incluindo até escravos, ainda que isso fosse contrário tanto à letra quanto ao espírito da *sangha*, a comunidade budista (p. 121, 345).

Um aspecto importante do sistema de gerenciamento das propriedades e dos recursos de mão de obra, frutos dessas dotações, era uma tradição de contabilidade e manutenção de registros. Nas palavras de Gunawardana, "[o] interesse demonstrado pelo monastério nos registros e contabilidade era digno de uma casa de negócio" (1979: 125-126). O mosteiro mantinha um registro dos monges residentes do mesmo tipo encontrado no norte da Índia. No Mosteiro de Abhayagiri registravam os nomes e tarefas de todos os empregados. Segundo os Tabletes de Mihintale, todos os recibos de propriedades, todos os pagamentos feitos para o abastecimento de comida e reparos, assim como os nomes dos recebedores dos subsídios, eram registrados.

O monastério era dirigido por uma comissão administrativa, como nos templos hindus do sul da Índia, que algumas vezes incluía membros leigos, uma vez que as regras disciplinares do *Vinaya Piṭaka* orientavam os monges a se abster de toda atividade profana, que abrangia a aceitação, gestão e uso de riqueza material. A existência de tais dotações chamou imediatamente a atenção para o que Weber chamou de "paradoxo de todo ascetismo racional" que cria a riqueza que rejeita. "Templos e monastérios tornaram-se em toda parte os *loci* mesmo de todas as economias racionais" (WEBER, 1947b: 332). Em outras palavras, a "racionalidade" da escrita, uma "racionalidade" econômica, situa-se, está localizada no próprio coração das instituições que se preocupam com o "não racional".

A partir desses registros a comissão gestora preparava um relatório diário de contas, que era devidamente assinado e colocado numa urna trancada, selada e depositada num santuário. No final do mês novo relatório era preparado e no fim de cada ano os doze informes eram reunidos para o balanço anual apresentado à assembleia dos monges. Uma inscrição diz que isso deveria ser feito antes do oitavo dia da lua minguante do mês de Vap (outubro/novembro), sete dias antes do *Dīpāvāli*, data em que os mercadores hindus acertavam suas contas anuais (GUNAWARDANA, 1979: 129).

O extraordinário desenvolvimento da escrituração e auditoria contábeis estava ligado não apenas à natureza coletiva da *sangha*, uma verdadeira corporação de consumidores unidos, mas ao fato de que ela detinha propriedade em comum. Essa propriedade era explorada de uma variedade de maneiras complicadas que estimulava, senão mesmo exigia, algum sistema de cômputo por meio de registros escritos. Cada monge tinha direito a uma "parcela" do excedente anual, prática que lembra, como na verdade todo o sistema de escrituração e auditoria contábeis, a dos "dividendos" que antes recebiam os *Fellows* [misto de estudantes, docentes e gestores – N.T.] de algumas faculdades de Oxford, para não falar da distribuição anual de dividendos das modernas corporações de negócios. Não é de surpreender que a perda de propriedade dos monges em decorrência do domínio estrangeiro e do confisco político, segundo Gunawardana, teve "um efeito deletério sobre a existência corporativa" do monastério (p. 328). A situação iria repetir-se em muitos casos subsequentes da "dissolução dos monastérios".

O funcionamento interno da comunidade monástica baseava-se num tipo de sistema *jajmānī*, que dependia mais de rendimentos em espécie do que de transações em dinheiro, embora usassem ouro para a aquisição de tecidos e outros produtos – isto é, bens importados. Ainda assim, fica bem claro que a ética budista não era obstáculo à acumulação de propriedade, nem ao exercício de uma "racionalidade" econômica. A demolição da economia de um templo, o desvio do seu capital e renda para uso secular, era por acaso mais importante que a demolição de uma ética econômica (que era contornada tão facilmente em Sri Lanka quanto entre os islâmicos e cristãos) para o desenvolvimento da moderna economia industrial? Há com certeza pouca evidência de que o "fracasso" da Ásia Meridional em desenvolver formas do capitalismo ocidental possa ser explicado pelas limitações de uma ética religiosa e, muito menos, por um modo oriental de produção. Importantes fatores do desenvolvimento da Europa no século XVI incluíram mudanças nos modos de comunicação (cf., sobre a imprensa, EISENSTEIN, 1979) assim como no modo de produção; uma perspectiva histórica a longo prazo pode mostrar que superestimamos seriamente a defasagem que havia naquela época entre o Oriente e o Ocidente e que há muito mais coisas a explicar do que imaginávamos.

Essa análise indicou que a ideia de Hocart sobre a unidade da Igreja e do Estado em Sri Lanka (1950: 67) não se sustenta, muito menos a noção de que a organização monástica era um "departamento do Estado". Como insiste Gunawardana, a posição econômica do monastério e o prestígio e autoridade da *sangha* garantiam um alto grau de autonomia. A simbiose era antagonística, modificando quaisquer tendências ao centralismo despótico (p. 350). Com efeito, em todas as economias do templo tal independência deve ter sido um freio contra o acúmulo monolítico de poder e, mais importante, teria estimulado a descentralização feudal.

Como vimos, os perigos da relativa autonomia entre Igreja e Estado são de cada organização poder interferir no funcionamento da outra, com resultados potencialmente desastrosos, mais especificamente para o lado "mais fraco". A invasão cola do final do século X nas planícies setentrionais de Sri Lanka colocaram a *sangha* numa difícil situação, pois perdeu tanto seu patrocínio quanto as propriedades. A restauração da unidade do país reverteu a tendência, até o próprio clero interferir na política e despertar a ira de Vikramabahu I ao tentar impedir que ele se tornasse rei. Assumindo o trono, ele confiscou as propriedades monásticas, apesar dos esforços de alguns monges em defender suas posses e privilégios com o recurso a mercenários de etnia tâmil (GUNAWARDANA, 1979: 349), desencadeando assim uma série de eventos com consequências que perduram até hoje.

A escrita e a economia palaciana

O templo recebia grande parte de suas dotações do palácio, que em troca arrecadava receitas, organizava a produção básica, participava do comércio (em certos períodos mais do que em outros) e distribuía suas mercadorias dentro e fora da casa real. A contabilidade das receitas tinha que fazer uso de processos de escrita semelhantes aos utilizados na economia do templo, mas aplicados de forma mais ampla, tanto para o registro de pilhagens quanto para a contagem da população com finalidades tributárias e de controle.

Taxação e censo

Os impostos agrícolas na Mesopotâmia eram pagos em espécie, correspondendo a uma porcentagem da produção anual, teoricamente 10%, mas o sistema de agricultura tributária gerava muita extorsão, de um quinto à metade do produto gerado. As contribuições eram despachadas pelo coletor de impostos aos depósitos do governo, onde os funcionários podiam convocá-lo para explicar atrasos e mantinham um registro minucioso de tudo o que se arrecadava, que era então posto em circulação o mais rápido possível; "os animais devem ser enviados para integrar os rebanhos do Estado; outros bens perecíveis eram vendidos ou emprestados a mercadores a taxas de juros regulares ou entregues a fábricas do governo para a produção de manufaturas" (WOOLLEY, 1963: 628).

Outros impostos incidiam sobre bens urbanos e sobre pessoas. A fiscalização das atividades dos coletores e uma previsão orçamentária eram possíveis com o registro de todos os contribuintes, quer dizer, pelo censo. "Mantinha-se um registro de nascimentos, de modo que se podia facilmente aplicar um imposto *per capita*; mas para a taxação em geral as listas indicavam tanto propriedades quanto pessoas" (WOOLLEY, 1963: 628). Na Babilônia essas listas eram divididas em três categorias: "Primeiro os camponeses, semisservos, submetidos à corveia e ao serviço militar, donos de pequenos pedaços de terra ou vinhas, dos quais se dizia, em geral, que eram gente "sem gado"; em seguida vinha a classe média, onde podemos encontrar comerciantes, hortelãos, pastores e cavalariços; e, por fim, a pequena nobreza, que se distinguia pela posse de carruagens" (p. 629). Aqui somos lembrados da íntima ligação entre escrita, censo e taxação. Os estados sem escrita coletavam o equivalente a impostos pelo processo que Polanyi chamou de "redistributivo" (1957) e Pryor de "acumulação cêntrica" (1958), descrito em reinos polinésios por Sahlins (1958) e no Daomé por Herskovits (1938). Mas sistemas elaborados de tributação, previsões mais precisas de demanda, recursos e arrecadação e, por conseguinte, o medo da população em ser recenseada – o que representa a penetração do Estado na vida doméstica dos súditos e permite a elevação de impostos no momento e no futuro – tudo isso depende fundamentalmente do uso da escrita (cf. tb. POSTGATE, 1974).

Administração central

Se a economia da Mesopotâmia foi de início em grande parte uma economia do templo que mais tarde se secularizou, no Egito, após a supressão dos monarcas ou governantes provinciais, a economia era sobretudo controlada pelo governo central, embora posteriormente os sacerdotes viessem a se revelar por vezes mais fortes do que o rei. Durante o Novo Império, os grandes templos adquiriram enormes propriedades fundiárias por concessão real e as rendas dessas terras garantiram a manutenção do clero e a observância do serviço do deus. O latifúndio eclesiástico em tal escala só foi possível graças a um sistema de cultivo intensivo (e forçado), que por outro lado era originalmente civil. Foi o fato de poder operar como corporação produtiva que fez da Igreja no Egito, assim como na Europa medieval e no Tibé, uma rival do Estado no controle do sistema político. Sua posição não dependia apenas da acumulação de recursos. Os templos eram essenciais para o ensino da escrita; por volta do Terceiro Período Intermediário ou Médio Império eles controlavam amplamente o treinamento dos escribas e burocratas que operavam a máquina do governo.

Na maior parte do período histórico, então, a economia nacional do Egito centrou-se no faraó. Dos dois terços de terra não controlados pelos templos, boa parcela era trabalhada pelos servos sob a supervisão de funcionários nomeados. Mas a terra era também cedida em partilha a indivíduos numa variedade de esquemas e podia ser transferida por testamento ou venda, atos que envolviam documentos escritos. Os arrendatários podiam ainda dispor de propriedades da coroa por cujo uso também pagavam uma taxa anual registrada pela "Casa Branca", o Tesouro do Egito. Os impostos eram pagos em espécie e armazenados nos depósitos reais e dos templos. Era a típica "economia central de armazenamento" exemplificada na história bíblica da administração de José, uma economia que dependia, pelo menos nessa larga escala, da manutenção de registros.

Esse fato, como vimos, teve consequências interessantes tanto do ponto de vista conceitual quanto prático. Pois todos os produtos levados aos depósitos – grãos, gado, vinho, linho – eram registrados nas faturas com termos genéricos para "quotas", um dos quais também significava "trabalho" ou provinha da mesma raiz. Portanto, os produtos tendiam a ser considerados da mesma maneira que uma corveia para a construção de uma pirâmide ou a limpeza de um canal (WOOLLEY, 1963: 624). Em outras palavras, o processo conduzia a uma unidade contábil geral e até certo ponto abstrata pela qual os produtos poderiam ser mensurados, transformação que ocorreu paralelamente ao desenvolvimento de modos e meios de troca relativamente generalizados. No Egito, com certeza, foi um processo incompleto, com múltiplas unidades contábeis totalmente intercambiáveis, em especial quando se tratava de trabalho e mercadorias, mas um processo do mesmo tipo do que surgiu entre os vai da África Ocidental com a recente adoção da contabilidade (GOODY; COLE & SCRIBNER, 1977), que discutiremos adiante neste capítulo.

Se o uso primitivo da escrita foi em geral associado à religião, o clero mesmo era intimamente ligado à política e à economia. Mas a política tinha demandas próprias. No Egito, o aparecimento da escrita parece ter sido mais ou menos contemporâneo da criação de um Estado único com um panteão geral. "A escrita foi, com efeito, inicialmente, um instrumento para a comunicação de ordens", disse Leclant, "mais que um meio para o registro de ideias. Ela é absolutamente essencial para a organização e o comando" (WOOLLEY, 1963: 664), embora o termo "comando" mal dê conta de todo o processamento de informações envolvido. A escrita foi fundamental à administração civil no período dinástico inicial, quando os principais usos administrativos eram intimamente ligados à economia. O funcionário mais graduado era o chanceler encarregado dos Tesouros do Alto e do Baixo Egito, isto é, das casas Branca e Vermelha. Sua equipe era constituída de um ou mais "assessores" e "escribas" (sš). "Suas funções... compreendiam não apenas a supervisão da arrecadação nacional, que no final da Segunda Dinastia incluía a organização bienal do "censo do ouro e dos campos", mas também a coleta e distribuição para vários armazéns, como os de óleos e alguns outros produtos cobrados como impostos" (EDWARDS, 1971: 38). O controle das provisões era de grande importância na organização econômica e administrativa, como se constata pela existência de vários departamentos para lidar com esses assuntos: os cereais estavam a cargo dos "Celeiros"; os suprimentos para pessoas privilegiadas, incluindo aí os templos e a corte, eram distribuídos pela "Casa do Mestre da Dádiva", departamento intimamente ligado à "Mansão da Vida" no palácio; os vinhedos estavam sob o controle da "Agência de Alimentos" e as gorduras eram guardadas num armazém especial chamado "Casa da Banha".

Claro que essas tarefas administrativas seriam enormemente facilitadas pela escrita; uma burocracia nessa escala pareceria difícil de gerir sem alguma forma materializada de registro, pelo menos do tipo desenvolvido entre os incas por meio do *quipu* (MURRA, 1980). Mas transações mais elaboradas de mercadorias são facilitadas pela adoção de uma linguagem escrita, especialmente na esfera econômica. Como outros, Gelb relaciona especificamente a origem da escrita na Suméria às necessidades da economia pública. "Com o aumento da produtividade do país, resultado dos sistemas estatais de canalização e irrigação, os excedentes agrícolas acumulados eram enviados aos depósitos e celeiros das cidades, com necessidade de registro dos produtos que a eles chegavam e também dos bens manufaturados que deixavam as cidades rumo ao campo" (1963: 62)[21]. No entanto, ainda que a escrita tenha mais adiante desempenhado um papel importante na administração econômica do templo e do palácio, suas origens mesmas foram talvez mais simples. Como vimos, os especialistas na Suméria têm em geral concordado sobre a existência de um sistema de escrita totalmente desenvolvido desde os primórdios da civilização na região, a partir possivelmente das fichas, começando talvez com os selos cilíndricos e, depois, a utilização de rótulos e etiquetas pregados aos produtos.

Tanto no Egito quanto na Mesopotâmia a economia do templo e do palácio implicou uma profusão de burocratas, de registros e escrituração. Um documento dos arquivos de Ebla, Síria, lista um total de 11.700 homens diretamente empregados pelos dignatários e a administração da Acrópole, embora seja difícil dar crédito a tal número. Um outro planeja a distribuição de rações de cevada para 250.000 pessoas, talvez um mero exercício. O advento de Sargão como rei da Acádia (2334-2279) dá um exemplo mais confiável do crescimento da administração, com a passagem de um serviço mínimo de registro para algo bem mais complexo. Documentos administrativos e de negócios dessa época sobreviveram e seus números parecem testemunhar uma mudança da propriedade do templo

---

21. Estudos mais recentes tendem a ver o controle da irrigação como tendo base local, especialmente no Egito (p. ex., LLOYD, A.B., 1983: 326). Na Mesopotâmia, o momento posterior e menos favorável da inundação tornava essencial construir diques e barreiras para proteger da água os campos de cultivo, erguer barragens para armazenar e distribuir a água e mudar as plantações de lugar de tempos em tempos devido à progressiva salinização. A abertura de novos canais e o reassentamento da população eram, segundo Oppenheim, "parte essencial do programa econômico e político de um soberano responsável, rivalizando em importância com a manutenção dos diques" (1964: 42). O soberano, naturalmente, era em geral o governante de uma cidade-Estado.

para a economia secular. Tais documentos são marcados pela formalidade burocrática de seu conteúdo (beirando as fórmulas).

> Os tabletes de negócios do período de Ágade [ou Acádia – N.T.] são sobretudo de um tipo formal, listas e recibos, mas há também documentos legais, depoimentos de testemunhas, vendas de terras, escravos, animais e mercadorias, registros de trânsito, fundiários, de agricultores e de comércio entre cidades. Há também cartas, caracterizadas nesse período por um exórdio peculiar, que tratam principalmente da administração de propriedades e concessões de arrendamentos, só muito ocasionalmente fazendo referência a assuntos de interesse mais amplo (GADD, 1971: 450).

A verdadeira proliferação de usos da escrita ocorreu na dinastia seguinte, conhecida como Ur III. Aí a influência da escrita espalha-se para todas as áreas da economia, tornando-se fundamental para as operações comerciais, a organização da produção das oficinas do templo e do Estado, a coleta de "excedentes" agrícolas, assim como para a transferência e posse de propriedade. A própria natureza da escrita faz com que sua introdução transforme cada atividade de maneiras significativas.

Contas palacianas

A escrituração para a economia palaciana levou a avanços nas técnicas de contabilidade. Já no terceiro milênio são desenvolvidas fórmulas como rubricas para os lançamentos contábeis (VEENHOF, 1972: 345). O "balanço de contas" é um aspecto marcante dos arquivos reais de Mari, no alto Eufrates, desde c. 1700. Os registros de várias distribuições de alimentos terminam sempre com a recapitulação da quantidade de comestíveis lançados no curso do mês (BIROT, 1960: 291). Alguns tabletes são apenas sumários, ao passo que outros tentam dar o "balanço contábil", isto é, mostrar a diferença entre receita e despesa, ingressos e saídas [no original os termos são franceses: *réçus* e *sorties* – N.T.]. Escrevendo sobre um certo tablete, Birot observa que "o escriba não se contentou em alinhar os números de receita e despesa, mas produziu um verdadeiro balanço" (p. 295). De novo, trata-se de encontrar uma maneira abstrata de somar laranjas e maçãs. No período da antiga Babilônia, em Sippar, isso era feito no "escritório real da contabilidade da lã" com a redução da lã e da cevada a prata, que funcionava como "um padrão pelo qual o valor das mercadorias era estabelecido" (YOFFEE, 1977: 4).

Esses tabletes revelam toda a complexidade da economia palaciana, mostrando que era bem diferente da de um reino africano, mesmo um reino centralizado como o Daomé na África Ocidental. Em primeiro lugar, um elaborado sistema de tributos e impostos sustentava a casa real, mantendo *les repas du roi* [as refeições do rei, em francês no original – N.T.], o próprio rei, a corte e a posição e *status* da realeza. Como nos templos medievais do Sri Lanka, havia um balanço de arrecadação e despesas com totalizações mensais e anuais. A mesma contabilidade aplicava-se aos metais; o ouro, por exemplo, era enviado aos ourives mas a corte exercia um "rígido controle do precioso metal que lhes era entregue" (BIROT, 1960: 315).

Houve uma multiplicação do funcionalismo para controlar essa economia central. Esses funcionários desenvolveram a escrituração de muitas formas diferentes e de maneira bem distante do universo estruturado pelos fatos. Por exemplo, alguns tabletes fornecem uma lista de trabalhadores dos dois sexos agrupados segundo a ocupação (BIROT, 1960: 331). Tanto em Mari quanto em Terqa temos duas listas do mesmo pessoal, uma com rações mensais de grãos para cada indivíduo, outra uma simples relação nominal. Como na economia do templo, a "casa" palaciana desenvolveu elaboradas formas de registro das transações, balancetes e auditorias contábeis, atividades que realimentavam hábitos linguísticos e a vida social de modo mais geral (cf. tb. DALLEY, 1984).

Produção têxtil

O palácio estava envolvido na contabilidade não apenas em função de sua arrecadação e despesas mas também, de forma mais direta, em relação à produção e comércio. Na produção de têxteis atuava de forma muito parecida ao templo e aos mercadores em diferentes períodos. A economia inicial da Mesopotâmia foi em grande parte mais uma economia do templo do que baseada em artesãos individuais, embora esses existissem, e essa centralização exigia registros de pessoal e de ingressos e saídas. O uso de razões e assentamentos contábeis relacionava-se à organização das "fábricas" do templo (como Woolley as chama) ou o que outros referem como "oficinas" ou "ateliês", reservando o termo "fábrica" para oficinas com maquinários (i. é, máquinas mais complexas) operados por trabalhadores contratados e não por mão de obra forçada[22]. Essas oficinas produziam tecidos, que eram uma mercadoria essencial, como em muitas outras economias estatais primitivas, p. ex. China, Índia, Peru e África, para consumo e comércio externo e doméstico, sendo um dos primeiros produtos mecanicamente manufaturados. À medida que a atividade se expandiu da produção exclusivamente doméstica para o comércio exterior, parece que deixou de ser um trabalho de mulheres para se tornar predominantemente masculino[23]; fiandeiras ainda eram empregadas em Ebla

---

22. Woolley procura destacar continuamente os elementos "capitalistas" na economia antiga, para desgosto dos seus colegas soviéticos. Os seguidores de Polanyi enfatizariam também a defasagem entre os sistemas econômicos, mas é importante tentar acomodar tanto a continuidade quanto a descontinuidade na discussão sobre modos de produção. Segundo Garelli, a força de trabalho nas oficinas têxteis era servil e feminina (1969: 103).

23. Esse processo é especialmente claro no Egito. Quando o tear asiático foi introduzido no Novo Império, era operado por homens, ao passo que seu precursor fora operado por mulheres.

e outros lugares, mas sua exclusão da tecelagem propriamente dita pode ter sido em parte consequência da introdução do tear, que requeria mais força, assim como da comercialização da produção. Os panos da Mesopotâmia eram sobretudo de lã, ao passo que o linho era a base do comércio de tecidos no Egito, o algodão na Índia e a seda na China[24]. Na Mesopotâmia, os tecidos de lã tornaram-se a principal mercadoria de exportação; era produzida em oficinas de ricos mercadores, de templos ou do palácio, por trabalhadores especializados pertencentes a guildas; parece que a maioria dos operários eram escravos, mas havia também cidadãos livres, alguns dos quais talvez trabalhassem em casa, pegando fios no armazém do templo e entregando de volta o tecido acabado (como sugerem recibos do templo).

Havia listas detalhadas dos trabalhadores, da quantidade de lã que cada um recebia, do total, peso e qualidade do produto que faziam e dos seus pagamentos em espécie (para os escravos eram dadas rações); "registravam-se mortes, ausências, substituições de operários doentes... Não menos empresarial era o registro de estoques...; as listas são longuíssimas e muito detalhadas, fornecendo medidas, pesos, qualidade e o assentamento de entregas, em geral contra recibo – 'Oferenda de lã aos músicos reais na grande forja; recibo de Maššaga'" (WOOLLEY, 1963: 593). E há listas muito semelhantes de empregados e estoques para vários outros tipos de comércio praticados nos templos da Terceira Dinastia de Ur, embora depois de 2000 a.C. as oficinas individuais e as associações civis de trabalhadores tenham assumido um papel maior na produção.

Comércio

O papel do palácio no comércio tem estado no centro da controvérsia sobre a economia do antigo Oriente Médio. Assim como na produção de mercadorias e na agricultura, a extensão do controle exercido pelo palácio, pelo templo e pelos mercadores ou agricultores variou em diferentes épocas. Enquanto o comércio em larga escala parece ter sido organizado principalmente pelo Estado no antigo Egito[25], a ausência de madeira, pedra e metais na Mesopotâmia fez com que a região dependesse fortemente do comércio exterior para a obtenção de matérias-primas, com participação tanto de mercadores privados como de sacerdotes do templo. Pois, embora o deus padroeiro da cidade e representado pelos sacerdotes

---

24. O linho era também usado na Mesopotâmia e plantava-se algodão no jardim real de Senaqueribe (704-681 a.C; cf. OPPENHEIM, 1964: 94) e na China do século XII d.C.

25. "O governo central usava para o comércio exterior parte dos excedentes de alimentos e bens manufaturados a seu dispor. Não há evidência de que o rei reivindicasse o monopólio desse comércio, mas as necessidades e a riqueza da corte faziam o palácio comerciar numa escala muito acima do que faziam qualquer outra instituição ou indivíduo no país. Parece portanto provável que era através da corte que a maioria dos produtos externos entrava no Egito, antes de ser distribuída como fruto da generosidade real" (TRIGGER, 1983: 59).

fosse o "dono" da terra, grande parte da propriedade divina era arrendada a indivíduos, alguns dos quais comerciavam sua própria produção. Daí que as relações mercantis na Mesopotâmia dependiam muito menos de relações políticas do que no Egito, em parte devido à ausência de um governo geral na maior parte da história da região. Embora os mercadores tivessem mais liberdade, seus acordos domésticos e externos eram parcialmente regulados pelo sistema político-legal, para o qual códigos como o de Hamurábi contribuíram apenas de forma limitada (cf. cap. 4). Darei mais atenção a isso na seção sobre "Escrita e crédito". Se o comércio privado foi sem dúvida uma característica importante da vida econômica na Mesopotâmia, houve épocas, porém, em que os mercadores parecem ter sido "emissários reais que levavam presentes preciosos de um governante a outro" (OPPENHEIM, 1964: 93), quando são expressamente referidos como constando na "folha de pagamentos" do palácio.

Grande parte do comércio no Oriente Médio era realizada por entidades corporativas, isto é, o Estado e o templo. Documentos dos arquivos do Estado sírio de Ebla datando de 2400-2250 a.C. revelam uma economia central em que "a forma mais sistemática de registro era reservada a consignações ou... remessas de bens acabados – têxteis produzidos na cidade – e os ingressos de tributos, taxas e pagamentos em ouro e prata" (MATTHIAE, 1980: 178). A natureza dos registros era "essencialmente contábil, o objetivo da administração sendo acima de tudo transcrever o montante de saídas e ingressos de bens" (p. 178-179); a escrituração contábil representava 70% dos textos dos arquivos, mais 10% correspondendo a registros históricos e 20% a relatos literários, muitos desses últimos escritos em língua suméria em vez de cananita antigo ou eblaíta (PETTINATO, 1981: 231).

Documentos comerciais e financeiros parecem ter sido mantidos no arquivo de Ebla por várias gerações. De especial importância eram os registros sobre o comércio têxtil, que se estendia até a Palestina no sul, a Anatólia Central no norte e o Vale do Tigre no leste, incluindo as cidades-estados mesopotâmicas de Mari, Assur e Kish. Encontramos grande número de textos sobre a entrega de rações de cevada às trabalhadoras das fiações, especificamente designadas como não sendo escravas.

A escrita e a economia mercantil

É difícil, além de desnecessário, tentar separar de maneira absoluta as atividades dos mercadores, do templo e do palácio na Mesopotâmia, uma vez que as três instâncias claramente interagiam, em especial no domínio econômico. No entanto, certos usos da escrita sobressaíram no setor comercial e financeiro, especialmente nas esferas interligadas da participação societária e do crédito.

Participação societária

Já me referi aos "dividendos" das corporações religiosas, mas a participação "acionária" de mercadores individuais e das grandes organizações na atividade mercantil foi uma característica importante do comércio mesopotâmico. Sua extensão e complexidade tornavam igualmente a escrita uma necessidade virtual, não apenas para acompanhar a movimentação de mercadorias mas para manter um registro dos empreendimentos, registro que não era simplesmente uma declaração contábil mas um certificado de débitos e participações. Pois variavam a tal ponto as formas de investimento que os empreendedores de risco aceitavam dos possuidores de dinheiro que registros específicos se faziam necessários. Além do mais, uma vez firmadas tais parcerias, as "ações" do negócio (LARSEN, 1976: 96) podiam ser compradas e vendidas, gerando uma outra complexidade de direitos e obrigações, exigíveis e a pagar, que era preciso lembrar, ou melhor, registrar. Alguns detentores de fundos adiantavam somas a uma taxa fixa de juros, sem correr nenhum risco pessoal. Em outros casos, o credor participava dos lucros do empreendimento; às vezes podia vender "uma participação na expedição marítima", empenhando-se numa espécie de seguro marítimo (OPPENHEIM, 1954). O controle dessas transações era claramente facilitado pela existência de um meio de comunicação que não dependia da memória de testemunhas sujeitas aos contratempos do esquecimento e da morte ou à parcialidade.

Muitos historiadores da Antiguidade chamaram a atenção para a semelhança entre essas parcerias e as *commenda* comuns na Europa a partir do século X e que desempenharam papel tão importante no levantamento de capital de investimento para que a atividade mercantil se desenvolvesse no final da Idade Média e início da Era Moderna europeias. Com efeito, é bem possível que haja uma ligação de continuidade entre essa instituição financeira no Renascimento e na Idade do Bronze, pois os mercadores europeus parecem ter tido conhecimento de tal prática a partir do Oriente Médio (LOPEZ, 1952: 267). O tema tem grande importância geral no reexame do papel da comunicação na economia, mas neste ponto quero apenas ressaltar o impressionante apoio dado a essas considerações por um historiador da economia que escreveu sobre a ocorrência de tais parcerias no século XII em Gênova. A informação provém de dados "rabiscados em três pedacinhos de papel... considerados os primeiros exemplos de contabilidade mercantil medieval. Embora grosseiros, eles provam que acordos de participação tornavam indispensável para os mercadores a manutenção de registros, não apenas sobre contas pagáveis e recebíveis, mas também sobre quaisquer elementos que lhes permitissem determinar lucros e perdas" (DE ROOVER, 1963: 52). Estamos lidando aqui mais com parcerias não familiares, mas a escrita pode também ter influenciado as parcerias familiares. É de fundamental importância nesse tema geral o fato de que tal instituição dependia da escrita, já disponível como meio de levantar capital no início do segundo milênio.

Crédito

Embora pequenas, as embarcações da Mesopotâmia permitiam o transporte de produtos a mercados de ultramar para troca direta por outros bens ou por valores. A viagem por terra, por outro lado, não comportava o transporte de mercadorias em grande quantidade e era arriscado carregar valores. Os riscos eram mitigados pela emissão do que se poderia chamar "cartas de crédito", sistema facilitado pela existência de agentes estabelecidos nas rotas de comércio.

> O viajante partia com uma consignação em grãos que podia vender em alguma cidade do trajeto, recebendo em troca um tablete assinado com o valor expresso possivelmente em cobre ou prata, com o qual podia comprar ali ou em outro lugar alguma coisa do mesmo valor, a qual poderia vender com lucro mais adiante. Também poderia resgatar sua promissória não necessariamente sob a forma dos bens nela mencionados ou de quaisquer outros bens, mas por outra promissória garantindo a entrega de alguma mercadoria pela qual houvesse demanda mais ao norte. Um vendedor sagaz podia fazer várias operações e lucrar em cada uma ao longo de uma única viagem. Como não havia moeda cunhada, não enfrentava dificuldades de câmbio nas diversas fronteiras; seus tabletes, pagáveis sob requisição pelos agentes junto aos quais era acreditado, foram o equivalente antigo de um papel-moeda baseado em valores de mercadorias (WOOLLEY, 1963: 613-614).

A utilização dessas formas de crédito evidentemente facilitava a troca lucrativa de mercadorias, diminuindo riscos e aumentando a flexibilidade e, portanto, a complexidade, das transações.

Há uma tendência a colocar por escrito notas sobre transações já realizadas e promessas de entregas e pagamentos futuros; o popular vale é uma espécie de protocheque, um reconhecimento informal de dívida – uma promessa escrita, legitimada pela assinatura e às vezes, na Europa medieval, por uma marca ou sinal, em especial uma cruz para colocar em jogo uma sanção sobrenatural. A assinatura é um empenho de fé; na verdade, a própria pessoa moral ou, pelo menos, a pessoa legal, *homo legens*. Por outro lado, bênçãos que parecem promessas, por referir-se ao futuro mas apelar a agentes sobrenaturais, estando assim sujeitas à vontade alheia, tendem a permanecer no domínio oral, exceto em esperanças mais genéricas expressas quanto ao futuro dos mortos na arquitetura funerária. As maldições ocupam um espaço intermediário, pois na Mesopotâmia eram comuns na forma escrita (embora não nos primeiros tempos) para proteger marcos de fronteira, monumentos da realeza e em especial a santidade dos mortos e suas moradias.

Os mercadores muitas vezes trabalhavam para o rei e o templo, mas também por conta própria, especialmente durante a Dinastia de Ur III, quando a prata passou a ser usada cada vez mais como meio de pagamento e padrão de valor (GARELLI, 1969: 103). É assunto sujeito a muita argumentação; Polanyi afirma que a prata era usada apenas como "dinheiro de contabilidade", enquanto Veenhof sustenta que tinha um papel na troca. No entanto, mesmo na Velha Babilônia os dois usos da prata eram claros (YOFFEE, 1977: 16-17). Comerciantes privados, como vimos, estavam presentes desde o início. Mas a evidência mais extensiva dessa atividade vem de tabletes encontrados na Ásia Menor que consistem em arquivos comerciais e legais de mercadores assírios que atuavam na Anatólia no século XIX a.C. e lidavam com a exportação de têxteis e estanho, ao mesmo tempo que intermediavam o comércio de metais raros em troca dessas mercadorias (LARSEN, 1967, 1976; OPPENHEIM, 1964; VEENHOF, 1972). Os mercadores pertenciam a uma organização chamada *karum*, "o cais" e, por extensão, o mercado e seus prédios oficiais. Situado fora da cidade, esse "porto" tinha um centro de importação e exportação, um banco, uma câmara de comércio e compensação. Era também um centro de coleta de impostos sobre o comércio e também para julgamento de disputas comerciais. Tais instituições existiam em todas as cidades importantes da Anatólia Central, a principal delas Kanish, por sua vez subordinada às autoridades de Assur. Os principais mercadores de Assur "adiantavam capital, regulavam preços, fixavam taxas de juros, controlavam exportações e as rotas das caravanas, atividades nas quais não se pode inteiramente separar seu papel oficial do caráter privado" (GARELLI, 1969: 119). As finanças públicas e privadas parecem com frequência se sobrepor, mesmo no caso do governante de Assur, "qui fait plutôt figure de gros marchand que de roi" ["que parece mais um grande mercador do que um rei", em francês no original – N.T.].

A capital assíria de Assur foi descrita como uma fortaleza que funcionava como "cidade de trânsito na rede de estradas de caravanas" (LARSEN, 1976: 3). Era "uma cidade de consumidores e produtores que dependia do comércio de longa distância para satisfazer suas necessidades de abastecimento de alimentos". O estanho, indispensável à fabricação de bronze, era também um produto escasso e essencial para os hititas na Anatólia, que o importavam do Irã (via Assur) e da Boêmia (MELLAART, 1968). O comércio com Kanish parece ter sido realizado às vezes por parcerias do tipo encontrado entre os mercadores marítimos de Ur mais ou menos à mesma época e às vezes por empresas familiares. Há correspondência indicando que o mercador está em Kanish e sua esposa em Assur, onde ela deve ter um alto grau de autonomia na organização e tomada de decisões. Por exemplo, uma certa Lamassi envia dezesseis peças de pano para o marido; como esse número era grande demais para que ela o tivesse produzido sozinha, presume-se que teve a ajuda de filhas e escravas numa espécie de indústria domiciliar (VEENHOF, 1972: 113). Outros têxteis eram produzidos pelas grandes organizações, alguns em oficinas mas também por subcontratação de trabalho doméstico. "Nas grandes cidades, os templos e palácios eram a casa da indústria [de tecidos de lã]; mas certa quantidade de matéria-prima era cedida sob fiança a estabelecimentos privados para ser transformada e devolvida ou comprada" (JOHNS, 1904: 203). Assim, a mercadora podia comprar outro pano, feito na localidade ou importado do sul, pagando preços mais altos quando havia escassez provocada por uma revolta ou outras circunstâncias (VEENHOF, 1972: 87, 98, 116). Se tinha ou não seu próprio comércio em separado, não fica claro, mas desfrutava de muita liberdade de ação, alforriando uma escrava, pagando dívidas e realizando outras atividades similares (p. 123). Em outra correspondência, uma esposa infeliz escreve ao marido contando como teve que entregar suas joias à municipalidade em pagamento por alguma pedra preciosa (LARSEN, 1976: 198-199), talvez lançando mão temporariamente do seu dote para sustentar o empreendimento conjunto.

A participação familiar era considerável. Os filhos eram enviados de volta de uma filial distante para serem educados (LARSEN, 1974: 471). No futuro, alguns atuariam como agentes e depois se tornariam mercadores por conta própria, independentes (LARSEN, 1967: 173). A dissolução da firma com a morte do pai podia levar a sérias disputas internas (LARSEN, 1976: 97). "Nesse complexo sistema social e econômico, incorporando a estrutura familiar, que em larga medida equivale à estrutura econômica, os contratos de investimento que implicam parcerias em longo prazo e um padrão bastante avançado de representação e agenciamento, temos o modelo de sucesso da expansão comercial da antiga Assíria" (p. 102).

Ocorre também que o comércio, do qual sabemos em grande parte pelos registros escritos, era intimamente dependente desses registros. Havia três tipos de registros, dois da colônia, um da capital: (1) contratos de transporte, enviados com a pessoa que levava de volta o dinheiro para a compra de produtos; (2) mensagens de notificação, para dizer ao agente o que era necessário; (3) contas da caravana, que detalhavam as despesas, impostos, preços de compra e outros detalhes sobre os bens adquiridos. Além disso, havia contratos de venda ou notas promissórias, assim como documentos de empréstimos, alguns dos quais com data fixa, outros com a frase "tomada de dinheiro a juros" (p. 104). Todo o comércio era regulado por meio de uma série de documentos altamente padronizados.

Esses documentos ilustram bem claramente o processo generalizado envolvido nessa escrituração, especialmente nas contas das caravanas, que tentam produzir uma folha de balanço. Um desses textos totaliza o dinheiro/prata recebidos, os bens adquiridos em Assur e outras despesas, uma lista incluindo roupas de linho, estanho, jumentos e forragem, salários, taxas de pedágio etc. (LARSEN, 1967: 39-40)[26]. Às vezes as despesas incluíam alojamento, presentes a autoridades, possivelmente propinas, pagamentos para atravessar rios. Alguns tecidos eram dados aos que arreavam os jumentos da caravana, como "capital de trabalho", para que pudessem fazer algo para si mesmos (p. 150). Insistia-se assim, também aí, na separação entre fundos privados e corporativos, como ocorria dentro da família (VEENHOF, 1972: 116). Havia um conceito claro de firma, empresa com sua própria contabilidade, em que todos esses diferentes itens tinham que ser reduzidos a um só tipo de avaliação, uma unidade contábil, de modo que se pudesse identificar lucros e perdas. A identidade de cada item era temporariamente engolida numa conta global da transação em que uma variedade de rubricas era reduzida a um denominador comum.

Os mercadores assírios de Kanish não eram um exemplo solitário do comércio de alta complexidade praticado por mercadores independentes. Características semelhantes encontram-se mais ou menos no mesmo período no comércio marítimo de Ur, que operava como "porto de entrada" do cobre na Mesopotâmia à época da Dinastia de Larsa. O comércio estava nas mãos de um grupo de mercadores marítimos "que trabalhavam de mãos dadas com capitalistas empreendedores em Ur para levar roupas à Ilha de Bahrein a fim de comprar grandes quantidades de cobre" (OPPENHEIM, 1954: 6-7). O cobre na verdade vinha de outra parte, mas a ilha funcionava como "centro mercantil". Ao retornarem, os mercadores que haviam obtido sucesso ofereciam presentes ao templo da deusa Ningal. Contratos mostram que tomavam empréstimos como "capital de parceria", embora alguns documentos especifiquem a recusa do credor a partilhar perdas e, portanto, também os lucros da expedição; queriam apenas o retorno do seu capital acrescido de juros. O Código de Hamurábi estabelecia que o investidor mercantil partilhasse tanto as perdas quanto os lucros do mercador em viagem, mas tal responsabilidade nem sempre era adotada na prática; no entanto, um contrato declara explicitamente que "juntos eles lucrarão ou sofrerão perdas".

Os tipos de acordos eram muitos. "A complexa relação legal entre o mercador que investia e o que saía em expedição criou uma série de modalidades de empréstimo das quais pelo menos duas são mencionadas no Código de Hamurábi" (p. 9-10). Empréstimos eram feitos por mulheres; um comerciante emprestou dinheiro a um empreendimento conjunto do qual ele próprio participava; em outro caso, dois sócios tomam um empréstimo por 5 anos. Mais uma vez a

---

26. Larsen considera que o linho era o tecido principal e a lã secundária, mas Veenhof os coloca na ordem contrária. De qualquer forma, o tear aparece bem cedo nos selos de rolos do quarto milênio no sul, de onde provinha o grosso desses tecidos (LE BRUN & VALLAT, 1978: 26; AMIET, 1972). Os têxteis eram de grande importância no comércio e foram o único tipo de "produção industrial" até a época muçulmana (OPPENHEIM, 1964: 84).

complexidade é tal, com a multiplicidade de papéis e indivíduos envolvidos, a separação entre registrar e embolsar, a variação de preços, toda a gama de despesas e oportunidades de lucro, que a escrituração contábil é praticamente um pré-requisito, que teve importantes consequências não apenas em termos comerciais mas de conceitualização de uma série de transações e da própria natureza dos artigos envolvidos.

A escrita e as transações pessoais

Volto-me, enfim, ao aprofundamento do papel desempenhado pela escrita nas transações pessoais que afetam a economia, ponto aflorado na seção anterior sobre participação e crédito.

O comprovante de transferência

Mesmo para os mercadores independentes havia registros de números vultosos em transações comerciais. Essas transações escritas incluíam a transferência de direitos sobre a terra, sujeita a empréstimos e, em alguns casos, à venda, registrada nos nomes das partes envolvidas. Sem esse documento era inválida qualquer alegação de arrendamento (WOOLLEY, 1963: 606-607). Com efeito, o compromisso escrito tinha tal importância que, nos termos ideais do Código de Hamurábi, era prescrita a pena de morte pela compra ou aceitação em depósito de uma propriedade do filho ou escravo de um homem (i. é, de alguém que não o próprio dono) sem um título escrito devidamente testemunhado; "tal indivíduo é um ladrão". Em outras palavras, o documento escrito servia de prova e garantia da legitimidade de uma transação. Ele protegia ambas as partes de maneira semelhante à que ocorria na Inglaterra medieval, onde uma das primeiras formas de registro oficial foi instituída em 1194 para listar empréstimos feitos por judeus; o alto índice de alfabetização dos judeus era em si mesmo importante por seu papel na economia como protobanqueiros (CLANCHY, 1979: 54), mas também se exigia que registrassem as transações como forma de proteção dos seus clientes e possivelmente para controle político.

Uma das razões pelas quais a escrita foi tão importante para o comércio é a sua capacidade de armazenar informações no tempo e, assim, tornar a "memória" mais confiável; a confirmação de uma transação não dependia mais apenas da longevidade das testemunhas "oculares" mas da manutenção do próprio documento, em geral validado com assinaturas ou marcas, tais como o colofão na cidade-Estado de Ebla (PETTINATO, 1981: 231-232), além das próprias testemunhas. Nem a confiabilidade era o único ganho; o uso da escrita podia aumentar a capacidade de armazenamento da memória, de modo que se podia manter o controle sobre mais transações, que dessa maneira podiam ser realizadas a qualquer tempo. Um resultado não necessário, dispensável à memória interna. Mas a armazenagem externa fornecida pelo livro oferece uma nova potencialidade alternativa à comunicação humana.

Para argumentar no mesmo sentido mas de outra maneira, membros de culturas orais em geral observam detalhadamente os movimentos dos planetas, os momentos da aurora e do crepúsculo e do aparecimento e desaparecimento de outros corpos celestes. Mas os avanços da astronomia nas principais civilizações não europeias dependeram em larga medida de dois tipos de recursos tecnológicos: primeiro, instrumentos de medição e observação que faziam uso da formalização gráfica ou geométrica; e, segundo e mais importante, a escrita, com sua capacidade de registrar (i. é, de preservar) múltiplas e repetidas observações dos eventos, assim permitindo avaliações precisas de suas semelhanças e diferenças, levando a posteriores generalizações sobre os movimentos e a previsões do futuro. A confiabilidade das observações e sua preservação foram indispensáveis ao desenvolvimento da astronomia e de outras ciências "exatas"; foi o que as tornou "exatas" e "científicas", no sentido de que regularidades puderam ser percebidas e eventos futuros previstos. Em importante medida, a base da ciência nascente foi a "escrituração", a manutenção de livros.

Direito à terra

A escrita foi usada para registrar empréstimos pessoais e transações comerciais, mas em nenhuma outra área foi de importância maior do que no registro do direito à terra. Vimos o papel de destaque que a propriedade fundiária eclesiástica desempenhou na Mesopotâmia. Grande parte do território de uma cidade-Estado estava nas mãos do seu padroeiro divino, com o governante humano atuando como "arrendatário rural" e sendo o efetivo senhor da terra. A terra podia ser arrendada a indivíduos privados, trabalhada diretamente pelo templo ou cedida em troca da prestação de serviços a essa corporação. Às vezes havia conflito, como em Lagash, entre os interesses do governante (*ensi*) e os do templo. Nessa versão do conflito geral entre Igreja e Estado, entre o templo e o palácio, entre o sacerdote e o rei, o braço secular era por vezes acusado de fazer uso das terras do poder religioso em benefício próprio. Sempre, observa Woolley, "havia a tendência de substituir a propriedade privada pela comunitária ou do deus" (1963: 626) Os registros eram uma maneira de evitar tais desapropriações, embora a alocação de terras ao templo, que presumivelmente representava uma alienação de algum outro proprietário, fosse em geral realizada de maneira semelhante.

Com o passar do tempo, as reivindicações monárquicas ampliaram-se, especialmente no período de Ur III; mesmo antes disso há registros de aquisição de grandes propriedades pelo rei de Kish. Com efeito, tabletes contratuais mostram que, no segundo milênio, a terra em geral era comprada e vendida mais livremente. Também era concedida a indivíduos como recompensa por serviços prestados ou para assegurar sua lealdade; no tempo de Hamurábi, os funcionários que faziam recrutamento para a polícia e o exército recebiam herdades isentas de impostos que eram transferidas em linha masculina, contanto que as obrigações originais fossem assumidas pelos descendentes do agraciado, prática que se preservou no Oriente Médio e no Mediterrâneo nos tempos greco-romanos, em Bizâncio e até o Império Turco.

A propriedade e transferência de direitos fundiários eram fundamentais à economia política e foi aí especialmente que a escrita exerceu seu poder de variadas maneiras, algumas das quais já abordei. Primeiro, as transações fundiárias podiam ser registradas para futura referência e dar prova do título; um tablete contratual de Uruk (c. 1750 a.C.), na velha Babilônia, é uma escritura de venda registrando a aquisição de um lote de terra por dois irmãos no valor de um sexto de uma onça de prata, incluindo o juramento das partes e os nomes de sete testemunhas (Museu Britânico, catálogo 1963, n. 6)[27]. Sob os reis cassitas de Babilônia, essas escrituras de titulação eram às vezes incorporadas em marcos de pedra de fronteira (os *kudurru*), todos praticamente da realeza, definindo a área do Estado e amaldiçoando aqueles que interferissem com os direitos do proprietário.

Segundo, as próprias áreas, em geral terras irrigadas valiosas, requeriam registro por escrito; um tablete de Lagash (c. 1980 a.C.) lista cinco campos de dimensões irregulares; a área é calculada considerando-a como um retângulo ou figura regular e então adicionando ou subtraindo as partes do campo que ficam fora ou dentro dessas linhas (Museu Britânico, catálogo 1963, n. 5). Se tais cálculos, enquanto tais, não exigiam escrita, envolviam por outro lado o desenvolvimento de uma representação gráfica precisa que parece seguir a aplicação de gráficos à língua. Tal representação parece, por sua vez, ter levado ao cálculo do teorema de Pitágoras na Mesopotâmia, embora ele jamais tenha sido formulado explicitamente como entre os gregos (NEUGEBAUER & SACHS, 1945: 42-43).

Terceiro, a introdução de contratos escritos levou os escribas a elaborar as fórmulas e processos para sua transmissão (VEENHOF, 1972: 345). Um tablete de Nínive (século VIII a.C.) fornece uma cópia tardia de uma antiga lista babilônica de palavras e frases legais em sumério (a língua clássica morta) e em acadiano. Pertence a uma série de tabletes desse tipo intitulada a partir da frase de abertura, *Ana ittišu* ("nos termos fixados"), que era usada nas escolas para ensinar aos escribas a terminologia dos contratos e outros documentos legais. A prática levou ao treinamento e, no longo prazo, ao desenvolvimento formal do estudo acadêmico, "descontextualizado" (ou em abstrato), de assuntos legais. A

---

[27]. Sete testemunhas e assinatura eram também requeridas para os testamentos escritos romanos (GUIGUE, 1863: 2).

escrita por fim levou ao surgimento de advogados especialistas na Antiguidade assim como ao ensino de direito, o que era particularmente necessário numa região onde muitas das fórmulas se conservavam numa língua morta cuja preservação – e própria existência enquanto tal – era consequência direta da escrita. Não se pode decodificar, decifrar uma língua oral que não é mais falada.

Quarto, o fato de que certas terras eram tributadas e outras isentas de impostos, de que algumas terras do templo eram trabalhadas diretamente por servos e outras arrendadas, implicava uma série de registros ou escrituração contábil para manter o controle não apenas das contribuições mas também da situação específica das terras e dos que detinham direitos sobre elas (LANDSBERGER, 1937). Os encargos sobre a terra eram de dois tipos principais: arrendamentos ou dízimos ao templo (ou latifundiário) e impostos ao Estado. Ambos envolviam contabilidade. Hamurábi tinha os administradores do templo e os criadores de gado do templo de Shamash trazidos à Babilônia para verificar as suas contas; um rei cassita concedeu isenção tributária total aos estados do deus Marduk, outros garantiam aos templos suprimentos com recursos das receitas civis. As isenções chegaram a tal ponto que o Estado mesopotâmico teve que recorrer a outras fontes de arrecadação além dos impostos sobre a terra e a população, especialmente sobre a mão de obra livre. As obras de construção, a limpeza de canais e a abertura de estradas eram realizadas com a convocação de operários locais e às vezes certo número de trabalhadores de lugares distantes, prática que remonta aos primórdios do sistema de irrigação. Se essa mão de obra se fizesse necessária, o agricultor recebia "uma convocação devidamente assinada e datada" – "Tarefa: carregar tijolos por um dia" (WOOLLEY, 1963: 628).

A introdução de títulos escritos numa sociedade em que direitos e deveres eram sustentados oralmente teve efeitos de longo alcance, particularmente devastadores para os que não tinham acesso ao novo meio de comunicação. Com efeito, pode-se considerar uma mudança crucial tanto no presente quanto no passado para a apropriação de direitos pelos senhores de terra, tanto eclesiásticos quanto seculares. Os poderosos, especialmente os conquistadores, sempre tomaram terras à força, mas o valor atribuído pelos tribunais às escrituras criou um mecanismo largamente utilizado para legitimizar a transferência de terra sem titulação e, portanto, sem dono, aos que controlavam direta ou indiretamente os meios de comunicação. É um problema que voltarei a discutir ao examinar "A Letra da Lei".

Reciprocidade e balanço contábil

Em consequência do maior número de transações que podiam ser controladas, do ponto de vista do ator, a reciprocidade (e o crédito) nas transações comerciais podia ser mais facilmente estendida além do contexto mais imediato. Não me refiro aqui às reciprocidades a longo prazo que os antropólogos entendem ao discutir sistemas de trocas conjugais em geral e transações similares, uma vez que essas são normalmente implícitas para o ator ou só existem no nível do observador. No primeiro caso vemos novamente como a escrita tende a explicitar o que antes era implícito e a mudar nesse processo aquilo em que toca, por exemplo, ao introduzir um nível de "cálculo" maior. Nenhum ato isolado (ou conjunto de atos) devia antes igualar outro, fornecendo os "livros" para balanço a mais longo prazo; quer dizer, o ciclo potencial de reciprocidades aceitas foi ampliado ou, ao contrário, a assimetria veio a ser plenamente reconhecida. Por outro lado, as próprias reciprocidades e obrigações ficaram mais explícitas ao serem registradas por escrito, em vez de dependerem do sistema de estocagem cerebral com suas tendências homeostáticas. É um processo que ilustrei com uma análise da influência da escrita sobre as contribuições funerárias lodagaa (1972b: 46), em que o registro escrito lembrava aos que as receberam no passado como deveriam agir no futuro na condição de doadores, mais ou menos como acontece com as listas de cartões de Natal que são guardados para as postagens do ano seguinte. O cálculo preciso das reciprocidades substituiu, pelo menos em parte, o da proximidade de relacionamento. Um paralelo fascinante é fornecido por Janssen no caso das *ostraca* egípcias que registram presentes dados a um homem que se tornava avô ou pai (sogro?), que ele chama de *aide-mémoires* [lembretes, em francês no original – N.T.]: a intenção era ativar a memória da pessoa em algum momento futuro, pois os presentes não eram gratuitos, mas tinham que ser retribuídos (1982: 256).

A escrita e a economia na África

Uma análise do potencial de mudanças da escrita num sistema de reciprocidade sugere que deveríamos estudar evidências recentes da África para ver melhor as potencialidades da escrita e as limitações da economia oral.

Muitas comunidades africanas estiveram muito tempo envolvidas em comércio de longa distância; na verdade, essa foi considerada uma das principais características do chamado "modo africano de produção" (COQUÉRY-VIDROVITCH, 1969). Mas a extensão e complexidade desse comércio foi certamente em escala diferente do que ocorreu no antigo Oriente Médio. Onde provavelmente foi mais complexo, ao longo da costa oriental africana, no Saara e no oeste do Sudão, é significativo o envolvimento de muçulmanos, tanto estrangeiros quanto nativos (e, antes deles, de egípcios, gregos e indianos), o que implicou pelo menos um uso mínimo da escrita para fins comerciais. Por toda a África havia meios de troca relativamente isolados – conchas de cauri, manilhas [ou braceletes de bronze e cobre reminiscentes do tráfico de escravos – N.T.], barras de sal, tecidos – e na costa oriental encontramos moeda metálica gravada do período medieval. Por toda a África encontramos comércio e por vezes crédito; no comércio mais sofisticado através do Saara também encontramos letras de câmbio, assim como mapas, itinerários e passaportes, todos recursos escritos usados por mercadores. Nas sociedades orais podem com certeza ser encontradas analogias, precursoras de todas as práticas mercantis do Oriente Médio, mas a escrita permite um desenvolvimento da complexidade que de outro modo seria impossível.

Tomemos, por exemplo, a simples questão do crédito. Devido às limitações da memória humana, as senhoras ganenses que Hart observou fornecendo comida a crédito aos empregados de um pátio de transporte e eram pagas nos portões ao final do mês só podiam lidar com um número restrito de fregueses e uma quantidade limitada de transações diferentes. A não ser que tenham um livro contábil, também os lojistas enfrentam dificuldades com lucros e perdas. Mas as vantagens da escrita pertencem também ao reino da comprovação e do acordo. Claro que a escrita pode enganar tão profundamente quanto palavras faladas, especialmente se manejada por poucos privilegiados. Mas quando ambas as partes de uma transação sabem ler, uma fatura escrita permite o exame e verificação de seu conteúdo, o que por si só lhe dá mais autoridade tanto junto ao comprador quanto ao vendedor, fora a possibilidade de uso futuro em caso de disputa.

No contexto dos desdobramentos tanto intelectuais quanto práticos, é importante ressaltar que um importante atributo da escrita é a capacidade de comunicar não apenas com os outros mas consigo mesmo. Um registro permanente permite que se releia além de registrar os próprios pensamentos e fazer anotações. Dessa forma, uma pessoa pode rever e reorganizar seu próprio trabalho, reclassificar o que já tinha classificado, rearrumar as palavras, sentenças e parágrafos de várias maneiras, algumas das quais podem agora ser mais efetivamente obtidas com uma máquina de escrever eletrônica ou um computador pessoal. A maneira pela qual a informação é reorganizada ou recopiada nos dá uma inestimável compreensão de como funciona a mente do *homo legens*. Num nível simples, era isso que fazia o mercador Ansunama Sonie, da etnia vai, quando se sentava para reorganizar suas contas diárias, assim como as contas e listas de integrantes da "sociedade de amigos" ou irmandade que secretariava. A escrita permitia-lhe reclassificar não apenas em função da contabilidade mas também para o esclarecimento de conceitos e a memorização (GOODY; COLE & SCRIBNER, 1977).

Um exame dos livros contábeis de Sonie levou-nos a estudar algumas das implicações cognitivas de diferentes meios e modos de comunicação escrita, especialmente em relação a operações formais. Aqui não é o lugar para resumir e muito menos para realizar tal discussão, nem para examinar a questão a que me referi na abertura deste capítulo sobre o nível de conhecimento da escrita exigido para uma sociedade se "desenvolver" e muito menos para "alçar voo". Meu argumento foi de que a escrita faz não apenas uma contribuição "direta" (embora raramente imediata) em muitos níveis mas também cumulativamente através do próprio *corpus* escrito; de forma que pode ser importante para acumular e armazenar conhecimento tanto quantitativamente quanto para o seu desenvolvimento qualitativo, tema que pode levar-nos a examinar toda a influência da tradição escrita, incluindo o conhecimento científico, sobre a economia.

A questão geral é ilustrada pela maneira como o conhecimento sobre agricultura é coletado, organizado, desenvolvido e distribuído pela escrita. Em parte trata-se de registrar categorias e informações botânicas existentes que possam ser lidas, analisadas e reorganizadas. Em parte tem a ver com o registro escrito dos resultados de inovações, "experiências" e tentativas. Em parte é a difusão informativa para os especialistas e o público. Tomemos um exemplo de como se tiram conclusões de registros escritos. Na Inglaterra medieval, um manual recomendava o registro da produção de leite das vacas a fim de melhorar a qualidade do rebanho. Quanto à difusão, mais ou menos no mesmo período (o século XII), um subprefeito chinês em Hangzhou, preocupado com o bem-estar dos que viviam sob sua jurisdição e também com a criação de uma instituição de caridade para a sua linhagem, comissionou "uma série de diagramas sobre cultivo e tecelagem para estimular técnicas aprimoradas de agricultura e sericultura ilustrando os métodos e afixando poemas sobre eles" (WALTON, 1984: 45); os diagramas sobre tecelagem consistiam de 24 esboços mostrando desde a lavagem dos bichos-da-seda até o corte de roupas, com o objetivo de melhorar a sorte do sericultor e sua mulher, cujas "roupas não cobrem o corpo dela" nem lhes enche a barriga. A adoção de novos cultivos e técnicas pode também ser acelerada pelas redes mais extensas promovidas indiretamente pela escrita, quer através do comércio ou dos intercâmbios diplomáticos. Nem o comércio a longa distância nem a irrigação resultam da escrita, possivelmente ocorra o inverso, mas nos primeiros tempos a escrita auxiliou na coleta e ordenação de informações e de espécimens botânicos e zoológicos. Uma consequência ou ocorrência concomitante foram os exóticos jardins do Oriente Médio antigo, onde se cultivavam novas plantas e árvores coletadas em diversas partes do exterior, recintos murados e irrigados que davam uma ideia do que significava o nome "paraíso" no persa antigo original. Assim, no século VII a.C., Senaqueribe plantou algodão indiano no seu jardim real. Muito antes, no Egito, encontramos o templo solar do Faraó Niuserré, da Quinta Dinastia, com seu meticuloso registro zoológico pictórico-textual, e o jardim botânico de Tutmoses III com todas as plantas por ele trazidas de suas campanhas militares.

A avançada agricultura que esses jardins representavam, com o seu uso controlado da água (irrigação) e de força não humana (o arado), produzia o suficiente para sustentar um segmento da população não envolvido diretamente no cultivo da terra. Fora os artesãos, ele era tipicamente constituído por guerreiros e letrados, administradores ou sacerdotes, gente do palácio ou do templo, que em geral formava os grupos de proprietários reinantes, embora as relações entre esses grupos diferissem drasticamente ao longo do tempo. E nem sempre os que detinham os meios de destruição controlavam, exceto em "última instância", os meios de comunicação e, muito menos, os próprios homens letrados. Enquanto o palácio vivia parcialmente do que obtinha em pilhagens (que tinham sua própria literatura, a listagem de cativos e butins, por razões de prestígio e também contábeis), o templo dependia mais, direta ou indiretamente, da coleta de um excedente de produção por meios variados: arrendamentos, impostos, tributos ou oferendas feitas em geral aos deuses. Tais transações com oferendas ou tributos são encontradas em estados nativos africanos, mas neles os excedentes da produção agrícola eram geralmente pequenos, os meios de registro muito simples e limitada a capacidade de sustentar especialistas em tempo integral. Saques e tributos sobre o comércio contribuíam para a chefia do clã mas há um marcado contraste com o antigo Oriente Médio, onde o crescimento da economia "doméstica" dos sacerdotes (o templo) e dos reis (o palácio) foi grandemente facilitado pela utilização de recursos contábeis e uma economia mais complexa. Os letrados tinham que viver da terra, evidentemente, mas ao mesmo tempo contribuíam para o processo de aquisição e coleta de seu meio de vida e promoviam formas complexas de produção e troca que, por sua vez, criavam novas oportunidades para taxação. Os estados nativos africanos, por outro lado, com exceção dos que aceitaram o sistema de escrita ligado à religião islâmica, careciam de tal agente catalisador para seus propósitos internos, embora alguns povos fossem de fato influenciados por culturas letradas a cujas pressões permaneceram muito abertos. Com efeito, parte do fenômeno chamado neocolonialismo tem que ser encarado sob o prisma dessa grande abertura ligada à ausência de uma forte tradição escrita capaz de se opor às culturas escritas do sistema mundial. Importantes distinções devem ser feitas entre regiões socioculturais diversas do Terceiro Mundo nesse sistema global, não apenas em termos de suas relações com as metrópoles mas da sua própria organização sociocultural nativa, tanto em termos de comunicação como de economia. Se as principais sociedades do continente asiático foram fortemente afetadas pela expansão europeia, foi mais rara sua transformação em "colônias" como ocorreu na África, na América e na Oceania, nem são hoje neocolônias do ponto de vista cultural. Suas tradições escritas deram-lhes uma base mais sólida para a resistência cultural do que a maioria das culturas orais.

3
O Estado, o escritório e o arquivo

Como a escrita influenciou o ordenamento político? Ou, em outras palavras, de que maneira diferem os regimes com e sem escrita? A resposta tem que ser em vários níveis. Claro que as nações modernas dependem extremamente da escrita em função de seus sistemas eleitorais, legislação, administração interna e relações externas. Para a difusão de informações em que se baseiam as decisões e as ideologias que regem a formação de partidos é fundamental não simplesmente a escrita mas também a reprodução mecânica da palavra através da imprensa. Obviamente toda a constelação de comportamentos e instituições políticas é parte de uma tradição em que desempenha importante papel o processo de mudanças nos modos de comunicação.

Mas e o regime político em tempos antigos? Mais uma vez, vou examinar certos aspectos dos primeiros estados com escrita no Oriente Médio, em vez de exemplos mais recentes da Grécia e de Roma, pois aqueles são mais próximos dos estados africanos na maioria orais e provavelmente permitem uma melhor percepção das diferenças específicas para as quais contribuiu a escrita.

Ao examinar a influência da escrita na ordem política, analiso sobretudo aspectos da organização e não do processo político. Com isso quero dizer que se a política como luta e uso do poder perpassa todos os níveis do sistema social, a organização política refere-se em geral ao nível mais inclusivo. Quando antropólogos sociais estudaram na década de 1930 os grandes reinos africanos com instituições políticas diferenciadas, buscaram um modelo dentro do qual pudessem comparar os sistemas "tribais" que até então haviam ocupado em grande parte sua atenção. Radcliffe-Brown sugeriu a seguinte definição mínima de um sistema político que abrangeria as várias sociedades encontradas na África. "Ao estudar a organização política, temos que lidar com a manutenção ou o estabelecimento da ordem social, dentro de uma moldura territorial, através do exercício organizado da coerção pela autoridade com o uso ou a possibilidade de uso da força física" (1940: xiv; COLSON, 1968: 191).

A definição levantava ainda problemas sobre sua aplicabilidade a sociedades "tribais", assim como ocorria com a definição paralela de "direito", o acerto de disputas em tribunais sustentados por essa mesma força coerciva. Em seguida,

M.G. Smith, cujo trabalho foi sobretudo em estados centralizados, acompanhou Weber ao distinguir entre a distribuição de poder na competição política e a de autoridade dentro do sistema administrativo, afirmando que essa distinção também era encontrada em sociedades tribais. "A organização política consiste na combinação e interação das relações de autoridade e poder na regulação dos assuntos públicos" (1968: 194).

No nível mais amplo da preocupação antropológica, portanto, o estudo comparativo da política, definida de forma mais "substantiva" do que "comportamental", tem sido dominado pela divisão entre estados, de um lado, e, de outro, sociedades acéfalas (i. é, sem uma cabeça ou comando, por vezes segmentárias – o que acima chamei de "tribais"). A pesquisa realizada nessas últimas visou sobretudo analisar como se resolve o problema da ordem (e, portanto, da desordem) em comunidades que não dispõem de uma estrutura abrangente de liderança e autoridade, um soberano, chefe, rei ou conselho permanente para dirigir e coordenar seus assuntos. É uma questão que atraiu Aristóteles e Ibn Khaldum, que foi abordada por Hobbes e Locke, que ocupou Rousseau e Austin e é fundamental, como ressaltou Parsons, no trabalho de Durkheim sobre a *Divisão social do trabalho* (1897), assim como aos interesses do próprio Parsons na *Estrutura da ação social* (1937) e em *O sistema social* (1951). Assim, não é de surpreender que o contraste tenha sido um foco central na obra de Fortes e Evans-Pritchard, como resumem na introdução de sua obra sobre *Sistemas políticos africanos* (1940), na qual muitos dos conceitos, como "segmentário" e "densidade moral", vêm diretamente de Durkheim.

Esforços foram feitos depois por antropólogos para especificar os tipos de grupos que determinam os grandes campos de ação social em sociedades acéfalas – linhagens, faixas etárias, formações de aldeia – e como esses grupos atuavam num tipo de regime que foi descrito como "anarquia organizada". Nesse nível, a escrita não desempenhava qualquer papel na ordem política, embora algumas tribos do deserto ou das montanhas, em especial no mundo islâmico, possam ter sido influenciadas pelas culturas escritas de estados vizinhos.

O contraste explícito era com uma ordenação política do Estado cujo *locus* principal de controle social era a hierarquia das funções de autoridade incorporadas no sistema de governo, por trás do qual se situa o árbitro final: o controle organizado da força "legítima". Por conseguinte, o "estado" do antropólogo tende a parecer uma categoria indiferenciada – fora algumas exceções menores (por não terem sido elaboradas em um sentido comparativo), que incluem o "estado bola de neve" dos ngoni (BARNES, 1954), o "estado segmentário" dos alur (SOUTHALL, 1953), o "suprarreino" de Gonja (GOODY, 1967), o "estado primitivo" (KABERRY, 1957) e talvez o "estado teatral" de Báli (GEERTZ, 1980). Quer em discussões sobre a origem do Estado ou em estudos comparativos, esta categoria única contrasta, por um lado, com a heterogeneidade das sociedades acéfalas e, por outro, com as tipologias mais complexas dos cientistas sociais (que, por sua vez, tendem a tratar todas as sociedades "tribais" como uma categoria residual).

Burocracias

Mesmo nos estados mais simples verificamos claramente que deve ser feita uma série de distinções sobre a natureza dos regimes, dependendo se o sistema administrativo, por exemplo, é controlado por uma dinastia, um ditador, os militares, a Igreja ou alguma assembleia representativa. Depois, há a distribuição de funções e de poder pelos vários subsistemas da ordenação política: os corpos administrativo, judicial, militar, governamental, eleitoral e legislativo.

A segregação de atividades administrativas em uma organização específica, a burocracia, é uma extensão da distinção entre a relação de autoridade e o poder, discutida por Smith. Mas é uma segregação que depende fundamentalmente, nessa forma estendida, da capacidade de comunicação a distância, do armazenamento de informações em arquivos e da tendência a despersonalizar a interação, todas características da escrita. Mas isso representa apenas um eixo de diferenciação dentro do sistema político. A definição de Radcliffe-Brown (como muitas outras) aponta as ligações, por um lado, com o direito e, por outro, com a guerra (esta como parte de um conjunto mais abrangente, o das relações internacionais). A segregação da ação legal leva à separação entre a corte de justiça e a corte do rei, tema do próximo capítulo. A especialização da guerra leva à emergência dos militares com a formação de um exército permanente. Além disso, há a separação da competição política formal pelo poder (e da participação popular) nas instituições eleitorais e legislativas.

Em determinado nível, a distinção entre administrativo/executivo, legislativo/governamental, eleitoral/participativo, judicial e policial/militar representa aspectos que podem ser identificados nos sistemas políticos de todas as sociedades humanas. Sua separação em termos de organização representa um aspecto do processo de diferenciação por que passaram as sociedades humanas complexas. Assim como aconteceu com a religião, a escrita tendeu a promover a autonomia de organizações que desenvolveram seus modos próprios de atuação, seu próprio *corpus* de tradição escrita, seus próprios especialistas e possivelmente seu próprio sistema de sustentação.

Na sociologia comparativa recente pouco trabalho sistemático foi realizado sobre essas diferenças em estados pré-modernos e, na ausência de uma moldura conceitual aceita capaz de incluir toda a gama de sistemas políticos, as pessoas se apegaram às noções gerais dos escritores do século XIX, desenvolvidas a partir de uma base empírica que seria vista hoje como um tanto estreita. Em sociologia comparativa o resultado foi a aplicação meio fácil demais de categorias e sequências eurocêntricas à África e outras regiões, fazendo-se comparações com o feudalismo ocidental (GOODY, 1963) ou, de modo ainda mais desastroso, com o despotismo oriental (WITTFOGEL, 1957; MURDOCK, 1959; SURET-CANALE, 1961; GODELIER, 1977). Além de subestimar as implicações de importantes diferenças nos sistemas produtivos, outro fator que essas tentativas de assimilação desprezam são os efeitos factuais ou potenciais das mudanças dos meios de comunição sobre os padrões de governo. Ainda que o papel da escrita, da escrivaninha e do escritório seja fundamental ao conceito de burocracia de Weber, ainda que os sistemas de arquivamento tenham sido básicos para o desenvolvimento dos estados "civilizados" do Oriente Médio no início da Idade do Bronze (e mais tarde, p. ex., em Creta; cf. CHADWICK, 1959), os estudiosos descreveram os sistemas de realeza africanos como exemplos de burocracia baganda ou akan (SOUTHWOLD, 1961; WILKS, 1966). Como algumas descrições dos mitos e da filosofia dos dogon do Mali, essas também foram ideologicamente parte do admirável esforço para conquistar um reconhecimento adequado nos círculos ocidentais das crenças e práticas nativas de outras culturas, um esforço de descolonização intelectual que geralmente é tão útil aos estudos comparativos. Mas essas tentativas têm que ser constantemente examinadas para ver se não negligenciaram derivações históricas e diferenças de escala e operação. O uso amplo do termo "burocracia" parece dar peso muito pequeno à importância das consequências, causas ou fatores concomitantes dos sistemas comunicativos e outros fatores na esfera de governo. Nas palavras de um historiador da sociedade primitiva, "[a] emergência de uma instituição burocrática centralizada de larga escala... pode ter sido ela mesma consequência da criação de instrumentos que impulsionaram o seu funcionamento. Certamente a escrita possibilitou o crescimento da administração e, através da confiabilidade dos seus registros, o exercício direto da autoridade até os níveis mais baixos de pessoal e clientela" (GREEN, 1981: 367).

Uma importante questão sociológica ou antropológica sobre a relação entre escrita e ordem política tem a ver precisamente com a formação do Estado, a burocracia e o subsequente papel da escrita nascente na unificação de vastos impérios como a China. Já foi dito que "os estágios iniciais da escrita na maioria das civilizações 'primitivas' foram exatamente contemporâneos do desenvolvimento primário do Estado" (ADAMS, 1975: 464; WHEATLEY, 1975: 229). Historicamente a relação pode ser acidental, uma vez que as mais antigas informações que temos sobre os estados nos chegaram através do registro escrito. Pois é certo que na África, na Polinésia e nas Américas surgiram estados que não tinham acesso à escrita no sentido pleno, embora alguns tenham desenvolvido certas formas de "registro". As limitações impostas pela comunicação oral à ordenação política são o objeto que examinarei ao longo deste capítulo, com o argumento de que a escrita é fundamental no desenvolvimento dos estados burocráticos, ainda que formas relativamente complexas de governo sejam possíveis sem ela. E a adoção da escrita para várias finalidades ligadas à vida política tem implicações, pelo menos em potencial, para a condução dos negócios políticos em todos os níveis.

A escrita não foi essencial ao desenvolvimento do Estado em geral, mas de um certo tipo de Estado, o burocrático. A diferença fica clara no estudo de Fallers sobre os busoga da África Oriental intitulado *Bantu Bureaucracy* (1956), onde ele examina o que distingue os papéis conflitantes das linhagens soga, do Estado e da burocracia introduzida pelo regime colonial. Ele relaciona essas diferenças aos modelos de autoridade, à existência da relação patrão-cliente tradicional, ao contrário da autoridade situacional impessoal do funcionário público assalariado; o primeiro caso é um exemplo do tipo "particularista" de relação social, enquanto o segundo é do tipo "universalista". Se corretamente apontou algumas diferenças intrínsecas entre os estados africanos tradicionais e modernos, Fallers deixou implícitas, como fez Weber, as implicações de diferentes modos de comunicação e especificamente da escrita.

No capítulo seguinte tentarei distinguir algumas dessas implicações para os sistemas políticos de três maneiras. Primeiro quero retomar uma discussão do papel da escrita no governo dos primeiros estados dotados de escrita no antigo Oriente Médio, em parte porque podemos ver ali a gênese de certas instituições sociais ("as formas elementares da vida com escrita", para usar a frase de Durkheim) e em parte porque a África pré-colonial oferece exemplos muito limitados dos usos da escrita para fins políticos e outros, que tanto na forma quanto na aplicação são originários sobretudo do Oriente Médio. A segunda seção será dedicada a discutir a administração dos estados africanos a fim de discernir algumas características específicas dos sistemas políticos sem escrita (ou com uma escrita mínima). Em terceiro lugar, pretendo abordar de modo breve os efeitos do Islã e da Europa na extensão às sociedades africanas dos usos da escrita pelos regimes coloniais e nacionais.

A administração dos primeiros estados com escrita

É antes de tudo o papel da escrita no setor administrativo que sobressai, incluindo sua já mencionada utilização na economia estatal. Naturalmente, a escrita desempenhou um papel importante no sistema legal, como veremos. Mas nada parecido com o que exerceu nas assembleias, na ampla difusão de informação no nível ideológico ou nos processos consultivos – instâncias ligadas no fundamental à maior disponibilidade de material de leitura e à capacidade de lidar com a escrita, mais do que a um sistema social que utilizava um difícil código logográfico.

Administração interna

Taxação, contabilidade e censo

Como o regime político dos antigos estados do Oriente Médio estava tão intimamente envolvido em operações econômicas e religiosas, alguns aspectos essenciais dos usos governamentais da escrita já foram discutidos no capítulo anterior. No Egito, uma economia central de estocagem, de escala e complexidade consideráveis, apoiava-se em procedimentos contábeis para efetuar o balanço de livros e a avaliação de entradas e saídas. Assim também a administração da "casa real" na economia palaciana da Mesopotâmia. Ambas sustentavam-se também, em sentido mais amplo, no apoio da sagrada autoridade do sacerdote e do templo, identificada que era à palavra escrita, autoridade que legitimava o papel do governante e em certos períodos formava os especialistas necessários à burocracia. Já abordei esses aspectos da ordem política. Também chamei atenção para a íntima ligação entre taxação e o censo, para a contagem de pessoas e a coleta de seus "excedentes" produtivos. Neste ponto, os interesses desses estados impõem-se às estruturas domésticas da comunidade de um modo a meu ver bem diferente do que se dava num reino africano, onde o censo e a taxação eram em geral de importância mínima[28].

Ao discutir a economia antiga, tratei com certo detalhamento do papel desempenhado pela escrita na contabilidade nacional (ou, antes, "palaciana"), tanto no tocante a impostos quanto a pilhagens. O interessante é que o produto dos saques também exige seu próprio inventário, em geral sob forma pictórica, que de imediato aumenta o prestígio do conquistador e ao mesmo tempo fornece um tipo de procedimento contábil para ganhos que têm que ser partilhados pelos militares, pela realeza e muitas vezes pela Igreja ou templo que deu suporte às forças vitoriosas, assim como lança um manto de legitimidade sobre as grandes organizações em geral.

Claro que não apenas os reinos da Ásia e da Europa empreendiam a guerra para fazer pilhagens. O butim era um importante elemento da economia política dos estados pré-coloniais africanos, cujos suprimentos vinham sobretudo de incursões a comunidades vizinhas acéfalas para saqueá-las. Na ausência de boa quantidade de riquezas passíveis de apropriação e carregamento, o saque assumia a forma de escravos que então eram distribuídos aos participantes da incursão e aos que lhes deram suporte, escravos a serem usados pessoalmente ou vendidos no mercado para senhores locais ou exportação às Américas, a países mediterrâ-

---

28. Para um relato sobre o entrelaçamento de taxação, consumo e censo, cf. Postgate, 1974. Sobre a relação do censo com o recrutamento em Mari, cf. Dalley, 1984: 142, inclusive um relato fascinante da resistência à contagem populacional e das recompensas a quem a aceitava (fornecimento de alimentos, redistribuição de terras).

neos ou do Oriente Médio e outras regiões da África. No antigo Oriente Médio, assim como na conquista espanhola das Américas[29], o butim era de terras, além

---

29. Um exemplo marcante de período bem posterior, o da expansão europeia, reforça isso. Poucas vezes na história a pilhagem alcançou a selvageria da conquista espanhola nas Américas Central e do Sul. Os alvos eram o ouro e objetos de valor; os meios para obtê-los incluíam não só a conquista, mas a matança, captura e escravização dos nativos e uma deslealdade crônica. No entanto, esses duros e cruéis conquistadores eram limitados de duas maneiras pelo uso da escrita. A coroa espanhola ficava com um quinto de toda pilhagem, cuja coleta era fiscalizada por funcionários reais que acompanhavam as expedições. Uma expedição particularmente sangrenta ao interior da atual Venezuela foi comandada por Federmann, consequência direta de empréstimos feitos por banqueiros alemães ao Imperador Carlos V. Registrou-se que o tesoureiro real Antonio de Naveros ficou chocado com a maneira como Federmann aceitava presentes em ouro sem fazer um registro financeiro adequado (HEMMING, 1978: 27). A carnificina preocupava menos que a escrituração. Não muito tempo depois dessa expedição, os conquistadores capturaram grande número de objetos de ouro no ataque ao muísca da Colômbia atual. Em junho de 1598 esse tesouro foi reunido para fundição. Como em outras expedições, todas as quais tinham que ser aprovadas pelo rei, um funcionário da coroa contabilizou o que foi capturado, como fez o próprio chefe da incursão. Assim o primeiro passo foi comparar os dois registros. Cada participante foi então revistado em busca de ouro e joias escondidos. Depois de pagas as dívidas comuns, o exército foi dividido em três partes – capitães, cavalariços e soldados – e cada uma nomeou um assessor. Quando tudo tinha sido avaliado, um montante desprezível de 200 pesos foi dado a duas Igrejas como esmolas pelas almas de 500 mortos na expedição. No dia seguinte, os três funcionários da coroa apresentaram o espólio ao chefe da expedição e retiraram o quinto do rei. O resto foi dividido entre os participantes. Apesar da cuidadosa contabilidade, o chefe, Jiménez de Quesada, foi posteriormente acusado por alguns homens deixados para trás no caminho e que ainda assim reivindicavam seu quinhão, enquanto o fiscal o acusava de ter declarado apenas uma fração de tudo o que devia à coroa. Advogado, Quesada defendeu-se de modo brilhante e safou-se com uma pequena multa (HEMMING, 1978: 95-96). Problemas ligados às pilhagens e à importância do registro exato dos montantes obtidos atravessam toda a história do saque do ouro e outras riquezas da América do Sul.
A segunda forma pela qual a tradição escrita atuou como fator restritivo desses conquistadores selvagens tem a ver com a religião. Em parte, a conquista e escravização de outros povos pelos espanhóis e portugueses foi justificada pela crença de que o cativeiro lhes daria os benefícios da religião cristã. A imensa maioria dos escravos veio da África. Antes de deixar Angola rumo ao Novo Mundo, a carga humana era geralmente reunida numa igreja, ouvia uma doutrinação sobre a religião cristã, era batizada e cada um recebia um pedaço de papel com o seu novo nome (cristão) escrito (BOWSER, 1974: 47). Seus nomes, religião e *status* originais eram todos mudados com esse pedaço de papel. Essa era a sua carteira de identidade. Mas, além disso, seus peitos eram marcados com as armas reais de Espanha, prova do batismo mas também uma marca de propriedade. Os primeiros conquistadores escravizaram muitos índios na América, mas objeções de ordem moral e eclesiástica foram feitas mais tarde pela Igreja e pelo rei. Em consequência desse debate decidiu-se que, se era permitido combater e escravizar os mouros infiéis da África que já tinham ouvido falar do cristianismo e o rejeitavam, aqueles que ainda não haviam tido essa oportunidade encontravam-se em situação diferente. Por isso, uma proclamação escrita chamada Requisição tinha que ser lida em voz alta, se possível por intérpretes, antes de se realizar um ataque espanhol. Depois de contarem aos nativos uma breve história do mundo, descrevendo o papado e a monarquia espanhola, exigiam-lhes que aceitassem o rei como seu governante em nome do papa e permitissem a pregação cristã em suas terras. A recusa em concordar imediatamente tornava os ouvintes passíveis de um ataque e subsequente escravização. A proclamação terminava com as palavras: "Afirmamos que quaisquer mortes ou perdas disso resultantes são culpa sua" (HEMMING, 1978: 37-38). A leitura não apenas legitimava o ataque como transferia a culpa e apagava a responsabilidade. O extraordinário poder transformador que se supunha investido na palavra escrita beira a "magia", embora seja ilustrativo de sua autoridade nos sistemas político e legal que estavam a ponto de ser instituídos.

de riquezas transportáveis e também seres humanos, mas o sistema de distribuição era mais complexo; o *rex* raramente era o *dux* (o líder guerreiro), mesmo nominalmente, e tinha que ser recompensado a distância. Nesse contexto, a glorificação e responsabilidade pelas pilhagens assumiu uma nova importância.

Números e o controle do tempo

O fato de que a contabilidade era parte tão destacada da utilização da escrita na economia política do antigo Oriente Médio teve inúmeras consequências para o sistema cultural. Significava que grande ênfase era dada não aos usos mais complicados da linguagem – narrativos, descritivos ou literários – mas aos tipos de uso sintático que caracterizam a escrituração de livros e processos contábeis. Em contraste com a maneira pela qual a escrita influencia a estrutura das normas religiosas na criação e reprodução de textos e na organização do ensino (a reprodução dos leitores), a linguagem empregada em escrituração e contabilidade é muito mais distante da língua falada, sendo largamente composta de lexemas extraídos do contexto e de números que formam um "conjunto" próprio tão distinto que poderia ser desenvolvida sem um sistema pleno de escrita. Esse fato é de especial importância para a análise dos sistemas de poder centralizados da América pré-colombiana. Pois um sistema de fichas ou mesmo um código de nós em cordões (o *quipu*) do tipo descrito por Murra (1980: 109-110, 161-162) pode servir a muitas das mesmas finalidades da escrita – não apenas para fins econômicos, mas também para o modelo complexo de cálculos de calendário desenvolvido na América Central (MORLEY & BRAINERD, 1983: 512ss.; ZUIDEMA, 1982).

O desenvolvimento desses complexos sistemas de calendário dependeu fundamentalmente da representação gráfica, inclusive contábil (GOODY, 1968). Por exemplo, o conceito de uma era requer alguma noção de um ponto inicial, o traçado de uma linha, um começo preciso ao qual se possa fazer referências numéricas. A reconciliação arbitrária mas essencial dos cálculos lunar e solar é necessária porque a anotação por escrito do sistema de contagem do tempo estimula a interligação de unidades de diferentes ciclos. A formalização da representação gráfica apresenta uma opção forçada – isto é, "meses" ou "anos" variáveis; embora uma reconciliação seja sem dúvida possível na comunicação oral, é a representação visual que explicitamente requer uma fórmula. Além disso, números eram aplicados às unidades de tempo e suas divisões – anos, meses, dias e horas –, sendo algumas unidades arbitrárias e outras não, de modo que com essa interconexão a sociedade é capaz de ter mais controle do tempo através do sistema de calendário. E essa também é uma questão política. Acostumamo-nos a pensar em um sistema político tendo controle de um território, de um espaço. Mas o controle do tempo está compreendido na mesma moldura. Quem controla o calendário, o modo de contagem do tempo – sejam os sacerdotes no Egito ou a realeza na América Central – adquire um poder que se estende por todo o sistema social, alcançando os domínios político, religioso, legal e econômico. Mudanças tecnológicas são, obviamente, importantes. Foi sobretudo o relógio pessoal fabricado em massa e, em medida menor, o relógio comunitário que democratizaram o cálculo "objetivo", mecânico, do tempo. Mas o fato é que o sistema político é que ainda pode adiantar ou atrasar o relógio, introduzindo novos feriados ou cancelando outros, até mesmo estabelecendo o cálculo dos anos a partir do início de um reinado ou regime.

Quando trabalhei entre os lodagaa da África Ocidental, que não tinham escrita nem relógio, pareciam prontos para adotar uma forma mais sistemática de cálculo do tempo, pois sempre me perguntavam a hora do dia e – mais importante – quantos meses faltavam para a estação das chuvas. Um pleno sistema de escrita não é, estritamente falando, necessário para isso, nem para contagem, como já disse, e talvez nem mesmo para a escrituração que desempenhou papel tão importante no antigo Oriente Médio. Entretanto, a relação entre essas formas de representação simples e a escrita propriamente dita é muito próxima tanto em termos históricos quanto lógicos.

Sistemas plenos de escrita desenvolveram-se em tempos bem remotos no Oriente Médio, mas para muitas finalidades, especialmente para a produção de longos textos religiosos ou literários, seguindo-se um extenso período dominado por formas menos próximas da linguagem falada, em contextos econômicos e administrativos, assim como para o controle do tempo e do espaço. Com efeito, algumas das grandes potencialidades da escrita para fins literários, filosóficos e outros só se realizaram no Oriente Médio com o desenvolvimento de sistemas silábicos e alfabéticos, mais simples e de mais fácil utilização, e de novos materiais como a pena e o papel, que entre outras coisas estimularam o acesso e possivelmente a transcrição mais rápida da fala. Mas não será demais enfatizar que pouco uso se fez da escrita nesse sentido em suas fases iniciais, embora isso viesse gradualmente a proliferar com os séculos. A transformação da vida política foi um processo lento, dependente da criação de uma tradição letrada. No entanto, é verdade também que os chineses alcançaram muitas senão todas essas realizações usando um sistema logográfico de escrita. Se o extenso código dessa escrita implica um acesso limitado à fluência no sistema, os feitos dos que aprenderam a dominá-lo foram tão grandes na China quanto em outras partes do mundo.

Correspondência administrativa

Nos grandes arquivos do reino sírio de Ebla (c. 2400-2250 a.C.) encontramos não apenas "textos econômicos" que tratam de impostos e comércio, mas também "cartas, éditos e tratados" (MATTHIAE, 1980: 164). As cartas são sobretudo despachos enviados por funcionários ao rei sobre problemas administrativos. Os subordinados podiam comunicar-se com seu superior a distância e de maneira formal, de modo que tanto a questão em pauta quanto a solução apontada podiam ser permanentemente registradas e tornar-se objeto de referência futura, como esclarecimento, garantia ou precedente.

A troca de correspondência requer alguns esquemas postais operando entre os grandes centros, tais como os que Sargão I criou na Acádia (2334-2279 a.C.) (JOHNS, 1904: 308). Na grande maioria dos regimes, antigos ou modernos, capitalistas ou socialistas, o serviço postal é organizado pelo Estado e, em importante medida, para o Estado, para transportar sua papelada com prioridade e sem pagamento. No seu início, tal sistema envolvia a manutenção de estradas e canais, para que as entregas pudessem ser efetuadas em tempo razoável (OPPENHEIM, 1964: 103).

Os arquivos de Ebla incluem mensagens do rei a funcionários em missões no exterior ou diretamente a outros reis, provavelmente cópias arquivadas dos despachos originais; a noção de "fazer cópias" foi logo uma característica dos primeiros governos com escrita, que claramente incentivavam a precisão estrita das interpretações "literais" (i. é, ao pé da letra) de éditos e tratados. E se as comunicações deviam ser permanentes e guiadas pela interpretação literal, tinham que ser formuladas de modo mais cuidadoso por especialistas da palavra escrita.

Os éditos encontrados nos arquivos são ordenanças reais, embora no geral regulando assuntos privados: por exemplo, a distribuição das cidades do reino entre membros da família real e a destinação de um conjunto de aldeias a uma princesa como seu dote de núpcias, presente que seria de pouco valor se não fosse capaz de produzir renda em espécie ou em impostos.

Administração exterior

Tratados internacionais

Tratados internacionais, que constituem uma espécie de contrato, foram muito praticados no antigo Oriente Médio, entre eles os que punham fim ao estado de beligerância (OPPENHEIM, 1964: 284). É um tipo de contrato estabelecido por escrito[30]. Há, naturalmente, formas contratuais nas sociedades sem escrita, mas aí, como em outros contextos, a escrita torna explícito o que de outro modo ficaria implícito. Em vez de um acordo e entendimento orais, com todas as implicações disso, surge a constituição escrita. Pois a constituição é uma espécie de "contrato social" que, se é possível dizer que exista nas sociedades orais, só o

---

30. Sobre os tratados concluídos por Mari escreve Dalley que o "acordo era registrado num tablete que continha as várias cláusulas a ser acertadas de antemão. As duas partes selavam o tablete, uma vez que era um contrato legal. Cada uma ficava com uma cópia de cláusulas idênticas mas prólogo bem diferente e sabemos por evidência ligeiramente posterior que uma cópia era depositada num templo em cada país" (1984: 140).

faz nesse caso em um sentido analítico, quer dizer, sua existência tácita é referida ou "lida" a partir de culturas escritas.

Nos arquivos de Ebla há apenas alguns exemplos desses tratados, que parecem resumos dos documentos originais provavelmente gravados em pedra e depositados em santuários. No entanto, em todo o Oriente Médio antigo a escrita foi usada para formalizar alianças entre estados, de uma maneira que parece – e é – muito contemporânea, excetuando-se as referências a sanções religiosas.

"Em direito internacional e privado", escreveu Woolley (1963: 504),

> um contrato tinha que ser assentado por escrito e jurado pelas partes envolvidas na presença de testemunhas divinas. No caso de um tratado de aliança, negociações preliminares eram realizadas por embaixadores trocados entre os poderes contratantes; cada parte tinha sua própria versão esboçada do texto e a tarefa dos embaixadores era concíliá-las na versão final; qualquer desacordo importante eles reportariam a seus superiores; assim Shamshi-Adad da Assíria recebeu do seu enviado uma cópia do tratado proposto com Eshnunna tal como esboçado pela outra parte e objetou de imediato: "O assunto que eu removi do tablete ainda está lá. Os homens de Eshnunna estão criando dificuldades".

Em outros casos, os embaixadores eram plenipotenciários e acordavam um texto satisfatório entre eles, após o que devia ser fixada uma data para a ratificação, uma data não apenas conveniente a ambos os governantes mas também aprovada pelos oráculos como auspiciosa.

A ratificação era uma cerimônia solene que começava com um sacrifício. O tratado era feito em nome dos reis que seriam obrigados por ele e introduzido por seus títulos e nomes completos, mas boa parte do texto em seguida consistia de uma lista dos deuses e deusas invocados como testemunhas, as divindades de cada país descritas separadamente, acompanhada das maldições que recairiam sobre quem violasse o contrato: "Aquele que não observar todas as palavras escritas neste tablete de prata da terra do Hatti e da terra do Egito, que os milhares de deuses da terra do Hatti e os milhares de deuses da terra do Egito destruam a sua casa, o seu país e os seus servos", com as bênçãos correspondentes: "mas aquele que mantiver as palavras deste tablete de prata, seja ele hitita ou egípcio, aquele que não as desprezar, que os milhares de deuses da terra do Hatti e os milhares de deuses da terra do Egito façam-no gozar de boa saúde e longa vida, como também as suas casas, o seu país e os seus servos". Era um juramento dos mais solenes, tanto que a cerimônia de assinatura era chamada por babilônios e sírios de "toque na garganta", pois quando a vítima sacrificial era morta, na presença dos deuses e do embaixador da outra parte contratante, o rei passava a mão na própria garganta para indicar que queria morrer da mesma maneira se quebrasse a sua palavra. Uma vez assinados, os tabletes do tratado eram colocados diante dos deuses dos dois países (p. 504).

Esses tratados às vezes especificavam uma série de trocas entre as partes, inclusive uma negativa, o direito de extradição de súditos foragidos do outro reino, especialmente escravos, característica de tratados bem recentes do norte e do oeste africanos (assim como fórmulas mágicas). As alianças firmadas podiam ser depois fortalecidas por casamento e a troca de presentes e cartas.

Essa correspondência consular era levada por mensageiros especiais e às vezes ficava a cargo de um embaixador residente incumbido das negociações com o governante junto ao qual era acreditado. Dessa maneira desenvolvia-se uma rede formal de relações internacionais que dependia largamente da comunicação escrita. Em todo o Crescente Fértil, a língua da Acádia, registrada em escrita cuneiforme, tornou-se a língua diplomática usada até mesmo pela chancelaria dos faraós egípcios. E o uso da mesma escrita era acompanhado do emprego de formas similares de salvaguardas e fórmulas contratuais[31]. Não apenas as formas mas também as normas eram similares, pois as regras que governavam o comércio internacional da Suméria foram adotadas por muitos outros estados.

Em outras palavras, a escrita não apenas penetrou de modo substancial os negócios exteriores como governou a forma e a linguagem do discurso, porque um sistema único dominou as relações internacionais de uma grande área do Oriente Médio. Mais uma vez, a utilização da escrita afetou não apenas as formas de interação mas também ajudou a mudar a natureza de suas regras, substituindo a variável emissão oral pelo texto fixado.

A administração dos estados sem escrita

Nesta seção quero examinar algumas características dos estados africanos do ponto de vista do seu modo de comunicação sobretudo oral e os custos e benefícios que isso acarretava. Digo sobretudo oral porque de fato a presença do Islã, com sua insistência na capacidade de ler o Livro e sua longa história de administração e direito centralizados, influenciou a condução dos negócios em muitos estados. De modo que é interessante encarar os casos em que se adotou a escrita como indicando os pontos do sistema oral em que houve pressão para uma mudança no modo de comunicação. Pois em princípio a escrita estava disponível aos estados das savanas da África Ocidental desde o começo do segundo milênio d.C., além de ter sido usada na costa pelos europeus desde 1500. Para que eles adotaram a escrita e como ela afetou o funcionamento político? A resposta é um tanto diferente do que ocorreu no antigo Oriente Médio, pois o desenvolvimento inicial foi principalmente no domínio dos "negócios exteriores".

---

31. "Encontramos em tratados do segundo milênio a.C. expressões tomadas literalmente de um tratado de Naram-Sim da Acádia no século XXIV a.C." (WOOLLEY, 1963: 507).

Administração exterior

Tratados etc.

A evolução da sociedade humana jamais foi um processo ordenado em camadas. Ainda que se possam discernir tendências gerais, uma forma de sociedade não substitui outra em toda parte ao mesmo tempo. Nem todas as sociedades mudam ou estão propensas a mudar em momentos idênticos, de modo que a maioria tem que interagir com sistemas bem diferentes. Os agricultores da Etiópia têm que interagir com os pastores da Somália, as religiões do Livro com cultos pagãos, governos centralizados com tribos acéfalas. Da mesma forma, sociedades com escrita têm relações com sociedades sem escrita; essa foi uma situação recorrente na difusão da escrita, afetando as duas sociedades de maneiras variadas, como tentei mostrar examinando as utilizações da escrita no norte de Gana (1968a). Por exemplo, a magia da palavra levou seu poder a povos sem escrita, com a demanda resultante afetando os que a recebiam e os que a forneciam. A situação produzida pelo encontro é paralela, num sentido formal, à que dá origem a muitas teorias sobre o Terceiro Mundo e o "desenvolvimento desigual" (FRANK, 1981), sobre a articulação das formações sociais (SEMENOV, 1980) ou sobre a importância das contradições externas, assim como internas, para o surgimento de formações sociais específicas (GODELIER, 1977).

Quando a escrita se tornou acessível aos povos da África Ocidental, alguns estados centralizados adotaram-na como meio de comunicação com os vizinhos, engajando-se num processo de troca de correspondência e realização de tratados; os muçulmanos, atuando como escribas, providenciavam entre si a concessão de passaportes e a troca de itinerários para empreender longas viagens de comércio ou peregrinação. Há mais evidências, pelo menos de início, da utilização da escrita para fins exteriores do que internos. Em parte porque trataram de preservar documentos originais. Sabemos da correspondência do Samorim construtor de império com os britânicos no final do século XIX porque as cartas dele estão preservadas no Arquivo Público do Reino Unido. Temos a correspondência entre os reinos axante e gonja do início do século XIX porque acabou indo parar em arquivos dinamarqueses (LEVTZION, 1966), assim como fragmentos de correspondência consular diversa.

Tal correspondência teve lugar não apenas entre os estados fortemente influenciados pelo Islã mas mesmo entre estados com e sem escrita, estes contratando indivíduos letrados para redigir suas cartas. Um dos resultados desse tipo de correspondência internacional foi uma tendência inicial dos estados sem escrita de interpretar o tratado escrito como se fosse sujeito a troca ou captura como outros objetos materiais. Quando entraram em contato com os britânicos e outros europeus na costa da Guiné, os axante mostraram grande interesse nos bilhetes, "livros" e tratados usados na região. Acordos entre as potências estrangeiras e os governantes locais eram registrados por escrito, o que dava precisão às disposições acertadas e referências "objetivas" em caso de disputa. Os axante logo se apegaram firmemente ao novo modo de comunicação e em geral atribuíam aos registros escritos maior permanência, concretude e amplitude do que pretendiam seus introdutores, pois os "bilhetes" eram vistos como passíveis de troca ou aquisição (COLLINS, 1962). Se conquistavam uma tribo vizinha, os axante se apossavam de seus "livros" e esperavam que os autores do tratado continuassem a observar as mesmas normas estipuladas para o grupo que haviam conquistado. Muito mal-entendido surgiu dessa tendência de fazer equivaler o papel ao seu conteúdo, o meio à mensagem.

As razões substanciais para a orientação sobretudo exterior da escrita nessas circunstâncias são de certo interesse. Em primeiro lugar, esses reinos estavam reagindo e se ajustando ao uso da escrita pelas potências europeias ou pelos estados muçulmanos em que o Islã desempenhava um papel dominante e não apenas assessório; se *eles* usavam a escrita, nós devemos usar também. Mas o mais importante, tanto no caso de passaportes quanto no de correspondência consular, era poder enviar a sua palavra onde a própria pessoa não podia ir, ou seja, a comunicação pessoal a distância – não era ainda o telefone, mas algo com mais autoridade do que as palavras de um mensageiro. Se visitar um reino vizinho diminuía a posição de um rei, a não ser como conquistador, agora ele tinha a possibilidade de enviar uma mensagem sem ter que depender da língua de um intermediário capaz de interpretar mal um sentido. Agora, as próprias palavras do governante estavam fixadas num tablete inanimado, no couro da pele de um animal, em uma folha de papel.

O tratado representa um acordo específico entre dois poderes soberanos, em que por definição não há sanções de força legítima para sustentar o que acordaram; tais sanções funcionavam entre governos, não entre eles. Fora de suas fronteiras é necessário entender o contrato e às vezes até seus elementos não contratuais, o que tem que se basear em meios não legais, não políticos, a não ser que se encare a guerra como a continuação da política por outros meios. Tais meios podem estar em parte incrustados na autoridade da própria palavra escrita, especialmente a palavra de Deus quando é Ele que se coloca como fiador do pacto. Mas as sanções religiosas operavam de maneira mais geral ainda nos primórdios das relações internacionais, como vimos com os juramentos e bênçãos, com as listas de deuses e deusas invocados como testemunhas ou com a deposição dos tratados originais em santuários (como se fazia também com as tabelas contábeis dos monastérios medievais no Sri Lanka).

Um outro aspecto dessa tendência da escrita de ser usada, nesse tipo de situação, mais para relações externas do que internas é o alto grau de variabilidade dos contratos exteriores. Quando o conteúdo e provimentos de uma nova relação social, como o casamento, são relativamente constantes (como o dote da noiva), há menos necessidade de registro do que no caso de uma doação em nível interpessoal ou de uma aliança entre estados, com estipulações variadas de acordo com as circunstâncias específicas dos parceiros.

Guerra e paz

Os tratados lidam não só com o lado positivo das relações entre estados mas também com os aspectos negativos, uma vez que sua ruptura leva a conflitos e guerra. A guerra exigia provisões e comunicações do mesmo modo que o próprio palácio e aí como na contabilidade dos butins e na celebração das vitórias a escrita tinha papel de destaque. Em Mari, por exemplo, os cativos inimigos chegavam a ser listados nominalmente (DALLEY, 1984: 145).

Com o advento das religiões mundiais (e das ideologias escritas), os conflitos intergrupais foram afetados de maneira bem diversa, tanto no interior como no exterior das unidades políticas. Internamente, uma consequência da autonomia maior da Igreja e do Estado, da qualidade definidora de fronteiras da religião escrita, não é simplesmente a tensão, a luta entre as duas "grandes organizações", mas os conflitos entre os adeptos de diferentes religiões "mundiais", culminando nas guerras religiosas.

Nas sociedades mais simples, recorre-se muito a deuses e ancestrais para a proteção de um grupo, geralmente um grupo territorial ou de parentesco, em suas lutas com outro. Nos estados africanos, seres sobrenaturais são invocados para apoiar um regime contra outro. Apela-se mesmo ao islamismo e ao cristianismo para fazerem esse papel, como por exemplo no relato lendário de uma crônica do século XVIII (GOODY, 1954) sobre a ajuda dos muçulmanos para a conquista do país dos gonja; o relato foi escrito, claro, pelos muçulmanos e é relembrado anualmente pelos gonja na festa do nascimento do Profeta, em parte para estimular e justificar a oferta de presentes pelos chefes. Quando uma religião assume esse papel, é o começo (num sentido morfológico) da *Jihad*, luta ideológica em que as diferenças de práticas e crenças – entre protestantes e católicos, entre sunitas e xiitas – têm uma função determinante. Como vemos em toda a parte, na Índia, na Irlanda, no Oriente Médio, os conflitos entre adeptos dessas religiões constituem um aspecto da autonomia adquirida por esses sistemas, do seu poder de converter e de criar minorias e maiorias que se consideram as detentoras únicas da verdade.

Administração interna

Impostos etc.

Falei da prioridade que os estados africanos pré-coloniais deram à adoção da escrita para as comunicações externas. O uso interno da escrita foi mais limitado, em parte porque sua incorporação doméstica era mais complicada e em parte devido à natureza da economia política. Estados africanos como o Daomé e o país dos axante desenvolveram sistemas simples de tributação e impostos, embora o excedente agrícola fosse em geral pequeno (GOODY, 1971: 21-38) e sua utilização, limitada. Em algumas situações de acumulação central a escrita é de pouca consequência, quando os artigos coletados são do tipo que se deteriora rápido – o registro tem então menos importância, pois os bens não podem ser "poupados", tendo que ser redistribuídos em curto espaço de tempo. Nesse caso importa a transação e não a armazenagem – isto é, a transferência imediata mais do que a entrega defasada, de modo que a contabilidade é menos essencial. Com bens duráveis como o ouro dos axante, a prestação de contas era mais uma questão de confiança do que de auditoria, embora o sanaahene (o chefe do ouro ou tesoureiro), como o próprio governante, tivesse que manter separados a riqueza pessoal e o erário público, sob pena de demissão do cargo. Nas sociedades orais um indivíduo pode geralmente memorizar suas transações pessoais, políticas e econômicas, talvez com a ajuda de testemunhas, onde a transferência estabelece uma relação específica de crédito ou débito e não um vínculo geral de dependência. Transações entre um tio materno e o filho de sua irmã, por exemplo, estão embutidas em uma relação multíplice, para usar a expressão de Gluckman (1955: 19), querendo dizer que uma dívida é apenas uma vertente dentre muitas, uma situação que promove a confiança entre os envolvidos no negócio. Mas nas transações envolvendo unidades maiores, ou mesmo uma transação isolada, com uma única vertente, que ocorrem em muitas operações fiscais ou de "mercado", ao contrário das transferências tributárias mais regulares, o registro tem muitas vantagens. Por um lado, um recibo mostra que foram pagos impostos e taxas, procedimento que submete o fiscal a possível checagem como intermediário da transação e torna o arrecadador responsável, pelo menos em princípio. É um uso da escrita que se manifesta mais quanto maior a organização envolvida e, portanto, mais importante para um império do que para uma cidade-Estado.

Por outro lado, mais importante politicamente do que o recibo para o contribuinte, o tributado, é a contabilidade para o arrecadador quem tributa. Por meio de um registro escrito do que arrecada, uma organização pode aumentar o controle da alocação interna de fundos – por exemplo, ao calcular o montante a ser gasto em investimento ou posto em fundo de reserva, em oposição à soma necessária para custos correntes e despesas de consumo. Todas as sociedades exigem algum planejamento antecipado de seus membros, uma alocação de recursos ao longo do tempo, certa prudência administrativa. Mas a prática orçamentária aumenta a "eficiência" e "racionalidade" de uma organização mais sofisticada, ampliando seu nível de controle. Foi o caso dos estados religiosos da Mesopotâmia, que registravam a entrada e saída de bens e serviços; registros semelhantes acompanharam a expansão das empresass mercantis em todo o antigo Oriente Médio. No que diz respeito aos governos, ontem como hoje, a documentação tributária e de despesas constitui o conjunto essencial de arquivos necessário para o estabelecimento das autoridades locais e da própria nação. No curso desse processo, o escritório torna-se o lugar da escrivaninha ou mesa de trabalho (o *bureau*), do arquivo e do funcionário, começando assim a verdadeira burocracia.

O indivíduo e o escritório

Se algumas características do conceito weberiano de burocracia (1947b: 196ss.; 1947a: 329-341) certamente estão presentes em sociedades orais (SMITH, M.G., 1960; SOUTHWOLD, 1961; WILKS, 1966), a ausência de escrita limita inevitavelmente a eficácia do governo (especialmente no que diz respeito à armazenagem de informação) e também das empresas, Igrejas e outras organizações de larga escala. Como assinalou Weber, uma característica central desses órgãos administrativos é a capacidade de separar o "indivíduo" do "escritório", as pessoas da corporação que integram, criando assim relações de caráter "universal" e não "particularistas". Sem essa separação, uma empresa familiar pode deixar de existir com a morte do cabeça, caso seus interesses se tenham construído entre os parentes mais próximos. O negócio só continua se conseguem evitar o desentendimento tratando a continuidade da empresa como algo diferente da divisão da propriedade entre os herdeiros[32]. O fracasso em distinguir o interesse público do privado muitas vezes afetou também os reinos, especialmente nas fases iniciais de uma dinastia, quando a conquista confunde os limites entre o público e o privado; o Estado do conquistador, como no começo do domínio normando na Inglaterra, tende a ser dividido entre os estados dos filhos; um filho fica com a Normandia, outro com a Inglaterra, um terceiro com a Irlanda – o que era um torna-se muitos. O princípio da divisão igualitária, tomado de empréstimo ao domínio da herança pessoal, foi aplicado ao domínio da sucessão pública, confundindo a singularidade do reinado com a pluralidade do parentesco (GOODY, 1966).

A separação entre público e privado é uma característica comum de muitos estados sem escrita, onde o rei é em toda parte distinguido do reinado, o chefe da chefia, o funcionário da repartição (FORTES, 1962). Alguns estados leva-

---

[32]. A dificuldade de continuar com uma empresa comercial após a morte do fundador é sempre problemática, mas na África há dificuldades particulares. Lá, a transformação de uma empresa individual em firma familiar (mudança que alguns definiriam como passagem do empreendedorismo ao negócio) é dificultada não apenas pela experiência burocrática insuficiente como também pelo predomínio da herança fraterna. Esse tipo de transmissão está ligado aos direitos corporativos sobre a terra, mas é problemático quando uma empresa pode recair sobre um "irmão" cujas habilidades são diferentes das de um "filho" que foi preparado para a função (cf. GOODY, 1970).

ram essa separação um pouco além ao distinguir a riqueza pessoal de um homem (incluindo suas esposas) do que ele adquiriu como servidor de um cargo. Na África Ocidental, os chefes axantes eram às vezes destronados por confundir as duas coisas[33]. Essa separação continua sendo motivo de tensão e disputa, uma vez que não pode ser absoluta, quando nada porque as crianças são educadas num ambiente particularista em que os dois aspectos da situação dos pais não podem ser inteiramente separados[34]. Mas o maior grau de separação que caracteriza organizações do tipo discutido por Weber parece depender de um outro fator, a saber, a maior formalização dos processos administrativos que a escrita promove e que foi tão notável nos antigos impérios do Oriente Médio. Os negócios de Estado eram submetidos a registros escritos que tendiam a afastá-los dos negócios pessoais do funcionário e a criar uma responsabilização para prestação de contas. Também aí a escrita tende a explicitar o que era implícito na comunicação oral.

Comunicação: a mensagem e o público

O uso da escrita pelo Estado tem uma série de outras implicações para a ação social, criando uma maneira de controlar as relações espaciais e temporais. Nas sociedades menores, a comunicação interna pode ser mantida pelo contato direto cara a cara entre, digamos, uma linhagem e seus anciãos. Mas para um Estado, mesmo um Estado simples, o aumento de escala, a intervenção da distância espacial, a inclusão de um número maior de indivíduos na organização significam que a comunicação entre seus membros requer intermediários, representantes, mensageiros. Com a comunicação ainda oral, isso requer a movimentação de pessoas, em vez de mídia; mas o contato entre governante e governado torna-se indireto, realizado através de uma hierarquia de funcionários (ou subchefes) distribuídos pelo reino e por meio dos intermediários necessários para transmitir mensagens entre eles.

A alternativa é comunicar a distância aumentando o volume do som e enviando mensagens simples por meio do que, para nós, são instrumentos "musicais". Entre os acéfalos lodagaa o xilofone é usado como os sinos da igreja na Europa, para dar notícias de morte ou de júbilo. Entre os centralizados axante, tambores que falam passam mensagens mais específicas, às vezes imitando a tonalidade de uma frase e às vezes operando de modo mais arbitrário. Os tambores

---

33. A distinção baseia-se em outra mais amplamente reconhecida, entre propriedade herdada e aquela adquirida pela própria pessoa, cf. Fortes, 1949. Para uma discussão do conceito de cargo ou função entre os axante, cf. Fortes, 1962.

34. Cf. a discussão de Fallers, 1956: 244, sobre as raízes "psicogenéticas" do nepotismo e cliques solidários em Parsons e Freud.

falantes pertencem normalmente ao chefe, que atua como polo de notícias e boatos, pois é a ele que primeiro são trazidos os estrangeiros e a quem os habitantes levam suas queixas e informações, sendo portanto sua corte o núcleo da rede de comunicação oral.

Quando uma mensagem tem que ser entregue por um intermediário ou pela presença física do subordinado diante do superior, a imunidade do mensageiro e o comparecimento ante o superior são de importância central na administração do reino e protegidos por importantes sanções religiosas e seculares. Problemas mais sérios de segurança surgem com o envio de embaixadores a terras que, se não inteiramente hostis, também não são completamente amistosas. Sua missão e suas pessoas são cercadas de formalidades e proibições.

Estendo-me um pouco sobre o tema do comparecimento a uma audiência. Quando um chefe de divisão axante assume o posto, faz um juramento a seu superior, o axantehene, que é no essencial o mesmo juramento que os chefes menores sob seu comando farão a ele. Cada subchefe inclina a cabeça, que o chefe toca três vezes com a sola do pé direito, ato amplamente difundido que expressa submissão de uma parte ao domínio de outra. Então, erguendo-se diante do senhor, aquele que se submete toma a espada cerimonial, aponta-a para o peito do chefe e declara em alta voz:

> Falo o nome proibido do (e faz a jura adequada). Pronuncio a grande palavra proibida. Sou o Chefe da retaguarda e protejo as suas costas; como os meus Anciãos me ajudam, assim vou assisti-lo. Se agir para consigo como quem diz a um homem "olhe suas mãos, olhe seu chapéu" (i. é, que lhe pede para olhar as duas coisas ao mesmo tempo); se eu lhe der conselho e você não o seguir, e com isso eu me zangar e for para casa, não retornando para lhe dar o mesmo conselho de novo; se me chamar à noite ou se me chamar de dia e eu não vier, então (estarei incorrendo em penalidade), pois falei a grande palavra proibida. Mencionei o nome proibido de (RATTRAY, 1929: 86-87).

O ato de apresentar-se a uma figura em autoridade é característico de todas as organizações hierárquicas, tanto modernas quanto intermediárias e simples; a pessoa adianta-se e sobe, aproxima-se da autoridade hierárquica a partir de uma posição inferior e com gestos de obediência, inclinando-se para não parecer desafiadora. Mas nas sociedades orais deve ser ainda mais enfatizada a aproximação física de pessoas ou grupos[35], simplesmente porque não há alternativa. Daí a importância da "audiência" concedida por um rei. O superior pode convocar o subalterno através de mensageiro que leva um emblema especial, por exemplo a

---

35. Este é apenas um dos significados da ambígua palavra "corporativismo"; cf. Radcliffe-Brown, 1935 e meu comentário a respeito (GOODY, 1969: 95).

espada do Estado ou o bastão do seu representante[36], e a obediência à convocação é obrigatória. Entre os axante era um ato de rebelião não "comparecer" quando chamado e os administradores britânicos mais tarde usaram a mesma técnica com os chefes locais; mesmo hoje, primeiros-ministros e presidentes esperam igualmente o pronto atendimento a suas ordens.

Um chefe subordinado não apenas devia comparecer quando convocado, também tinha que estar presente em ocasiões estabelecidas que serviam a finalidades comunicativas ou formais. No reino de Gonja, no norte de Gana, chefes menores que viviam na capital da província ou em suas proximidades tinham que comparecer duas vezes por semana ante seu superior, às segundas e sextas-feiras, dias em que os grandes tambores falantes eram tocados para saudar os mortos e os vivos. Nesses dias um chefe provincial devia presidir à reunião (*lembu*) na porta de sua casa para discutir os assuntos com os subchefes e receber quaisquer súditos. Eram as ocasiões em que se realizava grande parte dos trabalhos provinciais.

Comunicação: cerimônias nacionais

As cerimônias anuais, por outro lado, eram tanto nacionais quanto provinciais. Tinham orientação mais ritualística, mas os negócios seculares também desempenhavam papel importante. À época da Festa Damba, rito derivado do Maulude islâmico e que celebra o nascimento (ou circuncisão, dependendo do tempo e do lugar) do Profeta, todos os subchefes tinham que ir à capital e saudar seu superior provincial – e por vezes esses chefes provinciais tinham que comparecer ante o chefe maior na capital nacional. Ocasião equivalente para os axante, no sul, era a Odwira, Festa do Inhame Novo.

Desde 1931, quando os colonizadores britânicos tentaram reorganizar o reino de forma mais centralizada para criar uma estrutura administrativa subordinada, o chefe maior realiza uma cerimônia Damba na capital dos nyanga (e, a partir de 1944, em Damongo). Seus subchefes não comparecem todo ano. Em geral eles dançam a damba nos centros provinciais, com o comparecimento de seus próprios subchefes de aldeias distantes; é um indicativo do nível maior de descentralização dos gonja[37], em comparação com os axante, o fato de que na cerimônia correspondente Odwira que estes realizavam em Kumasi parece que sempre era exigida a presença dos subchefes.

Entre os axante o comparecimento era obrigatório não apenas em função de sanções terrenas mas também da autoridade sobrenatural; pois a Odwira ou

---

36. A espada era usada na divisão Gonja oriental dos kpembe; entre outros grupos, como os axante, era o bastão do representante.

37. Uso o termo "descentralização" de preferência a não centralização porque a evidência sugere que tinha ocorrido involução política antes da chegada dos britânicos.

Festa do Inhame Novo era a época em que os ancestrais retornavam à terra para receber, entre outras coisas, sua parte na colheita. Mas o aspecto político, isto é, a renovação da obediência e a comunicação, é muito evidenciado. Como observou Bowdich, chefe da primeira missão europeia a contactar os axante, essa festa a que "todos os dependentes e tributários" eram chamados a comparecer parece "ter sido instituída como a Panateneia de Teseu, para unir as várias nações em um festival comum" (1819: 256).

Cerimônias nacionais desse tipo, quer na Praça Vermelha de Moscou ou na Praça da Estrela Negra em Acra, ou a Parada dos Guardas Montados em Londres, sempre desempenham um papel afirmativo da estrutura existente de poder – especialmente porque o poder armado, árbitro derradeiro do poder político, é com frequência uma das características dominantes da exibição. Pode-se também distinguir um elemento "teatral" nas investiduras e cerimônias similares nas nações ocidentais. Mas em sociedades mais simples, os aspectos comunicativos da cerimônia, seu lado mais "informativo" de rituais de massa são mais específicos e mais intrínsecos; era esse o momento e o lugar de tomar decisões, de obter notícias, de passar informação, de reafirmar relações e desencadear disputas.

Quer regulares ou eventuais, essas ocasiões são similares em um aspecto de sua função política: ratificam numa situação de comunicação direta, cara a cara, as relações de subordinação e ascendência existentes no reino. Mas a exigência de que todos os subchefes comparecessem não representa apenas uma insistência nos gestos de submissão. Os subchefes são convocados porque o chefe maior precisa de seus conselhos e assistência; até hoje, esse dia é usado pelos gonja como uma oportunidade para tomar decisões e resolver (ou prever) disputas que a nova organização do Estado-nação permite serem julgadas por suas estruturas componentes.

Com o advento da burocracia sob a forma de governo nacional, o número e a natureza das decisões que os chefes do norte de Gana podem agora tomar são muito mais restritos do que no passado, mas eles ainda têm que ouvir disputas sobre competência e jurisdição. Tais conflitos são com frequência muito enraizados e despertam bastante tensão e hostilidade. Ainda que não necessariamente solucionáveis, os problemas são levados a discussão pelos envolvidos diante do próprio soberano. Este age em alguns casos mais como presidente do que como chefe supremo. Os disputantes declaram suas posições não tanto para o soberano, mas *por meio* dele *para* a multidão reunida e, consequentemente, em muitos casos a decisão dele reflete o senso comum da assembleia. Seu papel nessas discussões varia de acordo com sua habilidade pessoal; mas dificilmente teria se tornado chefe se não fosse capaz de manter sua posição em confrontos verbais desse tipo e, entre os axante, a preferência supostamente é dada àqueles que não têm um discurso apressado, impensado, embora tal padrão seja antes um ideal do que fato efetivo. Portanto, ouvir disputas é mais um exercício de juízo político do que uma forma de decidir sobre direitos ou erros segundo algum código estritamente definido, embora essa situação esteja mudando, mesmo em regiões remotas, com a crescente insistência de reduzir os "costumes" a fórmulas escritas. É verdade que a dominação colonial e o governo independente foram progressivamente desgastando o poder do chefe, mas raramente era tirânico o poder que ele exercia no passado. Há pouca evidência que sustente uma noção geral de despotismo africano e muito menos oriental como importante forma de organização política primitiva. A consulta oral garantia uma participação mais ampla na tomada de decisões do que sugere essa suposição.

Comunicação: centro e periferia

A questão do meio de comunicação interna e da forma de tomada de decisões tem a ver com a natureza das relações entre o centro e a periferia, discutida por Shils (1962) e outros. Quando a administração de um Estado depende da "audiência", do "porta-voz" e do "mensageiro", essa ligação tende a ser frágil se comparada com as potencialidades oferecidas por uma burocracia letrada. O Estado estava, portanto, mais sujeito a fragmentar-se e essa possibilidade de fissão de uma forma ou de outra exercitava constantemente as autoridades centrais. Os atos de rebelião muitas vezes visavam não a tomada de poder sobre todo o governo mas a separação em relação a ele; pela ruptura, uma província subordinada estabelecia um regime independente da terra-mãe. Quando tanto a comunicação com o poder central e a identificação com o Estado tendiam a ser fracas, "a tirania da distância" (para usar o título do estudo de Blainey da história econômica australiana, 1982) pode se fazer sentir plenamente.

Essa questão é claramente levantada na discussão de Abraham sobre a sucessão entre os nyamwezi da Tanzânia (1966), onde encontramos esse típico fenômeno africano da "proliferação de reinos". Segundo o mito nyamwezi, o reino Kamba original cresceu tanto que o chefe não recebia mais os tributos de peles de leão das aldeias distantes. Por conseguinte, ele concedeu essas áreas distantes à chefia dos filhos de sua irmã para que pudessem ser administrações separadas.

A área governada por um chefe expande-se até o ponto em que entra em choque com um bloco organizacional. Então já não pode mais crescer sem fissuras. De um certo ponto de vista, a proliferação de chefias ilustra o fracasso de uma organização em se desenvolver para incluir mais gente ou áreas maiores; são, por assim dizer, exemplos de devolução política. Refiro-me à ascensão e queda de estados africanos como os reinos Interlacustres, assim como do reino Kachim na alta Birmânia (FALLERS, 1956: 248; LEACH, 1954; FRIEDMAN, 1979). Mas a multiplicação de unidades políticas separadas não era o único caminho disponível para um Estado em expansão. O sistema de sucessão rotativa encontrado entre os gonja e em outros grupos (GOODY, 1966) é um recurso que permite a retenção de uma moldura política mais ampla, de um sistema estatal mais inclusivo, embora necessariamente de um caráter central frouxo que a noção de "superreino" implica (GOODY, 1967). O centro pode ser ritualmente forte mas politicamente fraco e a descentralização pode levar a longo prazo efetivamente a uma divisão e separação dentro de uma unidade nominal (como ocorreu entre os gonja ocidentais e orientais).

Essa proliferação de chefias está relacionada ao que Southall chama de "estado segmentário" dos alur (1953) e Barnes de "estado bola de neve" dos ngoni (1954), sendo uma característica amplamente disseminada dos estados não burocráticos da África. Outros exemplos são os axante e os nzakara, cujos reinos se fragmentaram num processo de expansão, levando por fim a tribos de múltiplos chefes em vez de estados unitários de dimensões maiores (EVANS-PRITCHARD, 1971; DAMPIERE, 1967). A presença de uma burocracia letrada, por outro lado, trabalha contra as tendências separatistas, fornecendo um fator de consolidação na construção do Estado – não apenas em função da comunicação e do seu conteúdo na hierarquia política e escala abaixo no setor doméstico, mas também devido ao uso de uma língua comum escrita (como na Idade Média europeia ocidental) ou de uma escrita logográfica comum (como na China) ajuda a superar a diversidade de línguas e dialetos falados e, em certa medida, também a diversidade de hábitos culturais.

Alguns estados africanos, influenciados pelo Islã, trilharam parte do caminho, especialmente o califado de Sokoto, no norte da Nigéria, que se estabeleceu em consequência da *jihād* fulani no início do século XIX. O islamismo já estava presente no Sudão Ocidental 800 anos antes e sua difusão dependia do conhecimento do Livro. Mas o Livro era escrito em árabe e essa era a língua que se devia aprender a ler e escrever, de modo que um avançado conhecimento da escrita estava limitado a uns poucos muçulmanos letrados. Obras eram copiadas e mesmo compostas na África Ocidental, mas eram poucos os usos da escrita para finalidades de governo. Tanto a língua haussa quanto a fulani seriam mais tarde escritas com alfabeto arábico, mas mesmo no califado de Sokoto a língua do Estado permaneceu sendo o árabe (LAST, 1967: 192). O uso da escrita era restrito em função da sua origem na palavra de Deus.

Um número considerável de cartas consulares foi composto na residência do vizir de Sokoto, sobretudo endereçadas aos emires dos estados haussa constituídos; são cartas curtas, consistindo muitas vezes apenas de uma saudação, enquanto outras contêm queixas, sobretudo acerca de escravos fugitivos, embora mais tarde se discutissem alguns problemas entre os emirados. Não se mantinham cópias das cartas enviadas; em alguns casos, eram enviadas mesmo pelo próprio escriba, uma vez que o vizir passava grande parte do ano percorrendo os emirados (LAST, 1967: 189), de forma que era pequeno o nível de burocratização. Além disso, embora esses estados muçulmanos tentassem impor as taxações prescritas pelo Islã, não parece haver registros de arrecadação e despesas. As finanças do Estado aparentemente baseavam-se mais em tributos e oferendas do que em impostos; ainda assim, esses e outros fundos sustentavam um certo nível de ilustração.

Os efeitos da escrita foram mais extensos nos campos literários. Os homens letrados que conduziram a *jihād* pretendiam restaurar a pureza ao islamismo praticado nos reinos haussas. Em conformidade com os ideais expressos em suas obras sobre a lei e a prática islâmicas, o xeique criou uma "administração elementar" (LAST, 1967: 229). Compunham-se livros para orientação dos administradores; mais eram copiados. Foram escritos livros de história para justificar e explicar ações passadas e também encontramos uma boa quantidade de literatura miraculosa, obras genealógicas, versos polêmicos, um guia para escrever cartas e até poemas de caráter pessoal. O uso da escrita foi talvez mais forte nas frentes ideológica e religiosa do que no âmbito administrativo. Só no século XX desenvolveu-se uma verdadeira burocracia.

A escrita nas administrações colonial e nacional

Fosse qual fosse o uso que alguns estados da savana africana faziam da escrita, o advento dos regimes coloniais produziu um extraordinário salto quantitativo, visível a quem quer que tenha estudado os registros documentais do cenário africano no século XIX. Como em outras regiões sob regime colonial, o sistema administrativo no norte de Gana passou por uma súbita transformação com a formalização dos escritórios e o uso de grande quantidade de papel.

Essa mudança ocorreu apesar de os novos administradores serem soldados de profissão, que preferiam fatos em vez de palavras, ação em vez de papel, e por temperamento quisessem apenas um nível mínimo de organização e atividade burocráticas. Mesmo assim, bastou aparecerem no cenário e imediatamente foi preciso manter registros sistemáticos das disputas que chegavam a seu conhecimento, dos impostos coletados e do dinheiro gasto; relatórios mensais, trimestrais e anuais tinham que ser submetidos em Tamale ao comissário-chefe, que por sua vez devia reportar ao governador da Costa do Ouro, que informava então o secretário colonial em Londres. A informação era peneirada à medida que passava pelas diversas instâncias. Durante a conquista militar, na última década do século XIX, praticamente cada comunicado escrito, cada relatório, cada despacho, cada telegrama tinha que ser enviado a Londres para publicação nos Registros Impressos do Parlamento. Com a pacificação, a papelada proliferou ainda mais, mas uma parte era mantida em arquivos locais. Cada distrito tinha livros de registros, aldeia por aldeia; a troca constante de correspondência mantinha um fluxo informativo em mão dupla entre as repartições centrais e os postos avançados, mesmo depois de já instalados o telefone e o rádio; além disso, o "diário informal" subsequente era um meio de comunicar informações menos urgentes de maneira mais casual.

No início da década de 1930, o governo colonial decidiu adotar uma política de Administração Indireta, criando um nível subordinado de governança baseado em costumes locais e conhecido como Autoridade Nativa. Isso gerou uma enxurrada de atividade escrita por parte dos administradores, que eram chamados a reportar sobre as práticas locais. Isso ainda significou não apenas reconhecer alguma forma de chefia (mesmo onde isso não existia no período pré-colonial) mas também entregar algumas responsabilidades jurídicas, fiscais e administrativas. Responsabilidades essas que necessariamente envolviam a manutenção de registros semelhantes, pois só assim seria possível reportar à autoridade superior e, em última instância, ao governo britânico.

No norte de Gana não havia de início funcionários disponíveis que houvessem frequentado a escola. Assim, em Gonja, as Autoridades Nativas empregaram os que podiam ler e escrever o idioma árabe. Para reportarem aos superiores, essa não era a mais útil das línguas, de modo que logo os postos vieram a ser ocupados por jovens formados em alguma das poucas escolas do norte, onde o inglês era o meio de instrução.

Os funcionários das novas Autoridades Nativas tinham que fazer os mesmos tipos de registro e submeter o mesmo tipo de relatório que o comissário distrital devia apresentar aos superiores; com efeito, uns supriam informações para os outros. Eram mesmo estimulados a manter diários informais semelhantes aos de seus superiores. O primeiro funcionário da Autoridade Nativa Yagbum, a do supremo chefe de Gonja, foi J.A. Braimah, que mais tarde se tornaria membro do Parlamento (como uma série de outros funcionários de conselhos do norte), depois ministro, comissário regional e, por fim, sucessor do próprio chefe supremo em 1982. Quando ele assumiu o cargo de funcionário em 1936, foi encorajado a manter um diário, que incluiu até comentários sobre a saúde dos touros da Autoridade Nativa. Cada uma das subdivisões de Gonja mantinha diários próprios, que tinham que ser submetidos trimestralmente (há referência ao recebimento de um deles, da divisão Tulugu, em 15 de agosto de 1942). Braimah adotou firmemente o hábito de escrever e continuou a registrar os acontecimentos até ficar claro, durante o regime Nkrumah, que os diários poderiam ser usados pelas autoridades políticas para investigar as atividades de seus autores. Tais tarefas administrativas parecem ter desenvolvido os talentos pessoais de Braimah e contribuíram para torná-lo um autor prolífico de obras publicadas e inéditas. Certamente a atividade estimulou um vigoroso interesse em registros, datas e cronologia.

O que se estabeleceu no período colonial, devo insistir, foi apenas o início esquemático de um moderno sistema burocrático; um único funcionário estrangeiro assumia virtualmente todo o espectro de tarefas que exigiam a administração e o desenvolvimento de uma área considerável num país estranho. Nos 80 anos que se passaram desde a conquista britânica, a estrutura administrativa multiplicou-se enormemente em sentido horizontal e vertical, levando a uma complexa rede de atos comunicantes em mãos de uma grande variedade de funcionários especializados, consultores internacionais e representantes políticos, cada um ligado a um ministro, departamento ou repartição diversos. Ao mesmo tempo, o advento do sufrágio universal e a participação de massa associada ao conceito de "democracia" estavam intimamente ligados à alfabetização disseminada. O registro do eleitorado requeria processos censitários e, embora a votação pudesse ser organizada com balcões de atendimento e cabines que exibiam símbolos gráficos, o registro e a contagem dos votos eram controlados por gente alfabetizada. Mais importante, só quem sabia ler e escrever podia exercer com eficiência as funções no novo sistema político, dada toda a papelada produzida pelo governo e pelo partido. Para candidatar-se a um cargo, alto ou modesto, era preciso saber ler e escrever.

A expansão dos registros escritos na África sob poder colonial é especialmente notável devido à penúria dos registros nativos. Na Índia, por outro lado, os registros escritos já eram substanciais no período mogul, não apenas em nível nacional mas também nos arquivos das coletorias de aldeia. Mas mesmo assim a burocracia deu um grande salto sob o domínio imperial britânico, que Smith (1985) descreveu no tocante aos aspectos complementares das práticas de registro e relatórios. Os registros eram de direitos e deveres fiscais, baseados em precedentes, compilados por "contadores" locais e segundo a noção de independência da comunidade da aldeia. Os relatórios eram feitos em inglês no nível distrital por funcionários britânicos, registrando costumes do povo; visavam melhorar o conhecimento dos colonizadores sobre os nativos e aprimorar sua governabilidade. O ápice desse tipo de relatório foi o Censo Indiano de 1872, acompanhado de um Levantamento Etnográfico, com estatísticas e a distribuição dos grandes grupos sociais, as castas. A coleta desses dados era regulada por uma série de manuais para sua racionalização e padronização; por exemplo, a compilação de genealogias, "crucial para a maneira como a sociedade local veio a ser representada" (SMITH, 1985: 167) e que era essencialmente uma forma gráfica de representação, tornara-se por volta de 1880 parte fundamental dos Registros de Assentamento.

O surgimento da regulação e normas desses registros formais é de importância decisiva para o desenvolvimento da relação entre governante e governados nos complexos estados com escrita. O laço etimológico entre governantes e governados ressalta a natureza do suporte que uns dão aos outros; a escrita torna essas regras explícitas, leva a sua formalização de variadas maneiras e muda assim a relação entre governante e governado.

O argumento é semelhante ao de Foucault (1979), segundo o qual na Europa dos séculos XVII e XVIII foi o desenvolvimento da estatística (conhecimento escrito acumulado sobre uma população em forma numérica) que levou à transformação da noção de governo, como indica a mudança de significado de "economia", que de administração doméstica passa a se referir a regulação da sociedade. O aumento de conhecimento pelo Estado representou um aumento do seu poder de governo; como na Índia e na África, conhecer dava governabilidade e as duas coisas implicavam o uso da palavra escrita.

Educação escrita, mobilidade e controle

Foram dessa forma criados na África novos canais de mobilidade e controle. Não apenas especialistas com domínio da escrita eram agora elegíveis para altos postos, junto com chefes hereditários e administradores estrangeiros; eles eram ainda mais importantes como "líderes de opinião", ajudando a formar ou expressar a opinião dos que haviam começado a exercer algum controle político através do voto.

A introdução do voto como principal instrumento para a sucessão na administração política (pelo menos no período independente inicial, pois no momento em que escrevo a força física está mais em evidência) incrementou o papel dos meios de comunicação de massa; o controle desses canais de comunicação, primeiro sob a forma escrita da imprensa, depois sob a forma falada e visual do rádio e da televisão, tornou-se um foco central na luta pelo poder político e econômico. Enquanto no século XIX a tomada do poder implicava em geral uma revolta, a rotina africana em meados do século XX foi ocupar os edifícios da mídia – a estação de rádio, o estúdio de televisão, a redação do jornal. E no último quartel do século ocorre outra mudança: a luta tende a envolver as forças armadas, a caserna, com a mídia desempenhando papel secundário. São graves as consequências disso para a atividade política e administrativa, uma vez que a legitimidade se esconde no cano das armas e a implementação de um programa político depende da crescente participação da polícia e do exército. O sistema legal, que para Fallers (1969) foi uma das grandes conquistas da África, sofreu profundamente, sobretudo na Uganda que ele estudou, enquanto em Gana diminuiu muito a importância dos advogados atualmente (1985). Tribunais militares e populares substituíram em grande parte os processos judiciais dos regimes pós-independência.

Estratificação

Tanto em relação aos canais de mobilidade quanto ao controle da mídia, a escrita teve importante consequência sobre o sistema de estratificação.

De há muito que a escrita confere um *status* elevado a seus praticantes. No antigo Egito as posições de elite eram inteiramente identificadas com a escrita (BAINES, 1983: 580), pois os títulos de "escriba" e "administrador de escribas" só se aplicavam a pessoas da mais alta posição. Nos tempos de paz pelo menos, os principais postos de comando do sistema social eram ocupados por funcionários que se situavam logo abaixo do rei. Nas novas nações africanas, não apenas se exige que os líderes em todos os níveis dominem a escrita, como a alfabetização geral é vista como um requisito da democracia de massas, por sua vez associada a um moderno sistema ocupacional – ligando-se assim educação, política e economia e tornando ainda mais estreita a relação entre *status* e ilustração letrada. Nesse novo quadro, as posições de político, sacerdote, profissional e empresário dependem todas da capacidade de ler e escrever, habilidades cuja universalização é parte de um credo inquestionável. No entanto, a noção otimista de que a alfabetização levaria a alguma forma de governo democrático em prol de um eleitorado informado é golpeada a cada novo golpe militar, embora alguns militares ou pelos menos alguns funcionários tenham que ser alfabetizados para governar o país e controlar o exército.

O impacto da alfabetização e educação em massa sobre os sistemas de estratificação é significativamente diferente nas sociedades africanas e eurasianas, ponto a que aludimos no final do último capítulo. Embora a situação sociopolítica na Europa tenha mudado de formas importantes com o advento do sufrágio universal, os proprietários dirigentes dos primeiros tempos, a aristocracia fundiária, a nobreza, mantiveram por longo tempo uma posição importante por controlarem recursos escassos. Na África pré-colonial, no entanto, a terra em geral não era um recurso tão escasso; o poder de um chefe dependia mais do seu controle sobre o povo do que sobre a terra. Por conseguinte, quando o sistema político mudou, com o advento, primeiro, do regime colonial e, depois, de um governo nacional, os dirigentes locais tiveram pouco em que se apoiar além da tradição. As habilidades letradas adquiridas na escola eram mais poderosas para determinar a "classe" do que ocorreu na Europa e ocorre, agora, na América do Sul; a escada da mobilidade educacional tem sido mais acessível, pelo menos até que os grupos letrados consigam tornar sua posição quase hereditária, ou seja, até que a elite se torne uma classe, uma vez que o acesso ao poder é menos restringido por interesses existentes, étnicos ou de classe. É verdade que os governantes coloniais estimulavam os filhos dos chefes africanos a ir à escola, mas em muitos casos outras crianças eram enviadas no lugar deles; além disso, pouca coisa os filhos dos chefes podiam levar de suas casas para a nova situação, em que acabavam se encontrando em pé de igualdade com as crianças de outros grupos. Desde o início, a educação teve um efeito dissolvente e, de certa forma, homogeneizante sobre a estrutura social.

A presença de papéis que exigem habilidades letradas introduz uma nova dimensão de complexidade no sistema de estratificação. Este encontrava-se, portanto, em forma embrionária mesmo naqueles estados pré-coloniais da África Ocidental que faziam uso mais do que mínimo da escrita oferecida pelo Islã. Entre os nupe do norte da Nigéria (NADEL, 1942), a capacidade de ler o Livro Sagrado ou interpretá-lo era importante não apenas para o julgamento de casos legais mas também como fonte de conhecimento secreto e sabedoria religiosa. As profissões que requeriam saber ler e escrever eram uma escada para a realização e também um sistema de "valores" em certa medida autônomos, que parcialmente escapavam às grandes hierarquias política e econômica. Mas tinham considerável influência sobre essas hierarquias, não apenas porque eram os intérpretes da palavra escrita, aqueles que comunicavam as leis ou eram especialistas em rituais, mas também porque, como vizires e escribas, assumiam tarefas administrativas em nome do governante (LAST, 1967). Entretanto havia, além disso, algumas pessoas, mulheres e homens, que criavam a palavra escrita, produzindo não tanto a matéria do intercâmbio político diário, mas novas obras acadêmicas ou literárias e comentários sobre as obras antigas. Algumas dessas obras apresentavam críticas, outras sugeriam reformas do regime político, e esta foi precisamente a origem da *jihād* fulani. Esses literatos eram os representantes embrionários de uma nova classe, a dos intelectuais.

Como intelectuais, estavam ligados a visões e "ideologias" alternativas, construindo uma tradição escrita de comentários críticos que seriam a base para a ação futura. Dessa maneira, escritores influenciaram sistemas políticos em toda a história da palavra escrita, não apenas administrando ou apoiando esses regimes, mas também ampliando o alcance da crítica e a oposição. Exemplos contemporâneos do poder da crítica e das ideologias são muito fáceis de observar, mas a importância da tradição escrita na modificação da ação política e da vida social remonta a Platão e Aristóteles na Grécia, a Mêncio e Confúcio na China, aos reformadores dentro e fora do hinduísmo, embora seja objeto de indagação se houve precursores ainda mais antigos no Oriente Médio. É questão de construir uma tradição de comentários a respeito na modalidade escrita.

Escrita e o processo político

Assembleias de debate

Há, naturalmente, outras formas de encarar a "política". Mas seja qual for o foco escolhido, a organização e o comportamento são influenciados de modo significativo pelo uso da escrita. Por exemplo, Finley (1983) acha que as assembleias de debate, que teriam sido inventadas na Grécia e em Roma, são a essência da "política". É bem assim que os africanos ocidentais de língua inglesa usam o termo "política" para referir-se aos períodos da história recente de suas nações, não tão frequentes, em que foi possível exercer o direito de voto em candidatos escolhidos pelo eleitor para representá-los numa assembleia relativamente livre.

Mesmo se limitarmos a noção de política à de participação popular, essa não esteve inteiramente ausente nas primeiras sociedades. Jacobsen (1943) escreve sobre uma democracia primitiva na antiga Mesopotâmia em que uma assembleia de cidadãos livres atuava também como tribunal de justiça (LARSEN, 1976: 10). Essa assembleia de chefes de família funcionava, segundo Oppenheim (1964: 112), como "uma reunião tribal que chegava a um consenso sob orientação dos membros mais influentes, mais ricos e mais velhos"; eles escreviam cartas, lutavam por privilégios fiscais e aceitavam uma responsabilidade corporativa por crimes[38]. O fato de que tais assembleias não eram meros fóruns para formalizar consensos mas arenas de debate fica claro num poema citado por Jacobsen (1943: 163):

> Não vá se levantar no meio da assembleia;
> Não se afaste do lugar mesmo do conflito.

Assim como os israelitas tinham suas tendas de reunião, também os deuses mesopotâmicos se reuniam em conselho em que as questões eram debatidas e se dava a luta política. Pelo menos em razão da política mais simples ou historicamente primitiva, faz-se referência a reuniões "tribais". Se para a maioria dos grupos a noção de tribo governada por uma assembleia democrática não é mais exata que a de tribo dominada por um chefe autocrático e se a noção de consenso pode talvez ser rejeitada em favor do "sentido da reunião", o fato é que conselhos e debates são encontrados em todas essas sociedades, sendo precursores das assembleias mais estruturadas posteriores e de sociedades mais complexas. Muitos e bem comprovados exemplos desses procedimentos orais são encontrados em relatos sobre as sociedades africanas mais recentes, sendo o mais detalhado o estudo de Bohannan sobre as discussões dos tiv da África Ocidental (1957). Claro que a escrita não é essencial ao desenvolvimento de assembleias democráticas em pequena escala, mas a ideia de uma assembleia representativa ou de uma votação secreta pressiona pelo uso de uma nova forma de comunicação. Como o poder da arma de fogo, a escrita pode ser uma força democrática, especialmente numa comunidade de maior escala do que aquela passível de dirigir através de relações pessoais diretas, cara a cara. No entanto,

---

38. Oppenheim chama também atenção para o trabalho de J.N. Wilson sobre "A assemlbleia de uma cidade fenícia" [The assembly of a Phoenician city] no *Journal of Near Eastern Studies*, 4 (1945) e ainda para o estudo de um historiador soviético, G.K. Sarkisian, sobre "A cidade autogovernada da Babilônia selêucida" [The self-governing city of Selucid Babylonia] (1952). Cf. tb. R.M. Adams, 1965. Sugeriu-se que em Assur o sistema de dar aos anos nomes de funcionários já representa a abolição do reinado vitalício que pode ter servido de modelo aos gregos (LARSEN, 1976: 192).

não teve consequências imediatas para a forma de governo democrática. Foram necessários 5.000 anos para difundir a todo o sistema social a capacidade de ler e escrever, para torná-la um instrumento da democracia, do poder popular, das massas. Mesmo assim, suas implicações igualitárias foram estritamente limitadas, uma vez que o conhecimento da escrita cria um outro eixo de diferenciação envolvendo o acesso a textos e sua criação. Hoje isso tem a ver em grande parte com a extensão da educação recebida; até recentemente, a escrita criava uma divisão radical na população entre as pessoas que sabiam e as que não sabiam ler e escrever. A proporção dos que sabiam ler e escrever flutuou muito com o advento dos sistemas fonéticos de escrita, especialmente com o alfabeto. Se na Europa medieval as proporções eram baixas, em Atenas o nível de alfabetização era provavelmente alto e mesmo no Egito romano (onde em grande parte a questão era a escrita em uma língua estrangeira) Hopkins (inédito) supõe um índice de 20%. Atenas era uma sociedade em pequena escala e não se pode dizer que o Egito romano fosse uma democracia[39]. Para processos de consulta informada operarem em unidades maiores, pelo menos antes do rádio, o uso disseminado da palavra escrita como método de comunicação indireta é praticamente uma necessidade, e isso significa não apenas a escrita alfabética mas também a impressão.

O desenvolvimento do processo de votação na Europa do século XIX disseminou-se junto com a escolaridade das massas. As duas coisas estavam ligadas à difusão de informação através dos jornais de grande circulação, revistas e livros. No entanto, a escrita acostuma-se não só a promover os governos e a participação neles, mas também a atacar os regimes existentes através da comunicação de massa nos lugares onde o sistema democrático permite isso ou por meio de publicações *samizdat* [clandestinas, em russo no original – N.T.] onde o sistema não o permite[40]. O ceticismo, a crítica e o descrédito não estão, naturalmente, ausentes das sociedades orais, mas sua expressão tende a se apagar a cada geração, mesmo nos lugares onde se torna explícita. Não há acumulação de ideias

---

39. No Egito romano, os usos "populares" da escrita eram nos setores legal e econômico. Pequena como era, Atenas empregava a escrita em uma forma de votação, com o debate estimulado pela apresentação das leis, da informação, dos tipos de argumentação e mesmo dos discursos dos oradores em linguagem visual. O poder da escrita fazia-se sentir em uma série de contextos políticos.

40. Um exemplo surpreendente do uso da escrita com tal finalidade ocorreu na revolta dos pretos, tanto escravos quanto libertos, na Bahia, Brasil, em 1835. Cativos sobretudo de origem iorubá e haussa foram aparentemente inspirados pela *Jihād* de Uthman dan Fodio de 1807, na Nigéria, na qual os textos tiveram importante papel para a reforma do país e a lealdade dos fiéis. Na Bahia também os rebeldes criaram escolas islâmicas, fizeram proclamações escritas e usaram textos para organizar a revolta. As autoridades em geral consideraram que a escrita foi um fator decisivo para o sucesso da organização e, por isso, forçaram os libertos que sabiam ler e escrever a voltar para a África Ocidental (GOODY, no prelo).

não conformistas. Os ataques à organização política existente em determinado momento tendem a tomar a forma de rebelião visando o restabelecimento da antiga ordem e não a reforma da atual, muito menos uma revolução. Em culturas com escrita os comentários individuais de filósofos e pregadores ganham uma forma permanente que, com a ampla circulação da palavra impressa, podem mais facilmente cristalizar-se em ideologias de contestação. Sonhos materializam-se do nada em concepções utópicas ou alternativas mais práticas tomam forma que permite à mensagem viajar amplamente no tempo e no espaço. A articulação da discordância em forma escrita leva ao surgimento de grupos dissidentes; o Manifesto, o Programa do Partido, a Escritura do Profeta, cada um desses textos cria um ponto onde os dissidentes podem se concentrar, dando origem a um agregado social, a uma coletividade de protesto. Como vimos, objeções a matar existem nas sociedades mais simples, mas sua adoção por grupos dissidentes parece exigir uma cristalização em forma escrita. Com efeito, como esses grupos são minorias, cujos membros se encontram amplamente dispersos, só quando o texto impresso fornece um meio regular de comunicação e exortação é que a dissidência realmente passa a se expressar e existir. Mais uma vez, trata-se das mudanças envolvidas no processo de tornar explícito o que era implícito.

Política no nível básico

No contexto mais amplo, a política é vista como a luta pelo poder e o uso desse poder, que vem a ser um aspecto da maioria dos comportamentos sociais, tanto no nível paroquial quanto no cenário nacional. Eu diria que, mesmo se lidamos com o comportamento político nesse sentido bem geral, a escrita continua a ser um fator significativo, pois constitui importante dimensão do poder em qualquer nível. A composição da agenda e o relatório escrito estruturam as decisões tomadas por uma comissão; os que leem e estudam esses papéis estão em posição de exercer o poder. Redigir minutas não é meramente uma tarefa de serviço mas uma função que pode influenciar as decisões tomadas.

Mesmo no nível societário, a escrita está ligada à distribuição de poder às outras "grandes organizações" semiautônomas, especialmente a Igreja. Pois registra crenças e práticas, ideologias e programas, exigindo assim a atenção dos especialistas. A autonomia da Igreja e, portanto, em certa medida, o seu poder dentro da sociedade estão assentados na palavra escrita.

O papel da escolarização

Para resumir este capítulo quero falar da influência da escrita sobre os processos políticos em uma região geográfica diferente, a dos índios cuna que habitam as ilhas panamenhas do Caribe.

O papel político dos membros "letrados" de uma comunidade no geral amplamente dependente da comunicação oral é bem explicitado nos estudos de Howe (1979,1985). Digo amplamente porque os próprios cunas desenvolveram uma forma de representação gráfica de tipo pictórico que parece ter servido de recurso mnemônico para a execução de cânticos e a recitação de mitos e lendas (NORDENSKIÖLD, 1938; KRAMER, 1970; MacCHAPIN, 1983). Essas representações assemelham-se às que encontramos nos rolos de casca de bétula dos ojibwa (DEWDNEY, 1975), servindo antes a objetivos ritualísticos e mnemônicos do que a propósitos mais amplos.

Os índios cuna estiveram em contato com os europeus desde o século XVI mas em uma situação difícil no país; habilmente manipulando um grupo estrangeiro contra outro, preservaram uma considerável autonomia até hoje, por conseguinte desenvolvendo seu próprio sistema político. Ao discutir essa evolução, Howe observa que não é fácil perceber como ela teria ocorrido sem a interferência da escrita. Pois, se a maioria dos cuna é analfabeta, as "aldeias têm usado bastante seus membros alfabetizados para registrar casos, leis, julgamentos e permissões, para organizar as finanças e o trabalho e para uma vasta comunicação externa". Em nível mais geral, ele vê um aumento da *formalidade* e *rotinização* dos procedimentos políticos. Listas, programações, leis escritas e procedimentos operacionais padronizados substituíram (embora apenas parcialmente) as expectativas difusas e acordos tácitos. Nenhum dos rótulos usados para regimes que passaram por essa mudança – seculares, modernos, burocráticos ou 'racionais', a pesada e etnocêntrica definição de Weber – é inteiramente satisfatório no caso, mas é óbvia a tendência geral". Ao mesmo tempo Howe identifica uma progressiva *secularização* e *individualização*. As duas primeiras características, formalidade e rotinização, são claramente ligadas pelo autor à existência de listas e programações, que foram alguns dos primeiros tipos de textos mesopotâmicos; identificamos também as outras como ligadas à evolução da tradição escrita. Na medida em que envolve a separação entre Igreja e Estado, a secularização tornou-se um dos nossos temas principais. Quanto à individualização (não necessariamente o mesmo que "individualismo", pois é mais um processo do que uma ideologia), podemos entender melhor como isso também está relacionado refletindo sobre a noção de responsabilidade (FAUCONNET, 1920).

Escrita e responsabilidade

Um aspecto da introdução da escrita é a maior precisão que dá às ordens vindas de cima e às reivindicações que partem de baixo. É menos fácil driblar uma ordem assumida por escrito e com assinatura da autoridade. Um compromisso pessoal "por escrito" também significa que a responsabilidade por dar e receber ordens é mais individualizada. Numa cadeia de mensagens orais (como acontece com o mito e as histórias folclóricas), a identidade do emissor original de determinada ordem pode facilmente se perder, ambiguidade que pode servir para proteger a autoridade suprema (que "não pode errar") das consequências de decisões infelizes[41].

A mesma busca de um registro preciso teve lugar no contexto das relações exteriores. O valor do registro preciso de um acordo (equivalente ao contrato escrito entre indivíduos) foi logo reconhecido. Como no caso mesmo do contrato, a forma escrita permite alcançar um entendimento mais complexo, mais variável, mais particularizado. A natureza do contrato é evidentemente central no sistema legal, que por sua vez é básico para o sistema de controle governamental, área em que Maine (1861) via a evolução do "contrato" a partir do *status* como a grande revolução da história social do homem. Como veremos no próximo capítulo sobre direito, essa noção exige certa modificação; o contrato escrito, no entanto, geralmente envolve uma atribuição maior de responsabilidade pessoal do que ocorre normalmente nas sociedades orais.

Falei do impacto da escrita sobre a política primordialmente nas fases iniciais desse processo. E o fiz em grande parte para indicar as diferenças potenciais que poderia fazer o seu advento, para delinear os aspectos gerais de contraste com os regimes políticos em que a comunicação limita-se à fala. Mas é claro que os efeitos da escrita são cumulativos, de variadas maneiras. Primeiro, o conteúdo da tradição escrita (o que está armazenado por escrito) aumenta continuamente; não apenas o arquivo de escritório se torna meramente um espécime de arquivo, como também as ideias, planos e ideologias recebem uma existência continuada por serem postos por escrito, alcançando assim uma certa imortalidade e constituindo a base para formulações posteriores e possivelmente renovadas dessas ideias. Segundo, mudanças na forma de escrita e também na sua difusão tornam esse recurso mais acessível à maioria dos membros da sociedade. Terceiro, os usos da escrita proliferam-se com o tempo; a imprensa, a reprodução mecânica da palavra escrita, possibilita a difusão de informação sobre acontecimentos e a ordem social. A escrita afeta os meios pelos quais se exerce o controle político através do voto secreto e escrito, que é deliberadamente o oposto do gesto aberto da mão erguida ou da exclamação verbal como técnica realmente democrática, refletindo a verdadeira opinião de cada indivíduo integrante da sociedade, expressa sem medo ou favor, de maneira privada e não pública.

Voltarei no último capítulo à forma geral com que diferiam os primeiros estados dependendo da presença e do uso que faziam da escrita. Aqui retomarei a questão que levantei no início deste capítulo, relativa a sua organização. Quando os

---

41. Claro que proteção semelhante do superior também ocorre em administrações com escrita, mas é menos fácil de ocultar. Para um exemplo interessante, cf. o relato de Prebble sobre o massacre de Glencoe (1966), que se volta para a interpretação (inclusive a negligência) de ordens escritas. Em parte trata-se, no caso, de fechar o olho, o que em geral é mais fácil do que fazer ouvidos moucos.

antropólogos sociais discutiam os sistemas políticos, geralmente se concentravam sobre a diferença na segunda metade da divisão binária entronizada em *African Political Systems*; essa divisão era na verdade tripartite (englobando também as organizações em bandos) mas entendida e com efeito formulada como uma divisão entre regimes tipo A e tipo B. Os estados tendem a ser criados como uma categoria unitária, mesmo residual, de modo que as pesquisas visam, por exemplo, desvendar a origem do Estado e não as origens (ou a evolução) de diferentes formas de estado.

De um ponto de vista sociocultural e também histórico essa categorização é inadequada e requer muito mais elaboração do que já teve. As noções mais históricas de desenvolvimento e classificação dos estados amplamente utilizadas por outros sociólogos e historiadores comparativos não são muito mais satisfatórias, a tal ponto eurocêntricas ao tomar a ascensão do Ocidente como seu paradigma de desenvolvimento. Ao fazê-lo, passam deslizando sobre importantes diferenças entre os primeiros estados e, assim, omitem a análise de mecanismos cruciais. A aplicação dos termos "feudalismo" e "burocracia" de maneira genérica negligenciou o papel das diferenças nos sistemas produtivos. Mais importante, especialmente no último caso, muito pouca atenção é dada às mudanças nos meios de comunicação. Um sistema administrativo sem escrita difere radicalmente de um sistema que emprega gente que sabe ler e escrever. Além disso, tal diferença é mais do que uma questão de organização social em qualquer sentido limitado dessa expressão – ela afeta culturas e a capacidade de resistir ao estabelecimento de hegemonias, potencial que por sua vez tem uma formidável dimensão política. Para pegar um exemplo aparentemente trivial, tentei num estudo anterior (1982) mostrar o papel dos livros de receitas culinárias na resistência às pressões exteriores de sociedades politicamente dominantes. Os livros de receitas são produtos literários ligados por sua vez ao desenvolvimento de uma *haute cuisine*. Se parece ridículo ligar a alta cozinha da China à capacidade do país de resistir ao Ocidente, as culturas escritas da China, do Japão, da Índia e do Oriente Médio funcionaram como escudo nem sempre contra a conquista militar mas em certa medida contra a conquista cultural das potências europeias, limitando os efeitos hegemônicos desse contato. As culturas das sociedades indígenas da África e da América, ao contrário, foram afetadas de maneiras muito mais devastadoras pelo advento do colonialismo europeu. Foi pelo menos parcialmente responsável por isso a ausência de uma tradição escrita, também relacionada a diferenças econômicas.

4
A letra da lei

Neste capítulo quero analisar, como fiz com os outros tópicos, até que ponto o próprio conceito de lei ou de direito é influenciado pela presença da escrita, para discutir então sua relação com a lógica (ou racionalidade), os procedimentos, as instituições e o conteúdo jurídicos. Se há muito a dizer sobre a aplicação da escrita ao direito no antigo Oriente Médio, para não falar na Grécia e em Roma, minha intenção em larga medida é contrastar a recente situação da África, por um lado, e a da Europa, incluindo a Inglaterra do início da Idade Média, por outro – em parte porque esse contraste esteve no pensamento de autores como Bohannan, Epstein, Fallers, Gluckman e outros que muito contribuíram para a sua análise. Com efeito, seria impossível examinar a situação sem fazer referência aos sistemas legais europeus, mais especificamente o anglo-americano.

O primeiro problema, ao mesmo tempo de gênese e classificação, foi levantado de forma direta por um escritor acerca do sistema legal da Babilônia e da Assíria. Sobre o período inicial, questionou, "permanece a questão de saber se se tratava de 'direito' ou de 'lei'. Havia promulgações da autoridade deixando claro o que era direito e em certos casos criando o direito onde antes não havia nenhum? Muita coisa sugere a existência de leis promulgadas, até mesmo de um código legal" (JOHNS, 1904: 39).

Quando cientistas sociais lidam com direito promulgado, codificado, às vezes encaram esse segmento da ação social como de um tipo formal, técnico, que seria melhor deixar com especialistas. Mas eu argumentaria que aqui estamos lidando com problemas, como indica a própria terminologia, do que é certo – direito – ou errado, como também de direitos e deveres, de leis e regras, de delitos e crimes, de costumes e normas que alguns consideram a base do estudo da vida social. Estamos tratando de ideias de justiça e de como a sociedade deve ser governada. E os usos específicos desses termos e conceitos não estão confinados a uma língua. Em francês, *le droit*, assim como os sinônimos *right*, em inglês, e *Recht*, em alemão, refere-se tanto a direção quanto a "conformidade à regra" (Robert) e deriva, como o adjetivo *droit*, reto, direto, do baixo latim *directum*; mais tarde, no século XVI, *la droite*, a direita ("aquilo que está do lado oposto ao coração") deslocou e substituiu o francês antigo *destre* (cognato a "dextro", hábil). Como no inglês para leis e costumes (através do francês, do latim *consuetudo* – com a palavra *mos*, também costume, dando uma outra série de derivados próximos), há uma espécie de paralelismo com *la loi*, que geralmente se refere à lei escrita ou, de qualquer forma, àquela que é "estabelecida pela autoridade soberana de uma sociedade e sancionada pela força pública" (Robert). O contraste é traçado claramente por Planiol no seu *Traité de Droit civil* (vol. I, n. 10): "le droit qui dérive de la coutume s'applle *droit coutumier*; le droit qui dérive de la loi s'appelle *droit écrit*" [em francês no original: "o direito que deriva do costume chama-se *direito consuetudinário*; o direito que deriva da lei chama-se *direito escrito*" – N.T.]. Assim, "droit" constitui uma categoria inclusiva acima do "costume" e da "lei".

Enquanto o inglês *law*, lei, parece vir de uma raiz escandinava significando "jazer" ou "fixar" (em anglo-saxão havia também *ae* e *doom*), o francês *loi* deriva do latim *lex*, possivelmente ligado a *legere*, ler (ERNOUT & MEILLET 1951: 630), ao passo que *ius* ou *jus* é o conceito mais inclusivo; "consuetudine ius est id quod sine lege" [em latim no original: "direito consuetudinário é aquele sem lei" – N.T.]. O costume resulta de acordo tácito, enquanto "[l]e caractère spécial de la loi explique au contraire qu'elle doive être écrite et promulgée" [em francês no original: "o caráter especial da lei explica, ao contrário, que ela deva ser escrita e promulgada" – N.T.] (ERNOUT & MEILLET, 1951: 630). Daí *legem figere*, "gravar a lei em bronze e afixá-la no fórum", e *legem delere*, "deletar, infringir a lei"; *ius* ou *jus*, donde justiça é o termo abrangente; *lex*, como o francês *loi*, o alemão *Gesetz* e, em certa medida, o inglês *law*, refere-se ao componente fixo, escrito. Mas o ponto importante para o contexto imediato é que estamos lidando com um conjunto de conceitos que de certo modo se sobrepõem e que se referem aos próprios procedimentos centrais em qualquer forma de interação humana. O termo *droit* compreende tanto regularidades quanto justiça. Refere-se aos direitos do homem assim como aos direitos estatais de impor deveres alfandegários, direitos aduaneiros (*les drois de douane*) ou *customs duties*, e impostos (*les impôts*), dos quais alguns são franqueados (*francs*). Em alemão, *das Recht* também tem a ver com o direito e com os direitos.

Em segundo lugar, como ficará claro, ao lidar com a influência da escrita na lei estamos examinando novas modalidades de organização para os negócios sociais, envolvendo em última instância, no processo de separação entre a corte real e a corte de justiça, a criação de outra "grande organização" com certa autonomia estrutural (variável nas diferentes sociedades). Mas em terceiro lugar, além da parcial autonomia da organização, há também o problema correlato da autonomia parcial do texto. Como sugeri num artigo bem anterior (GOODY & WATT, 1963), com a criação de um texto que se situa "ali" como objeto material separado do homem (que o criou e interpreta), a palavra escrita pode tornar-se objeto de um novo tipo de atenção crítica. Não apenas porque está "ali" fora, mas porque não podemos, como observou Platão, fazer perguntas que o próprio texto possa responder, ao contrário dos seres humanos com quem falamos. Além de que o texto é em geral mais difícil de entender, pois carece do contexto da fala, podendo muito bem ser resumido, codificado, generalizado e não ter nada a ver basicamente com o presente, por exemplo no caso de uma lei incluída no códice desde o século XVI. Em todos esses casos o texto requer interpretação, explanação, às vezes até tradução. Além disso, a criação do texto legal envolve uma formalização (p. ex., a numeração das leis), uma universalização (p. ex., a extensão de seu alcance pela eliminação de particularidades) e uma racionalização contínua. Racionalização deve ser entendida não como um processo que se oponha aos modos de pensar das comunidades orais, mas como um processo que reordene e reclassifique, embora por vezes não necessariamente esclareça, as palavras, frases e sentenças, a matéria com que lida o texto, e leve a comentários posteriores, quer escritos em primeira mão ou resumindo elaborações orais dos doutos sobre a obra original.

Comecemos com o problema da definição do que é lei, uma vez que, por mais vago que nos pareça um conceito do autor ou observador, não há nada a dizer para evitar inteiramente essa questão.

A definição de lei

Na Europa, a diferença entre lei e costume baseia-se em última análise no que está escrito ou não. Codificar um costume é estabelecê-lo por escrito antes de proclamá-lo lei[42]. O termo "lei" tem uma série de significados, muitos de largo alcance, mas, como vimos, um componente importante de muitos deles tem a ver com o código. Nos sistemas judiciais de sociedades sem escrita não pode haver distinção efetiva desse tipo entre lei e costume. Isso fica claro na cuidadosa análise de Gluckman sobre a ação legal entre os lozi de Zâmbia (1955), em que traduz o conceito correspondente a *mulao* como regras da ação correta, que engloba tanto a lei quanto o costume[43]. As duas coisas são uma só. Mas quando a jurisdição de um código escrito é promulgada sobre um largo território, algum conflito está fadado a acontecer, pelo menos de início, entre a lei nacional e os costumes locais (e, em alguns casos, com a "lei" religiosa). Na França medieval essa divisão assumiu uma forma territorial, dependendo se era enfatizado o

---

42. Cf., p. ex., a ação dos dois reitores da ilha bretã de Hoedic que no primeiro quarto do século XIX "élaborèrent une 'constitution' commune" [elaboraram uma "constituição" comum, em francês no original – N.T.]. Observaram velhas práticas familiares, usos, direitos e costumes antigos e então os "codificaram" (JORION, 1983: 42, citando ESCARD, 1897).

43. Fallers observa que primeiro pensou no conceito de *mu-lao* como uma forma bantu para "lei", mas Gluckman convenceu-o de que não era assim (1969: 331-332).

código ou o costume como fonte de uma decisão judicial; o país estava dividido entre o sul, conhecido como *le Pays du Droit Écrit* [em francês no original: o País da Lei Escrita – N.T.], que reconhecia o Direito Romano e a prática italiana relacionada, e o norte, *le Pays du Droit Coutumier* [em francês no original, o País do Direito Consuetudinário – N.T.], que enfatizava os usos locais. A Inglaterra era mais próxima da prática do norte. O Direito Comum britânico foi estabelecido no século XIII com a aplicação intencional da escrita para criar uma lei comum a todo o país, acima das diferenças e costumes locais, mas por outro lado independente dos modelos romanos.

A diferença entre esses regimes parece ter a ver com a observação de Weber de que o desenvolvimento de "subculturas legais racionalizadas" segue dois caminhos diversos. Na Inglaterra e em outros países de direito comum, foi obra de uma guilda de advogados a serviço de clientes privados, ao passo que no continente resultou do trabalho de acadêmicos encarregados de formar nas universidades os funcionários para uma burocracia estatal ou eclesiástica (FALLERS, 1969: 329; WEBER, 1947c: 42, 89). O resultado foram conceitos diferentes de codificação; havia o código baseado no modelo romano e o códice do direito inglês, ambos empregando a escrita mas de maneiras distintas.

Mais comumente, a diferença entre lei e costume tem uma dimensão hierárquica. No seu estudo sobre os basoga de Uganda, escreveu Fallers: "O direito consuetudinário não é tanto um tipo de direito, mas um tipo de situação legal que se desenvolve em contextos imperiais ou quase imperiais na qual os sistemas legais dominantes reconhecem e dão suporte à lei local de comunidades politicamente subordinadas. Como a comunidade camponesa com a qual é tão comumente associado, caracteriza-se por sua relação com um sistema mais amplo, mais instruído e politicamente mais poderoso. Geralmente o que se chama de direito consuetudinário não é escrito, mas é significativo que aqueles que escrevem sobre lei não escrita mas ainda de certa forma não 'acolhida' no sistema de ordem superior evitem usar esse termo; Barton escreve apenas 'lei ifugao', Pospisil fala em 'lei kapauku'. O direito consuetudinário é a lei popular em processo de acolhimento" (1969: 3). Em outras palavras, como distinção dentro de uma sociedade, é mais ou menos como a distinção entre "magia" e "religião". Costume é o que não está incluído no código ou sistema equivalente.

A visão do direito consuetudinário como lei popular em processo de "inclusão" no corpo maior da lei nacional representa uma consequência possível da situação imperial, que parecia provável na última e benigna fase da descolonização britânica na África; é questionável se um exame dos eventos mais recentes levaria a essa visão otimista do futuro. Duas outras possibilidades surgiram: em alguns casos práticas locais foram reforçadas ao serem escritas e, em outros, a lei nacional (distinta dos decretos ou decisões de tribunais militares) tendeu a murchar. A era da descolonização forneceu muitos dados para a teorização antropológica e sociológica, mas poucos diriam hoje que esse fascinante período foi mais do que um interlúdio histórico que produziu formas sociais extremamente específicas.

Examinando esse período, Fallers argumentou que a lei é tanto cultural quanto social e tem a ver com a institucionalização de valores "com os quais as pessoas estão tão comprometidas que se dispõem a impô-los a si mesmas de maneira autoritária" (1969: 2). A noção de que a lei reflete a estrutura sociocultural bem da maneira sugerida por Fallers (p. 315) já não seria mais inteiramente aceitável. A homogeneidade que supõe pode ser um modelo adequado para analisar uma comunidade acéfala e não estratificada como a dos lodagaa do norte de Gana. Mas mesmo em estados simples como o vizinho Gonja, que é uma sociedade multiétnica, tal modelo não pode adequadamente caracterizar um processo judicial que nem sempre é popular nem sempre acessível (p. 315). Em estados burocráticos os interesses legais e outros dos grupos dominantes podem divergir até de maneira radical dos interesses dos grupos subordinados. Essa diferenciação é uma questão que tem a ver tanto com o registro histórico quanto com a experiência contemporânea e não se pode permitir que uma abordagem holística varra os fatos para debaixo do tapete – mesmo no domínio do casamento e da família. Mas, bem longe de uma diferenciação hierárquica, a lei pode ter, embora geralmente menos que a religião, um grau limitado de autonomia ligado a uma tradição escrita que dá ao "Direito Romano", como à "Religião Católica Romana", uma certa independência devido a regras, tradição e organização próprias. Essa autonomia limitada está resumida no recurso ao precedente escrito da jurisprudência, típico da Inglaterra, onde não existe nem uma constituição nem um código escritos (ao contrário dos Estados Unidos no primeiro caso e da França no segundo). Mas todos esses sistemas são mais diretamente influenciados pelos desejos das autoridades políticas, que têm que sustentar as decisões dos tribunais, do que acontece com a atividade religiosa.

Ao discutir sistemas legais de forma comparativa, os antropólogos têm tentado justamente reavaliar alguns dos conceitos que surgiram no estudo da lei europeia. Malinowski estendeu a definição do termo "lei" para fora da esfera usual de aplicação a sociedades dotadas de códigos, tribunais e policiais. Ele queria indicar que as sanções sobre o comportamento humano deveriam ser consideradas em conjunto, por isso aplicava a palavra "lei" a qualquer norma que não fosse meramente um costume "neutro", assim como Llewellyn e Hoebel (1961), inspirados pelo "realismo" legal americano, viam a lei como uma regra cuja infração invoca uma resposta ativa, infração à qual alguém reage de alguma maneira.

Tribunais, polícia e códigos

É uma boa compreensão. Mas em sua defesa, como ressaltaram Pound (1942), Radcliffe-Brown (1933), Seagle (1937), Fallers (1969) e outros, não se deve dispensar a útil distinção entre sociedades com e sem tribunais, entre normas "legais" e "costumes". A distinção não é inteiramente binária, pois há instituições e práticas intermediárias. Mas diferenças importantes existem, como se pode ver até nas descrições das cortes pós-coloniais, que mostram distinção significativa e variada entre os tribunais dos anteriormente acéfalos tiv (BOHANNAN, 1957) e arusha (GULLIVER, 1963), de um lado, e os dos lozi e basoga, de outro.

As valiosas tentativas antropológicas de ver elementos comuns entre formas de disputa e suas soluções em diferentes culturas fizeram com que a lei fosse tratada como um conjunto confuso que abrange todas ou a maioria das formas de controle social. Tal abordagem está associada, *grosso modo*, a um viés antievolucionista que geralmente acha essa noção ligada ao progresso mas que muitas vezes é também a-histórica. Numa interessante introdução a um volume intitulado *O discurso da lei*, Humphreys caracteriza a lei como uma forma de discurso (1985: 254) mas ao mesmo tempo rejeita a necessidade de definir o conceito. A visão abrangente da lei é boa para alguns objetivos mas certamente não para outros. No geral leva a um empobrecimento da análise, em parte porque não consegue explicar de forma satisfatória a intervenção dos tribunais, dos governos, dos advogados e do povo no processo legal, em parte porque, se a lei é uma forma de discurso, deve mudar o modo como esse discurso é feito – por exemplo, ao formalizar "regras" por escrito. Referindo-se à obra de E.P. Thompson (1975), Humphreys diz que "o esclarecimento dos direitos de propriedade na lei inglesa nos séculos XVII e XVIII gerou uma deslegitimização dos direitos de uso de que antes desfrutava a população rural e a redefinição do exercício desses direitos como sendo roubo, furto etc." (1985: 247). Essa mudança é interpretada como resultado de uma falha na elaboração das leis pelos advogados. Podemos também vê-la como uma manobra deliberada para restringir os direitos populares ou como consequência em grande parte não intencional do uso da linguagem escrita (as duas coisas podendo ocorrer no registro de terras). Mas a questão é que a delimitação de práticas orais como regras escritas tem amplas consequências para os membros de uma sociedade. O código escrito não é em si responsável pela opressão ou a justiça, apenas lhes dá um formato diferente, ligado ao modo de comunicação, e não é o caso, portanto, de se fazer meramente uma troca de vestimentas culturais. É devido ao fato de não conseguir dar peso suficiente às grandes diferenças e também às grandes semelhanças entre as sociedades humanas (essa tarefa incômoda de atingir um difícil e afinal inalcançável equilíbrio) que a ciência social moderna em suas vertentes estruturalista e funcionalista contribuiu menos do que poderia para o avanço do estudo da sociedade. De um lado temos o particularismo cultural: o argumento de que toda sociedade difere é um truísmo de pouca utilidade que se aplica também aos indivíduos. Mas terão que ser consideradas separadamente em todos os contextos? E ao mesmo tempo o particularismo leva direto ao seu oposto, um universalismo com conceitos que tendem a ser aplicados de forma excessivamente genérica.

Deixem-me voltar àquele segundo elemento da caracterização genérica da lei com que iniciei: uma forma de controle social incrustada numa das "grandes organizações" especializadas e que opera através dos tribunais, da polícia e dos códigos.

O primeiro já foi discutido, mas a presença da polícia confere um outro aspecto diferenciador dos sistemas legais, que atua paralelamente aos tribunais. O papel dos encarregados de impôr a lei implica um grau de monopolização da força (ou, talvez melhor, um "controle supremo": YOFFEE, 1979: 16, acompanhando FRIED, 1967: 237) que caracteriza estados que utilizam algum instrumento para garantir a solução autoritária de disputas (RADCLIFFE-BROWN, 1940). Embora alguns cientistas sociais tendam a escrever como se a coerção fosse um fenômeno marginal, como se as decisões políticas fossem sempre tomadas com base em "modelos", ideologias, opção, a força no entanto está sempre lá, às vezes por trás da cena, mas em geral na frente do palco; sua aplicação e distribuição é que diferem nos sistemas centralizado e tribal (acéfalo).

No sentido mais geral do termo, o terceiro aspecto, o código, é igualmente importante na comparação e distinção dos sistemas legais, além de fundamental na presente discussão. O próprio fato de que as leis existem sob forma escrita faz uma profunda diferença, primeiro pela natureza de suas fontes, segundo pela maneira de mudar as regras, terceiro pelo processo judicial e, quarto, pela organização do tribunal. Com efeito isso afeta a natureza das próprias regras.

Estou usando a palavra "código" no sentido bem genérico da aplicação da escrita a um corpo de regras, embora seja claro que em muitos dos primeiros sistemas legais a escrita fosse usada muito mais para registros de casamentos, vendas, dívidas e testamentos. Mas "código" tem um sentido legal mais preciso, como em Código Napoleônico, que foi promulgado 150 anos atrás mas "ainda mantém seu valor universal, com artigos simplesmente sendo adaptados, acrescentados ou subtraídos de acordo com o desdobramento dos problemas sociais e a reação das legislaturas" (BOTTÉRO, 1982b: 413). Ao examinar o mais famoso dos códigos antigos, o de Hamurábi, o mesmo Bottéro questiona a aplicação a ele tanto do termo "código" quanto de "lei". Pois é incompleto, não tinha valor "legislativo" e foi recopiado sem alterações por outros motivos; não era uma tentativa de apresentar a totalidade das leis de um país. Não era, argumenta Bottéro, se definirmos uma lei como "regra imperativa de conduta, estabelecida e imposta por autoridade legítima", pois as instruções do Código de Hamurábi não são nem gerais nem universais mas derivadas da própria situação (p. 416). Além disso, carecem da "lógica" da maioria dos códigos legais, pois uma injunção parece ir em sentido contrário a outra (p. 417). O que está ali é um conjunto de decisões do rei, decisões da corte das quais se removeram os detalhes específicos dos casos; foi um modelo de tratado sobre o exercício do poder judicial.

A relação dos códigos primitivos com a "lei", no sentido de decisões judiciais, é ainda mais problemática no caso europeu. Os códigos anglo-saxões depois de Aethelberht foram descritos como sendo "mais literatura que lei" (DIAMOND, 1971: 53). Alguns códigos são "exercícios literários" usados para ensinar a ler e escrever e como instrumento de educação geral; quando há escribas especializados em lei, os códigos tendem a se tornar livros de direito, servindo de volta ao treinamento de profissionais e do público em geral. Alguns parecem coletâneas de julgamentos; outros são mais declarações sobre o que a lei deveria ser do que a lei propriamente; poucos, se é que algum, são o que Maine sugeriu: mera coletânea dos costumes existentes, uma vez que a escrita transforma de variadas maneiras aquilo que toca, por exemplo estipulando penas fixas onde prevaleciam penalidades variáveis[44]. Esse é simplesmente um aspecto da "própria rigidez inerente à ideia de código", isto é, código no sentido pleno, prático (EPSTEIN, 1953: 95).

Os primeiros códigos não eram do tipo napoleônico nem tinham a forma suposta por Maine, uma versão escrita do costume, embora isso constituísse um dos seus elementos. Por outro lado, eles deram importantes contribuições para o desenvolvimento da jurisprudência. O uso que eu faço do termo "código" cobre toda essa variedade de formas e faz alusão também à codificação dos procedimentos, que em geral eram mais importantes para a vida social.

Fontes da lei e mudanças de regra

Como observei, em sociedades sem escrita, mesmo onde existem tribunais, não há distinção efetiva entre "lei" e "costume" como fontes da decisão judicial, embora certas regras possam ser vistas como judiciais e outras não. Embora possa haver alguma especialização de cronistas e juízes que sabem mais que outras pessoas sobre as regras do bom proceder, todo mundo confia na transmissão dessas regras pelos canais orais. Por conseguinte, as fontes da lei tratam de manter uma ligação relativamente estreita com os outros aspectos do sistema social. Por exem-

---

44. Cf. Diamond, 1971: 45, que menciona um relato de Éforo preservado por Srabo para assinalar que os legisladores gregos fixavam as sanções e não as deixavam mais ser avaliadas à vontade, arbitrariamente, pelos juízes. Igualmente, os legisladores coloniais na África queriam um código escrito para aumentar a certeza da lei, eliminando variações locais e buscando "uma versão autorizada" (EPSTEIN 1967: 209).

plo, o montante do dote das noivas pode aumentar com o tempo se houver um crescimento do fluxo de bens relevantes na economia. Ou o dote pode ser substituído por trabalho das noivas quando há muita emigração masculina ou muitos homens trabalham fora do setor agrícola local. Ambos os processos ocorreram recentemente no norte de Gana. Mas essas mudanças não requerem intervenção de um processo deliberado de tomada organizada de decisões para produzir um aumento dos dotes das noivas de acordo com a inflação, nem para legitimar uma mudança da transferência de trabalho para a de bens. O que acontece é que pode ocorrer um ajuste gradual entre renda, trabalho e casamento em função de muitas decisões individuais e familiares, que estão sujeitas a influências comuns. Não digo que tais ajustes sejam inevitáveis, nem que decisões "legislativas" deliberadas não ocorram, mas que há maior flexibilidade no contexto oral.

Compare-se a situação em um sistema legal com a de um código escrito. Se os dotes ou obrigações de casamento são especificados por escrito, então há que se encontrar algum meio de alterar (ou ignorar) deliberadamente o código. Nos parlamentos modernos, grande parte das decisões tomadas pelos representantes do povo envolvem mudanças precisamente desse tipo, ou seja, a remoção deliberada de "anomalias" que na sociedade oral tenderiam a desaparecer por si mesmas de maneira quase automática. Mas uma vez assentados por escrito, os "costumes" não podem simplesmente desaparecer. Assim, se a escrita aumenta grandemente a quantidade armazenada de informação e, dessa forma, amplia as potencialidades da mente humana, também torna muito mais difícil o problema de apagar registros; em outras palavras, deletar é a outra face da moeda armazenar. Para dar um exemplo notável, a lei inglesa sobre a blasfêmia, embora não mais estipule desde 1677 (29 Carlos II c.9) a pena capital (*de haeretico comburendo* [a queima do herege, em latim no original – N.T.], ainda define como crime a sua infração pelo Direito Comum. Na prática, a regra escrita é aplicada raramente, se alguma vez o é. Como conseguimos modificar ou ignorar uma lei dessas? Ao dar uma decisão, o juiz levará em conta outras fontes legais além do mero código escrito. Uma dessas fontes constitui um precedente, uma outra decisão de uma corte competente. Outro fator é o reconhecimento das mudanças ocorridas na opinião pública. Embora ocorram mudanças deste último tipo em sociedades sem escrita, há aí menos espaço para o conflito direto, para o confronto aberto entre o velho e o novo. O velho desaparece mais rápido nos bastidores; de forma bem simples, é esquecido.

Um exemplo desse processo de fusão é descrito por Fallers no seu relato sobre o sistema legal neotradicional dos basoga da África Oriental. Ele diz que "arrendamentos formais – obrigações pelo uso da terra por determinados períodos e determinadas finalidades – violam o esquema conceitual herdado" (1969: 322). No entanto, a natureza vinculativa (e restritiva) desse tipo de contrato foi uma evolução "imperceptível" de prática anterior e segundo a crescente comercialização da economia basoga. Se a lei tivesse sido escrita, não teria mudado de modo "imperceptível".

Na lei escrita, o precedente é uma forma pela qual uma regra pode ser mudada, desde que um tribunal anterior tenha tomado uma decisão que possa ser utilizada em julgamentos futuros. Gluckman (1955: 23-24, 256-258) observou que essa fonte legal é pouco utilizada em sociedades orais. A razão é basicamente a mesma: precedentes verbais ou são esquecidos ou se fundem em julgamentos posteriores; não constituem uma categoria distinta, exceto talvez por curto espaço de tempo.

A relação do que precede e mesmo da natureza do pensamento legal com a escrita é revelada na análise de Epstein sobre as cortes urbanas "consuetudinárias" da África meridional, na qual faz um contraste com os tribunais europeus cujos julgamentos

> são *registrados* há séculos. Os casos foram resumidos, anotados, selecionados e submetidos a uma profusão de comentários. Com o tempo e os esforços de uma classe especializada de advogados, a lei tornou-se altamente categorizada. Nessas circunstâncias, a tarefa da corte é em certa medida simplificada porque, quando surgem novas situações, os fatos que revelam podem se encaixar em categorias existentes... Nessas categorias os tribunais podem buscar de forma imediata analogias com casos decididos anteriormente e aplicar o *precedente* apropriado. A lei consuetudinária africana, por outro lado, *não tem registros* e, embora certas infrações sejam indicadas por expressões vernaculares, os litigantes não têm que tratar seus casos segundo formas específicas de ação. Nem, até onde pude perceber, decisões individuais têm qualquer autoridade vinculante sobre a decisão de casos subsequentes (1954: 27, grifos meus).

Precedentes à parte, Maine distingue três maneiras de alinhar a lei a mudanças práticas: por Ficções Legais, por Equidade e por Legislação. Por Ficção Legal ele entende "qualquer suposição que oculte ou pretenda ocultar o fato de que uma regra legal sofreu alteração, a letra permanecendo inalterada mas a operação sendo modificada" (1931: 21-22). Tanto a jurisprudência inglesa quanto a Responsa Prudentium romana são categorias gerais dessas ficções – e ele cita a prática da adoção como um exemplo específico de sua utilização. Não estamos lidando claramente aqui com a relativa estabilidade da lei escrita ao longo do tempo, ao contrário da relativa flexibilidade da prática, do costume?

A segunda "instrumentalidade" pela qual a lei é adaptada a "necessidades sociais" é a Equidade, a justiça, definida como "qualquer corpo de regras existente ao lado do direito civil original, fundado em princípios distintos e querendo aliás substituir o direito civil em virtude de uma santidade inerente a esses princípios"

(p. 23). Por fim, há a Legislação, os atos promulgados por uma legislatura, quer sob a forma de um príncipe autocrático ou de uma assembleia parlamentar. As duas instrumentalidades são requeridas, porque a lei foi estabelecida por escrito e tem que ser modificada à medida que as circunstâncias mudem, quer deliberadamente por legislação, quer informalmente pela introdução de considerações gerais de justiça ou equidade.

No segundo capítulo de *Ancient Law*, Maine observa que uma diferença geral nas formas legais consiste no modo de mudá-las. "Uma vez a lei primitiva incorporada em um código, cessa o que se pode chamar de seu desenvolvimento espontâneo. Daí em diante, as mudanças efetuadas nela, se alguma houver, o são deliberadamente e a partir de fora" (1931: 17). Ele prossegue desenvolvendo essa observação, afirmando que se ocorreram mudanças nos primeiros tempos, raramente foram sujeitas a um "propósito estabelecido", pois eram "ditadas por sentimentos e modos de pensar que, com nossas condições mentais atuais, somos incapazes de compreender. Uma nova começa, no entanto, com os códigos". Depois que o código passa a existir, as "modificações legais" podem ser atribuídas ao "desejo *consciente* de melhoria" (p. 16, grifo meu).

Embora Maine aponte o problema, não avalia plenamente que o desenvolvimento espontâneo que comenta é o processo imperceptível de ajuste das normas que constantemente ocorre nas sociedades orais em resposta a pressões externas ou forças internas. O processo é imperceptível porque as normas têm apenas uma existência verbal, oral, de modo que as regras não mais aplicáveis tendem a desaparecer da memória armazenada. Mas coloque as normas por escrito sob a forma de um código ou estatuto e terá então que fazer esforços deliberados e conscientes para produzir qualquer alteração. Quer dizer que o governo nas culturas escritas tem que se ocupar em legislar para efetuar mudanças na lei que o costume, ao contrário, adaptaria mais ou menos automaticamente. E onde a lei escrita não foi formalmente alterada, recorre-se a ficções e outras fontes legais para adaptar o direito a situações efetivas. Embora Maine e mais tarde Gluckman tenham apontado essas diferenças, não as relacionaram especificamente à presença da escrita. As diferenças entre sistemas legais "primitivos" e "avançados", "simples" e "complexos" são descritas sem que deixem explícita (consciente) a influência desse mecanismo maior de contribuição.

As fontes da lei são evidentemente específicas a cada sociedade. Há, no entanto, certos aspectos que se acham mais amplamente distribuídos em sistemas legais escritos. Na teoria da jurisprudência islâmica sunita, o Corão, as tradições proféticas (*hadith*), a aplicação da analogia (*qivas*) e do consenso acadêmico (*ijma'*) são as quatro fontes reconhecidas da lei, além do uso hermenêutico da razão (*ra'y*). O costume, observa Udovitch, não é em tese uma fonte aceita do direito positivo. Mas especialmente para a escola hanafi, e particularmente na vida econômica, o costume ('*urf*), ou a prática ('*ada*) dos mercadores, é constantemente usado como um guia de conduta dentro e fora das cortes, de modo que efetivamente se torna uma fonte da lei (1985: 447, 457). Quer dizer, o "conhecimento local" modifica o "sistema legal universalmente válido... ali onde a inspiração, as origens e, pode-se mesmo dizer, a autoria mesma remontam a Deus" (p. 446). Deus "escreve" o Livro da Lei e Ele é antes de mais nada "de caráter universal", ao que acrescenta a qualificação significativa, pelo menos num sistema monoteísta. Tanto em direito quanto em religião, a "universalidade" do escrito tem que ser suplementada na prática pela particularidade local – ou seja, o costume.

Raciocínio legal

O recurso a precedentes e à legislação está ligado a diferenças na natureza do raciocínio jurídico e, na verdade, a diferenças de raciocínio mesmo. Tais diferenças não são, naturalmente, ligadas à capacidade mental inata, mas aos instrumentos, conceitos e programas disponíveis para a atividade intelectual. Isso fica bem claro no relato de Fallers sobre a lei neotradicional dos busoga, *Law without Precedent* (*Lei sem precedentes*, 1969). Ele faz um contraste intencional com o direito anglo-americano porque acha que a forma caso a caso assumida pelo recurso a precedentes está ligada ao raciocínio jurídico nas sociedades em processo de mudança. Novas situações surgem, as ideias das pessoas mudam e essas alterações são acomodadas pela utilização de conceitos ambíguos e o que ele descreve como "sistema de classificação em mudança" (1969: 18).

Embora a jurisprudência seja a norma do direito soga, no sentido de que pouco recorre a estatutos legais, ele "não tem nenhuma doutrina explícita sobre precedentes" (p. 19), em parte porque os juízes supõem a continuidade. Fallers argumenta que o processo de raciocínio legal por meio de "conceitos categorizantes" é similar mas difere na sua operação. Pois "não há doutrina explícita sobre precedentes e nenhum mecanismo de relato dos casos para colocar em prática uma doutrina desse tipo de forma sistemática. Os tribunais têm arquivos excelentes [obviamente essa é uma característica recente das cortes neotradicionais, J.R.G.]; mas não está prevista a seleção de casos precedentes e seu exame pelos juízes. Além disso, os próprios conceitos são um tanto diferentes – menos abstratos e generalizados" (p. 21).

O jurista Hart afirmou que a comunicação de "padrões gerais de conteúdo que multidões de indivíduos possam entender" é essencial ao direito e que isso se consegue com legislação e precedentes (1961: 121). Os soga carecem desses procedimentos que Hart considera essenciais para a mudança bem-ordenada. Em vez disso, cada seção de um tribunal soga representa um começo a partir do zero – não há autoridade fora da corte para decidir sobre as regras. Fallers explicou essa diferença em termos de sociedades estáticas e mutáveis; mas com certeza a questão é a maneira com que se concebe e se lida com a mudança na comunicação em diferentes velocidades. Agora estão sendo feitos registros escritos dos processos judiciais que, segundo Fallers, serão eventualmente usados para criar precedentes. "O uso da escrita serve para melhorar a preservação do registro dos 'fatos', mas não – pelo menos ainda não – aumentou a explicitude de comunicação dos conceitos legais" (1969: 314). Foi exatamente o processo que teve lugar anteriormente com a criação do direito anglo-americano e que se repetirá entre os busoga. Porque é a escrita que está na base das diferenças observadas por Fallers "entre sistemas legais... com juízes e advogados formados, relatórios legais e escolas de direito, e aqueles como o sistema soga, que carecem desses recursos mas ainda assim estão engajados, de certa forma, no mesmo tipo de trabalho" (p. 20). O raciocínio legal, que Fallers define como "a aplicação ao acerto de disputas de conceitos categorizantes que definem questões judiciais normativas" (p. 32), é diferente porque o juiz europeu pode cuidadosamente reelaborar decisões anteriores (precedentes) e assim preservar "o arcabouço conceitual da lei ao mesmo tempo que faz as mudanças mínimas necessárias para lidar com a questão que examina", ao passo que o juiz musoga se lembra de casos similares mas "relaciona cada caso diretamente a um conjunto de conceitos que leva em mente" (p. 32-33). A diferença significativa está na maneira como assimilamos a experiência e modificamos conceitos, partindo logicamente da aplicação do escrito. A assimilação é alcançada pela minimização da diferença e da mudança, que são obviamente menos fáceis de perceber se não há registros ou se são desprezados. Os basoga sem dúvida discutem os casos em disputa, mas o sistema legal deixa muita coisa implícita e os procedimentos raramente explicitam suas regras (p. 36). Fallers relaciona essa falta de explicitude à ausência de pensadores profissionais do direito. Mas devemos lembrar que a própria presença de tais pensadores na Europa está por sua vez ligada à elaborada organização institucional do direito europeu, essencialmente baseada não apenas na relação dos casos, no sentido de "fazer relatos" (atividade comum a todo discurso humano), mas também no exame do registro *escrito*. Acompanhemos a descrição de Fallers mais detidamente. "Repórteres coletam, analisam e publicam casos importantes. Estudiosos organizam ideias jurídicas e atos legislativos e judiciais em 'campos' coerentes. Filósofos refletem sobre as bases morais e intelectuais do pensamento jurídico. Legislaturas e juízes de apelação, de tempos em tempos, rearrumam partes da lei. Políticos e publicitários debatem os 'princípios' legais no fórum público" (p. 35).

Embora meu argumento esteja implícito na discussão de Fallers sobre a ausência de precedentes e legislação no direito soga, não vejo a diferença simplesmente como uma questão de tornar explícitas categorias e regras (por escrito, no meu argumento) que sempre estiveram presentes. É aí, acho, que me distancio dos pressupostos de muitos dos meus colegas. A meu ver, noção e natureza de conceitos e regras efetivamente mudam no processo, tanto na forma quanto no conteúdo. Epstein diz algo parecido no seu estudo sobre as cortes urbanas: "Como o direito consuetudinário permaneceu não escrito, suas categorias nunca foram formalizadas" (1954: 29). O sistema como um todo jamais é submetido a revisão para revelar suas inconsistências. Não que os processos mentais básicos e as instituições análogas estejam ausentes das culturas mais simples. Mas a diferença entre pensamento implícito e explícito, entre contemplar o texto ou analisar uma emissão oral, entre a capacidade de examinar uma disposição não apenas interiormente mas também visualmente, de captá-la não só com o ouvido mas também com o olho, pode sob certos aspectos não ser uma diferença grande mas é de fundamental importância para o desenvolvimento do que chamamos de raciocínio. A leitura permite um maior distanciamento do que a fala entre indivíduo, linguagem e referencial, uma maior objetivação, o que aumenta o potencial analítico da mente humana.

Fallers dá um excelente exemplo dessa diferença: "Para qualquer um acostumado a pensar que a argumentação legal contém um elemento de discussão explícita de regras ou conceitos sobre o que é errado, as transcrições de julgamentos soga parecem indicar um total *non-sequitur* [em latim no original, conclusão ilógica – N.T.]. Às vezes os *non-sequiturs* são recheados de aparentes contradições..." (1969: 320-321). Ele prossegue dizendo, no entanto, que "nem os *non-sequiturs* nem as contradições são realmente tais". Mas com certeza são e não são; com a explicitude da escrita, vêm a ser (embora não necessariamente de forma imediata, como Fallers indica na p. 314) *non-sequiturs* e contradições tais como os conhecemos. E essa forma de conhecer (que afeta nossa epistemologia) é extremamente importante para o desenvolvimento da ação social e a cognição no sentido mais amplo de nosso entendimento do mundo.

Organização judiciária

A escrita afeta não apenas as fontes da lei e o raciocínio jurídico mas a própria organização judicial. A relação do direito com a sociedade formaliza-se com o advento da escrita. Como não há mais uma adaptação quase homeostática das normas, a lei escrita alcança uma espécie de autonomia própria, assim como os órgãos judiciais. A corte de justiça gradualmente separa-se da corte do rei ou do chefe, adquirindo especialistas próprios altamente letrados, alguns dos quais exímios na exposição oral dos casos, argumentando e advogando em nome de seus clientes, e outros em dar assistência legal.

O desenvolvimento de advogados especializados, distintos dos conselheiros, foi uma notável característica do período clássico de Roma, embora talvez já existissem na Mesopotâmia. Em Atenas, no entanto, a advocacia não era uma profissão; um litigante tinha que defender pessoalmente seu próprio caso, embora pudesse dividir com outros que o apoiassem o tempo de discurso a ele reservado. Depoimentos de testemunhas não eram incluídos nesse tempo, mas de 378 a.C. em diante esses depoimentos tomaram a forma de declarações por escrito preparadas com antecedência e que a testemunha tinha que confirmar ou negar sob juramento quando aparecia na corte.

Temos cerca de 100 discursos (ou grandes fragmentos de discursos) aos tribunais, atribuídos a dez famosos escritores, embora por vezes de forma dúbia. Tais discursos eram às vezes retocados para publicação e circulavam entre os atenienses (HUMPHREYS, 1985, inédito). Já então encontramos relações e informes legais e autores de discursos escritos, sendo estes uma ocupação estranha à perspectiva das sociedades orais.

A organização interna dos tribunais também torna-se mais elaborada porque o recurso a precedentes e, talvez, a jurisprudência em qualquer escala exijam a manutenção de registros. Mas esse não é o único papel dos relatórios legais, pois também podem ser úteis para a checagem, controle e revisão posteriores dos julgamentos por tribunais de apelação ou funcionários administrativos, como também para finalidades mais filosóficas.

Os registros escritos requerem a existência de funcionários cujo trabalho dá forma permanente aos duelos verbais e decisões tomadas. Os juízes também precisam entender que a palavra escrita como lei é cada vez mais incorporada em coletâneas e sumas. Nessas circunstâncias, a profissão legal torna-se uma ocupação de especialistas letrados e o direito cada vez mais é subtraído das mãos "leigas" do homem das ruas. Normas legais não mais residem na memória de cada um (ou pelo menos na dos mais velhos), podendo ser agora literalmente encerradas em documentos que só especialistas na palavra escrita podem desenterrar. O costume torna-se uma questão do que as pessoas sabem e fazem, a lei é a que está no código, cujo conteúdo pode depender da interpretação que o especialista faz da vontade popular, do poder político, da conveniência burocrática ou da "lógica" interna do pensamento jurídico. As implicações a longo prazo dessa dissociação entre lei e costume, que é ao mesmo tempo uma diferenciação dos dois reinos, com o mundo escrito geralmente recebendo prioridade, são radicais para o desenvolvimento da sociedade e do indivíduo.

Formas legais

A escrita estimula um formalismo de outro tipo. Certos aspectos do processo legal ocidental, mais nos sistemas de direito estatutário do que de jurisprudência, foram herdados do Direito Romano, cujas fases iniciais caracterizaram-se pelo "formalismo de ação". Tal expressão refere-se à "tendência de dar a cada ato legal uma forma definida" (SCHUZ, 1936: 24), processo que parece decorrer da escrita, ainda que nem sempre a escrita tenha sido considerada essencial ao próprio ato legal. De acordo com Schulz, os documentos tinham valor meramente de evidências, embora preservassem detalhes adicionais aos quais se faziam apenas referências de passagem nas fórmulas orais. Houve, no entanto, uma mudança geral de direção. O uso da escrita serviu não só para formalizar os procedimentos legais em geral, mas para mudá-los de maneiras substantivas. Por exemplo, o documento podia servir para simplificar a fórmula falada que recorria a ele por detalhes, enquanto uma *lex* projetada era publicamente anunciada por escrito antes de se proferirem os votos.

Contrato

Uma das intervenções mais óbvias da escrita foi nos contratos. Segundo Maine, a grande revolução da humanidade foi do *status* para o contrato. Claro que existem formas de acertos contratuais nas sociedades orais. Como esses acertos produzem novas relações, em geral temporárias, entre indivíduos e grupos, as transações envolvidas nos acordos têm muitas vezes que ser lembradas e referidas no futuro. Para isso, é preciso depender da memória e da longevidade das "testemunhas oculares", embora isso tenha limitações muitas vezes reconhecidas pelos próprios atores por causa dos muitos conflitos que acarreta, fato que torna essas sociedades abertas à adoção de formas melhoradas de testemunho ou registro. Contratos que envolvem uma série complicada de arranjos variáveis são evidentemente mais difíceis de fiscalizar nas sociedades orais que seguem a prática do "costume". São certamente mais suscetíveis de reinterpretação por cada uma das partes contratantes, sendo mais sujeitos à situação de poder do momento; a ambiguidade inicial pode não ser maior mas é inevitavelmente mais ampla a chance de uma reconsideração seletiva, consciente ou inconsciente.

A ausência de um registro escrito coloca um limite no alcance e variabilidade contratuais. Por exemplo, na hipótese de um casamento, a família do noivo transfere quatro cabeças de gado à família da noiva. O contrato escrito (distinto do código escrito) aumenta o potencial de especificação, pois cada contrato pode ser moldado pelas partes à efetiva situação presente. Não quero alegar que pagamentos variáveis de dote sejam apenas uma característica das sociedades com escrita; se há qualquer ligação positiva entre uma e outra coisa, deve-se quase certamente a outros fatores. Além disso, há muitas exceções: entre os axante, a natureza e montante das prestações matrimoniais dependem da condição da noiva. No entanto, variações nesse tipo de transação em sociedades orais geralmente têm que ser formuladas de maneira bem simples. As que envolvem, digamos, um casamento melanau em Sarawak são muito mais complicadas (MORRIS, 1953: 129-133) e quando um registro dos presentes tem que ser feito, para o caso de dissolução do matrimônio, a escrita permite um maior alcance, maior certeza nessas transações dentro dos moldes de uma fórmula concertada, o contrato.

O contrato, portanto, não estava ausente das sociedades orais, mas em situações urbanas sua incidência aumenta, uma vez que as interações tendem a ser mais simples, especialmente quando a escrita serve para focalizar a atenção num aspecto específico da transação, que já não é mais entre parentes mas estranhos. Por um lado, a lei tribal com frequência não consegue impor a execução de contratos (EPSTEIN, 1953: 93); por outro lado, a lei escrita elabora a "concepção do advogado sobre o contrato em abstrato. É uma concepção técnica e teórica que se dá por um processo de abstração de um número crescente de fatos e própria para aplicação a inúmeras formas de transação" (DIAMOND, 1971: 379). É clara a importância da escrita para a forma do contrato, para a elaboração da noção através de um processo de "abstração", pela formulação de "um abstrato", e para o surgimento de notários especialistas – o que constitui um paradigma dos usos da escrita para o desenvolvimento social e intelectual.

A insistência de Maine sobre a importância da mudança do *status* para o contrato e a discussão de Durkheim sobre o papel do contrato para a mudança da solidariedade mecânica em orgânica foram muito influentes na descrição das grandes transformações dos sistemas legais. O aumento das relações contratuais estava certamente ligado, como tanto Spencer quanto Durkheim indicaram, à mudança de uma economia doméstica para uma economia industrial e comercial que empregava trabalho assalariado; são homens livres, e não escravos, que fazem contratos. Por outro lado, a proliferação de contratos formais seguiu-se também ao uso da escrita. Pensem apenas no desenvolvimento dos contratos escritos matrimoniais e de transações no Egito antigo, no judaísmo, na Etiópia cristã, nos países islâmicos, na Grécia, em Roma, na Inglaterra do século XVIII, nos "escritos" do Condado de Clare. É verdade que hoje os sindicatos anglo-americanos já efetivamente abandonaram os contratos formais que regulam propriedade conjugal, embora os entendimentos implícitos (os elementos não contratuais do contrato) e os controles legais sejam muitos. Nem jamais foram tão importantes como sob o sistema de notários locais. Mas na França e outros países que seguem o Código Napoleônico, esses contratos sobre posse e distribuição de propriedade são um *sine qua non*, e assim também em muitos lugares antes de Napoleão. E longe de se confinarem a relações de afinidade, contratos escritos entre gerações adjacentes na mesma família, por exemplo entre pai e mãe, entre filho e nora, foram muito disseminados na Europa continental, quando os pais transferiam a fazenda ou outra propriedade aos filhos. Em vez de confiarem nos filhos, estes tinham que se submeter a um contrato escrito (uma espécie de hipoteca) que podia especificar os detalhes da comida e roupa a ser fornecida aos velhos, quais cômodos e portas da casa eles podiam usar. Lendo esses documentos (que continuam a existir na França rural e em outros países), ficamos espantados de ver como a piedade filial tem que ser levantada em quantidades exatas, contada e assentada com jargão de advogado.

No comércio, a influência dos contratos foi ainda maior, como observamos ao discutir a velha caravana mercantil da Assíria. A prática continuou por toda a história do Oriente Médio. Séculos depois, Maomé disse: "Ó, vós que credes, ao contratardes uma dívida por um prazo estabelecido, assentai-a por escrito" (Corão, Sura II: 282). Por que assentá-la por escrito? Antes de mais nada, ao que parece, porque isso evita discussões (mesmo entre parentes próximos), evita a usura (*riba*), conceito que se aplicava a uma série de "pecados" comerciais, e, por fim, facilita o desenvolvimento do comércio (UDOVICH, 1985).

A influência da linguagem escrita sobre os contratos não limitou-se à forma ou conteúdo, estendendo-se à busca de clareza, assim como alguns argumentaram ser o caso com a aprendizagem em relação aos programas de computadores. "Nos contratos (escritos)", escreve Johns (1904: IV), "encontramos homens batalhando pela exatidão do que é declarado, pela clareza de dicção... Cada frase é técnica e legal, a um ponto que muitas vezes desafia a tradução." A luta pela clareza e o desenvolvimento de um campo especial são temas constantes na análise da influência da escrita sobre o direito.

Testamentos

Ao usar a escrita para o casamento e a hipoteca, as transações podem tornar-se mais complexas e sob certos aspectos mais vinculantes, uma vez que ficam mais explícitas em termos de ação legal. Ao mesmo tempo, as transações tendem a ser menos vinculantes e complexas quando sanções sobrenaturais estão em jogo, pois essas são geralmente sugeridas, aventadas, e não expressas, de modo que a redução à escrita reduz sua eficácia; a separação entre lei e religião, tanto nesse nível quanto no das grandes organizações, é também um processo de secularização.

Há um outro domínio em que a escrita dá uma maior flexibilidade à opção individual, obrigando antes a geração seguinte do que a atual. Por meio do testamento escrito, decisões pouco usuais dos atores não podem ser tão facilmente engolidas e dribladas pelo "costume". Deixe-me dar um exemplo concreto do que quero dizer. Quando estava em Birifu, povoado lodagaa no norte de Gana, fiz amizade com um ancião chamado Bonyiri. Ao contrário da situação na maioria das famílias, seu filho mais velho, San, que vivia na mesma casa que ele, cuidava de uma roça em separado devido às várias discussões que tinham tido no passado. Quando San começou seu próprio cultivo, o pai lhe deu um pedaço de terra. Mas Bonyiri ficou com a maior parte da terra, que ele mesmo lavrava com os outros filhos. No entendimento do velho, San já havia recebido a parte dele no patrimônio, ainda que menor do que seria pelo princípio da partilha igualitária. Mas depois que coloquei esse assunto em discussão, alguns anciãos do mesmo ramo do clã puxaram-me de lado e me disseram que, independente da vontade de Bonyiri, a terra seria distribuída igualitariamente após a sua morte; explicaram que, de outro modo, os ancestrais iriam atormentar os vivos por não dividir a terra de acordo com as normas existentes, as mesmas pelas quais ela já tinha passado desses mesmos ancestrais para seus descendentes. Por conseguinte, quando o velho Bonyiri morreu, seus desejos sobre a disposição da propriedade foram de fato ignorados.

A possibilidade de "alienação" da propriedade familiar por uma espécie de testamento existe em algumas culturas orais. Entre os axante há um procedimento conhecido como *samansie* (literalmente, o que é posto de lado pelo morto) pelo qual um indivíduo pode legar propriedade a certos tipos de parentes "não herdeiros", contanto que a transferência seja adequadamente testemunhada por representantes dos que estão sujeitos a sair perdendo. Mas, como entre os lodagaa, tais presentes são sempre sujeitos a subsequente revisão após a morte do testador, fato que está incorporado no provérbio que diz: "Quando um fantasma faz uma distribuição injusta de sua... propriedade, os vivos farão uma redistribuição" (RATTRAY, 1929: 339).

Tais formas existem, mas o uso da escrita acrescenta outra dimensão à disposição testamentária. Mesmo hoje, nenhum testamento é necessário, contanto que um indivíduo fique satisfeito com as normas do que os advogados curiosamente, embora de maneira previsível, chamam de herança "não testamentária", isto é, herança pelas normas do costume, sem um testamento escrito lavrado por especialista. A questão de um testamento só surge se alguém pretende modificar esse entendimento costumeiro e deixar mais para uma amante do que para a esposa, mais para um empregado do que para um filho; se pretende distribuir alguma propriedade de maneira especial ou se quer ter certeza de que sua vontade será respeitada.

Um exemplo contemporâneo dos prováveis efeitos da introdução do testamento escrito é dado por Colson no seu estudo sobre os tonga da África meridional. Ela observa que entre eles a forma escrita do testamento tende a designar um único herdeiro ou, pelo menos, a cancelar os direitos mais gerais que os parentes podem ter à propriedade do morto. A própria noção faz a transmissão de propriedade depender mais do desejo, da vontade do testador, do que de costumes imemoriais. Não que as sociedades orais ignorem por completo os desejos do testador, mas nelas esses desejos tendem a ser mais facilmente subestimados do que se fossem expressos por escrito[45], embora mesmo aí a

---

45. Entre os tsuana uma pessoa que se sentisse lesada apelava ao chefe caso um testamento fugisse de modo considerável às regras habituais de herança (SCHAPERA, 1938: 230). Sobre os iorubás modernos, cf. Lloyd, 1962: 290ss. (DIAMOND, 1971: 376).

tendência da lei seja colocar restrições à possibilidade de o indivíduo deserdar seus herdeiros "naturais".

Como o testamento pode ser a expressão dos desejos de uma pessoa em oposição ao costume, com frequência é instrumento de mudança social. O testamento escrito, lavrado por um profissional e com a assinatura de uma testemunha desinteressada, torna mais simples legar uma propriedade de maneira flexível, permitindo arranjos mais elaborados e personalizados. Dá-se o mesmo no caso de alienação de uma propriedade em vida. No direito anglo-saxão, a reserva de direito foi um método de romper a herança consuetudinária e por isso muito estimulada pela Igreja, em cujo benefício se exerceu com frequência essa liberdade para dispor dos próprios bens; era um ato escrito de "livre-vontade" que permanentemente alienava uma propriedade de quem pelo costume teria direito a herdá-la. Era igualmente um procedimento individualizado que permitia às pessoas fazer disposições especiais que seriam asseguradas após a sua morte, arranjos difíceis de contornar devido à forma escrita das sanções legais. Como vimos, os desejos pessoais do testador nas culturas orais, embora expressos talvez com igual liberdade, tendem a ser engolidos na prática comunitária, que encara "justiça" e "liberdade" de maneiras diferentes.

A importância do testamento escrito, com sua liberdade de disposição, não é em lugar algum mais clara do que na cláusula de abertura da Lex Baiuvariorum (DIAMOND, 1971: 51), que diz o seguinte:

> Sempre que uma pessoa faz um testamento e dá sua propriedade à Igreja para redenção de sua alma [cf. Pr 13,8], que seja livre para fazê-lo com seu próprio quinhão depois da partilha com os filhos. Que ninguém a impeça; nem rei nem duque nem ninguém tem poder para impedi-la. E seja o que for dado – casas, terra, escravos ou qualquer outra propriedade – para a redenção de sua alma, permita-se que o confirme de próprio punho por escrito, trazendo 6 testemunhas, ou mais se quiserem, para apôr suas mãos sobre o escrito e marcarem seus nomes a pedido da pessoa. Que a deixem então colocar o escrito no altar e entregar o dinheiro na presença do padre local. E que a partir daí não tenha mais poder sobre ele, nem seus descendentes, a não ser que o defensor da Igreja se disponha a conceder-lhe esse favor, mas que as coisas da Igreja sejam defendidas pelo bispo, seja lá o que for dado pelos cristãos à Igreja de Deus.

Situação semelhante está surgindo na África contemporânea, onde o testamento é com frequência utilizado para dar preferência aos filhos em relação a irmãos e filhos das irmãs. Sempre houve tensão nos sistemas patrilineares entre as transmissões adélficas e filiais, assim como nos sistemas matrilineares entre as transmissões aos filhos e aos filhos das irmãs. A tensão aumenta quando há maior diferenciação, especialmente de riqueza. Observei esses problemas (1962) entre os lodagaa. Colson também observou que entre os tonga são os ricos (e seus filhos) que desejam ter o direito de fazer testamentos para contornar a herança matrilinear, ao passo que os pobres querem manter o sistema atual (1950: 31). Pois dessa forma os direitos coletivos (ou melhor, os direitos dos parentes mais distantes no grupo de descendência) podem ser colocados de lado em prol de direitos individuais (ou melhor, os direitos de parentes mais próximos fora do grupo de descendência). Assim Colson resume os prováveis efeitos da mudança:

> 1) A influência dos grupos matrilineares será enfraquecida e a ligação entre os vários grupos matrilineares provavelmente desaparecerá.
> 2) Haverá uma concentração de riqueza ao longo das gerações, em vez de uma distribuição geral a cada morte. Isso pode levar a fissuras na sociedade de Tonga entre fazendeiros e a maioria dos que ainda controlam pequena propriedade.
> 3) Haverá uma mudança de herança para filhos e filhas.
> 4) A autoridade do pai será fortalecida.
> 5) O foco do medo à feitiçaria vai passar ao interior da própria família.
> 6) Provavelmente haverá um aumento de preços dos feitiços e possivelmente de casos de envenenamento.
> 7) A situação dos filhos que não moram com os pais – filhos ilegítimos ou que deixaram a casa paterna com a mãe após um divórcio etc. – vai provavelmente piorar, assim como a das mulheres divorciadas ou solteiras, que não mais terão asseguradas suas pretensões no grupo matrilinear (p. 34).

Claro que há vantagens e problemas no registro de testamentos, títulos fundiários, nascimentos, casamentos e divórcios. Para as administrações nacionais e coloniais as pressões generalizadas para essa burocratização são evidentes. Mas há também razões mais específicas em função não apenas de estatísticas para planejamento e taxação, para evitar disputas e apelações judiciais (em que os registros são importantes), como também ligadas à distribuição de benefícios. O que é especialmente verdadeiro na vida mais anônima das cidades. Numa aldeia todo mundo sabe quem é casado e quem é divorciado; numa cidade uma certidão tem valor extra, tanto para os indivíduos como para os tribunais. "O efeito do registro", escreve Epstein, "é aliviar as cortes judiciais da tarefa de estabelecer a validade do casamento através de um árduo processo de exame e convocação das necessárias testemunhas. O registro é uma *prova* fácil do casamento" (1953: 60, grifo meu).

A boca e a mão

O uso da escrita envolve uma mudança parcial de instrumentos humanos, da boca para a mão, que tem um efeito significativo sobre as formas legais, especialmente as "simbólicas". Quando um axante era condenado à morte, sua boca era imediatamente fechada com um espeto, para evitar que amaldiçoasse o chefe que julgara o caso. Considera-se que o poder da maldição, em termos de eficácia, depende não apenas de uma visão especial da interação de forças do universo mas da ideia de que uma força especial está ligada a certas fórmulas verbais, sejam pragas, juras, feitiços ou bênçãos capazes de agir sobre um indivíduo. Os que relutam em aceitar essa cadeia causal tratam essas fórmulas verbais como expletivos, desrespeitosos ao homem e possivelmente a Deus, mas cuja eficácia está na ofensa recebida.

Fazer uma jura, jogar uma praga, lançar um feitiço e dar uma bênção verbalmente dão à boca uma importância especial. Na língua dos lodagaa, a expressão *kuono nor*, "a boca grita", descreve o ato de jurar ou praguejar; para pôr fim à situação criada por esse ato verbal é preciso "tirar a boca", procedimento que remove o perigo da ação mística.

O órgão que corresponde ao canal escrito é a mão, que constitui um foco paralelo de significado em expressões como "na minha própria mão". A caligrafia adquire um peso especial como sinal do "caráter" e o equivalente do juramento oral é a confissão assinada. A assinatura efetivamente se torna um substituto da pessoa, pelo menos nos cheques. Mas não é apenas um cartão de identidade, tão pessoal quanto a impressão digital, mas também uma declaração de verdade ou consentimento.

Prova

Nos casos de formalismo processual, contratos, testamentos e, como veremos na próxima seção, registros de títulos fundiários, tão essenciais nas transformações contemporâneas do Terceiro Mundo, a prova escrita tem geralmente mais valor de verdade nos tribunais do que o testemunho oral. Isso foi assim desde o início. Entre os primeiros tipos de texto a surgirem, no final do antigo Império Egípcio, por volta de 2150 a.C., estavam "cópias de decretos e procedimentos legais e importantes contratos particulares, que poderiam ser exibidas para tornar públicas e perpetuamente válidas as suas disposições" (BAINES, 1983: 577). Mais tarde começaram a aparecer nos registros preceitos éticos que parecem ligados à tentativa de evitar litígios. Bem longe das versões monumentais de documentos legais e dos processos judiciais escritos do antigo Império, encontramos "o uso de documentos como evidência primordial..., a citação de precedentes e do direito estatutário... e um código legal... O arquivo minucioso de registros servia às instituições legais... Matérias legais podiam ser 'publicadas' em forma monumental em local protegido mas acessível" (p. 589)[46]. Se Baines

---

46. Baines me diz que esse documento é agora considerado mais um "manual de direito" do que um "código", mudança de opinião que também já ocorreu em relação ao "código" de Hamurábi (p. ex., BOTTÉRO, 1982b; YOFFEE, 1979: 16). O uso que faço do termo "código" é em sentido menos preciso que o dessa distinção.

vê a maioria dessas práticas como resposta às necessidades que nas sociedades orais podem ser atendidas de forma diferente, com o advento da escrita "elas adquiriram um notável rigor e geraram novos modos de comunicação, como o direito de um súdito fazer petição por escrito ao rei" (p. 589). Baines considera que a criação dos testamentos (que tecnicamente eram escrituras de transferência retardada, incluindo testamentos de mulheres e para mulheres) pode ter reduzido os conflitos. Certamente os testamentos foram de grande importância para aumentar a flexibilidade e reduzir conflitos. No entanto, há outras áreas em que o uso da escrita faz diferença significativa para o sistema legal, mesmo considerando estados tão legalmente conscientes mas orais como o dos lozi (GLUCKMAN, 1955, 1965). Vejamos, por exemplo, a influência da escrita sobre as noções de prova relevante, questão discutida por Epstein (1954) e Gluckman. Não pretendo negar a validade da relação que estabelecem entre ideias de relevância e a predominância de relações múltiplas em vez de singulares. Eles argumentam que, no primeiro caso, é "lógico" que os juízes ouçam muitos depoimentos e argumentações e examinem muitas provas para poder desvendar os fatos, uma vez que a disputa envolve pessoas cujas relações se sobrepõem de variadas maneiras. Mas nos tribunais "modernos" o conceito muito específico de prova não é simplesmente atribuível à precedência de relações singulares. Além disso, a situação é afetada pelo novo canal do discurso. A própria admissão da prova escrita promove uma definição mais estreita de relevância, quando nada porque os documentos têm que ser selecionados de antemão e são submetidos a decisões precisas. O controle das provas é certamente menos fácil com testemunhos orais, com depoimentos que tendem a divagar, a não ser que assistidos por anotações policiais ou perguntas dos advogados.

A influência da escrita entra, portanto, nos próprios procedimentos da corte, não se limita ao registro de casos, que pode servir de base para o recurso a precedentes e apelações, nem ao registro de transações ou à produção de provas, mas permite também delimitar a área de disputa e as questões em jogo, com importantes consequências para a noção de relevância. Epstein observa que temos que buscar a essência do modo de lidar com os casos não no corpo de regras, no conteúdo da lei, mas no "processo dentro do qual são disputadas as alegações e assentados os casos" (1953: 25). Por exemplo, como não há clínicos legais, os processos judiciais tomam a forma de depoimentos, em vez de exames. Isso ocorre em parte devido à ausência de "razões" no direito consuetudinário, termo técnico para os documentos judiciais relacionados ao caso e que definem seus parâmetros. Nos processos orais, por outro lado, a natureza do caso e o remédio buscado em geral só se revelam no curso da audiência (p. 26).

Por conseguinte, esses processos operam num contexto maior e com uma ideia mais ampla de relevância. Os membros da corte "estão cientes do elemento de dever de justiça do caso, com o qual o tribunal inglês estaria sobremaneira preocupado" (p. 29), mas eles visam avaliar a conduta de todas as partes e buscar reconciliação. Isso é em grande parte em função das relações sociais múltiplas envolvidas. Mas ocorre também que o uso de documentos serve para limitar as questões e promover noções mais precisas de prova e verdade.

A mudança para a escrita funciona como uma força motriz que leva a um conceito mais formal de prova e, em certo sentido, de verdade mesmo, assim como no nível do raciocínio, como vimos, ajuda a transformar ideias de como podemos usar o passado (com o recurso a precedentes) e dispor sobre o futuro (através de legislação). Pois o processo legal está intimamente ligado à noção de verdade. O *riht* anglo-saxão significa tanto lei quanto direito, costume e justiça (DIAMOND, 1971: 60). O Código Legal de Kiev era conhecido como Pravda [a Verdade, em russo e ucraniano – N.T.] de Jaroslav. E quando surge a escrita, a preocupação com a verdade no tempo passa a ligar-se intimamente ao uso da evidência escrita, ideia que é claramente declarada no superdetalhado Código Visigótico de Reccessiwinth ("a Lei do Livro") promulgado em c. 654 d.C.:

> Que o juiz, para entender bem o caso, primeiro interrogue as testemunhas e depois peça os documentos, de modo que a verdade possa ser desvendada com mais segurança e não se limite facilmente a um juramento... Mas que se façam juramentos nos casos em que as investigações não descubram escrito ou prova ou sinal seguro da verdade (II.1.21; DIAMOND, 1971: 304).

O juramento de purgação é visto como a segunda melhor forma de prova e "sinal seguro de verdade", sendo a escrita a mais aceita, especialmente para transações fundiárias.

O registro de título

De todos os procedimentos legais afetados pela escrita, as mudanças envolvidas na posse da terra pelo registro de título estão entre as de maior alcance para a sociedade como um todo. Quando fui trabalhar entre os lodagaa do norte de Gana em 1950, uma florescente Estação Agrícola estava estabelecida nas vizinhanças fazia uns 10 anos. A terra tinha sido adquirida com essa finalidade pelo governo após consulta à população local. Aquisição talvez não seja o termo certo, pois o governo colonial tinha desde o início declarado toda terra propriedade da coroa. De qualquer forma, haviam reservado dinheiro dos fundos da Autoridade Local (Nativa) para ressarcir os que tinham direitos sobre a terra – isto é, os "donos" para efeitos locais. No entanto, esse dinheiro nunca foi reivindicado, uma vez que não havia como alienar a terra segundo os costumes – certamente não pela venda, embora um indivíduo pudesse ter permissão de cultivar um lote cuja posse ele não reclamara antes mas que, com o tempo, talvez viesse aos poucos a ser vista implicitamente como dele sob os aspectos mais relevantes.

Uma razão para a ausência de alienação completa é que, como muitos observadores assinalaram, a terra não tem um "dono" único. Grande número de pessoas reivindica a mesma parcela, dando origem ao que Maine chamou de "hierarquia de direitos", o que realça de maneiras sutis importantes relações sociais (GLUCKMAN, 1947; FORTES, 1945). Quando surge o registro de títulos, quer numa situação de conquista, de expropriação ou de modernização, esses complexos arranjos muitas vezes têm que ser resumidos numa única rubrica do registro de terras que tenta atribuir a "posse" (i. é, o nexo total de direitos) a um indivíduo, em vez de especificar todas as reivindicações de amigos e parentes. Seja qual for o nosso objetivo, acabamos tendo uma lista, uma tabela, que coloca determinada porção de terra no nome de uma só pessoa e às vezes de uma corporação ou organismo semelhante. A hierarquia diferenciada ou distribuição segmentária de direitos tende a se agregar numa fórmula.

Preciso esclarecer a questão geral. Um contrato escrito pode introduzir elementos de variabilidade e perpetuidade que são menos prováveis de encontrar numa sociedade oral. Mas quando se trata do resumo de situações complexas em listas administrativas, a verdade é o oposto; a escrita despe as relações sociais de seu contexto complicador e "mata para dissecar". Por exemplo, o contrato no direito soga neotradicional é firmado entre indivíduos mas as consequências inevitavelmente atingem parentes não incluídos (FALLERS, 1969: 317). Como incorporar esses direitos num contrato escrito, ainda por cima às linhas e colunas de um registro de terras?

As implicações do registro são dramáticas. Já mencionei o uso da escrita por corpos eclesiásticos para obter terra de unidades familiares ou corporações. Na Inglaterra anglo-saxônica a "terra registrada" se opunha à "terra do povo", esta última de posse consuetudinária (transmitida oralmente), aquela adquirida pela Igreja. Assim, a escrita era um meio de certificar e legitimar a alienação de terra que de outro modo estaria sujeita a reivindicações familiares. Ela excluía os interesses mais amplos de família[47].

No norte de Gana, mais recentemente, terras "comunais" não utilizadas passaram a ser apropriadas por fazendeiros interessados em ampliar as áreas de novos cultivos com fontes não humanas de energia (GOODY, 1980). Precisavam registrar a terra em nome próprio para levantar empréstimos bancários ou com uma agência do governo para comprar tratores. A posse consuetudinária não

---

47. Já no antigo Egito o título fundiário e de outras propriedades importantes (p. ex., escritórios que podiam ser vendidos) era "registrado", no sentido de que documentos eram depositados em repartições do governo (Baines, comunicação pessoal).

permitia a um indivíduo nem terra suficiente nem garantia para um empréstimo. Para obter o dinheiro e adquirir um trator, era necessário ter um documento no qual o nome do tomador, o "grande fazendeiro", aparecia junto com a área de terra que ele "possuía", pondo de lado qualquer possível reclamação de parentes ou da comunidade. O registro era, portanto, uma forma de alienação, o que gerava ressentimento entre os despossuídos, resultando em protestos sob a forma corriqueira de queima de plantações. Em todo o mundo, a prova escrita de propriedade tem sido requerida por comissários, juízes e colonizadores. Por causa disso, seja em Fiji, em Porto Rico ou no sudoeste dos Estados Unidos, povos sem escrita, analfabetos ou semialfabetizados têm sido privados das terras que originalmente eram deles.

O exemplo específico que quero dar é da República Centro-americana do Panamá, uma vez que representa um padrão comum da conquista colonial. O sistema atual de posse da terra está intimamente ligado ao passado colonial do país. Como ocorreu no norte de Gana com os britânicos, na época da conquista espanhola todos os direitos da terra no Panamá foram tomados pelo colonizador, que então cedeu grandes porções a súditos favorecidos por terem servido à coroa como militares ou administradores civis. Essas concessões formaram a base da propriedade fundiária atual da elite panamenha (WEIL et al., 1972: 111), que até recentemente controlava 56% das terras de propriedade privada no país, embora com área total bem menor do que as de propriedade estatal. Em outras palavras, através da conquista o novo governo tomou todos os direitos sobre a terra, transferindo parte dela aos que lhe prestavam serviços. Embora os ocupantes anteriores, os indígenas dominados pelos conquistadores, continuassem a exercer direitos de uso, não tinham títulos para reivindicar as terras nos tribunais, o que geralmente requeria alguma forma de legitimação escrita.

O mesmo que acontecia com os "nativos" se dava com os inúmeros "camponeses" ou *campesinos*, geralmente *mestizos*, resultado das misturas raciais de imigrantes, indígenas e africanos, que cultivavam a terra sem ter títulos juridicamente reconhecidos. Uma pesquisa em 1966 mostrou que 66% dos trabalhadores agrícolas panamenhos eram posseiros desse tipo, com os restantes 34% constituídos de rendeiros e proprietários. Em 1970, apenas 15%, no máximo, possuíam a terra que trabalhavam, na maioria pequenos lotes.

Essa situação persistiu, apesar da introdução de leis de reforma agrária destinadas a facilitar a transferência de títulos em fazendas ocupadas e apesar da ampla disponibilidade de terras cultiváveis. Com a independência em 1903, quando o novo governo assumiu as terras da coroa, fez um esforço para aumentar a propriedade camponesa. Parte das terras já tinham sido vendidas a aldeias como propriedades coletivas, trabalhadas em sistema comunal ou cedidas a famílias (embora não possuídas por elas). Fizeram-se planos para romper as posses comunitárias e os lotes estatais para uso camponês. Mas os *campesinos*, "analfabetos e desinformados, deixaram na maioria de reivindicar títulos ou tomar as medidas necessárias para adquirir as terras em que viviam e trabalhavam desde gerações" (WEIL et al., 1972: 111).

Por conseguinte, a "ocupação por posseiros" é a forma predominante de posse, com famílias sem terra ocupando áreas vazias, construindo suas casas e fazendo seus roçados. Em geral não são expulsos, em parte devido às dificuldades que sempre há para desalojar camponeses, em parte porque sem eles a terra provavelmente ficaria abandonada. Enquanto isso, os posseiros pouco fazem para mudar sua situação. "Embora muitos pudessem adquirir sua própria terra por concessão da reforma agrária ou mesmo comprando, preferem a familiaridade do esquema já estabelecido", que lhes dá mobilidade e também liberdade face a impostos e outras imposições (WEIL et al., 1972: 111-112).

Mas fora as vantagens para o "posseiro" de escapar dessas responsabilidades, há a questão da legitimidade do sistema existente. Foi a república (anteriormente, a coroa) que assumiu o controle de uma área pela força física, depois legitimou esse controle com reivindicações em papelada e mais tarde redistribuiu a terra assim adquirida e fez surgir grandes proprietários. Não é de surpreender que indígenas sem escrita ou camponeses analfabetos deem pouca atenção a essa papelada, a não ser quando forçados pelo poder do Estado politicamente organizado, que se apoia não apenas na força mas nas normas e julgamentos por escrito.

Uma situação análoga ocorre em relação a direitos mais de reprodução do que de produção. Indígenas, *mestizos* e negros juntaram-se em uniões "regulares" e semipermanentes, gerando e criando filhos. Mas as novas disposições legais escritas definiram o casamento com proibições eclesiásticas e, depois, com uma cerimônia na igreja em que detalhes do matrimônio (como na Europa a partir do século XVI) eram primeiro registrados na paróquia e depois nos ofícios civis. Todos os casamentos sem registro escrito são definidos como uniões de direito comum ou alguma forma de concubinato. Nesse sistema, a pergunta "você é casado?" significa na verdade "você tem uma prova escrita de ter falado certas fórmulas matrimoniais escritas"? Quando uma parte da população, mesmo a maioria, tem outra forma, não escrita, de definir uma união conjugal, sua legitimidade e a dos filhos pode assim carecer de reconhecimento "legal" e ser posta permanentemente em dúvida. A lei escrita, portanto, é altamente parcial em todos os sentidos da palavra, favorecendo os poucos que sabem ler e escrever às expensas dos inúmeros analfabetos. Se tal "ilegitimidade" pode não ter importância caso essas pessoas também não tenham direitos de propriedade que a lei escrita reconheceria, seus filhos correm o risco de perder quaisquer direitos aos olhos da lei. No entanto, em todos os outros aspectos a união conjugal pode ser perfeitamente normal. Como observam os autores de um manual sobre o Panamá (WEIL et al., 1972), "[a]pesar das mudanças, os conceitos e atitudes hispânicos tradicionais em relação à família ainda prevalecem largamente, mesmo nos lares criados por uniões informais" (p. 113). Nem é de espantar que "[n]a classe urbana mais baixa e entre os camponeses o casamento informal seja tão comum quanto o matrimônio formal". Mas a natureza dessas uniões pelo direito comum difere de forma interessante nas áreas rurais e urbanas. No campo, a maioria das uniões é duradoura e acarreta plenas responsabilidades, enquanto nas cidades (e em partes das zonas rurais) "os arranjos casuais são em geral menos permanentes e o abandono do lar pelos pais é bastante comum" (p. 113). Nas aldeias, as sanções dos amigos e parentes ajudam a manter as uniões conjugais, mas no anonimato das cidades, onde prevalecem as sanções "legais" (e onde a legalidade é considerada parcial), essas uniões são mais frágeis e mais esparsas, em parte em função do sistema diferente de emprego e mesmo do apoio.

Note-se que não há conexão necessária entre uniões não registradas e a chamada família matrifocal (ou o marido desertor) – tipo de família com um só genitor –, uma vez que a maioria dos casamentos nos grupos socioeconômicos inferiores não tem registro, seja qual for sua constituição. Mas numa sociedade estratificada, especialmente onde poucos direitos à propriedade ou *status* são transmitidos dos pais aos filhos, em outras palavras, entre as classes mais baixas e despossuídas, o registro faz pouca diferença. Portanto, os casamentos informais, assim como os títulos sem registro, podem ser vistos como relativamente isentos de responsabilidade, pelo menos da parte do homem, e permitindo o tipo de "mobilidade", especialmente na sociedade católica, que o casamento formal inibe, mesmo quando o divórcio é permitido. Nem tal "liberdade" é uma característica apenas dos casamentos nas classes inferiores: indivíduos de grupos socioeconômicos mais altos podem querer deliberadamente evitar os direitos e deveres envolvidos no casamento "legal". Tradicionalmente essa foi a função de um certo tipo de concubinato, incluindo o "concubinato clerical". No Brasil, o clero de *fazenda* [em português no original – N.T.] muitas vezes tinha uniões desse tipo, que eram também comuns na população geral de brancos e também de negros, embora por diferentes razões.

A expansão da escrita e do direito na Inglaterra medieval

Em matéria de direito fundiário, mudanças semelhantes ocorreram na Inglaterra medieval. A lei não escrita predominava no século XI. "No entanto, dois séculos depois, no reinado de Eduardo I, os advogados do rei estavam atuando em muitos dos processos de justificação de privilégios contra magnatas em que a única garantia suficiente aceita era um título escrito ou uma carta régia especificando a concessão" (CLANCHY, 1979: 3). Como o título escrito só recentemente passara a ser usado, esses processos ameaçavam privar de direitos a maioria dos magnatas. Com efeito, o "direito comum" inglês representava uma reação da coroa à independência dessa nobreza na solução de litígios. Não foi surpresa a forte reação dos ricos contra esses procedimentos, que em outros lugares haviam sido empregados contra os despossuídos, camponeses ou integrantes de tribos. Nesse terreno pelo menos (para repetir um clichê do século XVI) a pena com certeza provou ser tão poderosa quanto a espada.

A escrita é usada na Inglaterra desde o período romano, do qual encontramos não apenas inscrições de significado religioso e político mas também a notável coleção de tabletes da Muralha de Adriano, que incluem cartas particulares e também o tipo de prestação de contas administrativas comum nos templos e palácios mesopotâmicos mas na Inglaterra usado por outra "grande organização", o exército (BIRLEY, 1977: 132ss.). Sob o domínio anglo-saxão, a escrita foi empregada em alvarás e com alguns outros propósitos legais e administrativos, além de objetivos literários e religiosos importantes. Mas com a conquista normanda houve um salto quantitativo na sua aplicação a uma gama maior de atividades, por razões similares às que ocorreram no norte de Gana. O grande Domesday Book [Livro do Juízo, a avaliação fiscal de Guilherme I em 1086 – N.T.] – assim chamado popularmente porque parecido com o livro levado por Cristo no Juízo Final [*Doomsday* em inglês – N.T.] – listava, segundo a *Crónica Anglo-Saxônica*, cada pele e cada porco, numa tentativa em grande escala de reduzir os direitos de cada súdito a uma forma definitiva. Essas foram as palavras de Richard FitzNeal, que no século seguinte declarou que o rei Guilherme tinha "decidido colocar o povo conquistado sob o regime da lei escrita" (CLANCHY, 1979: 11)[48]. Na verdade, o Domesday Book parece ter sido pouco utilizado como fonte legal (embora usado com fins administrativos) até 200 anos mais tarde, quando houve um novo e rápido aumento das técnicas burocráticas de governo.

A conquista normanda mudou a língua dos registros não para o francês mas para o latim, provavelmente como resultado da indicação de normandos e estrangeiros para os bispados e abadias. A introdução desses homens e o uso dessa língua levou à criação de novas bibliotecas e conduziu o país à "corrente principal da comunicação escrita medieval" (CLANCHY, 1979: 13), tornando-o mais

---

48. As palavras atribuídas a William são similares às creditadas ao imperador chinês Hsiao-wen no século V. "Os códigos [*wei*] são os grandes princípios do Estado e o meio de ordenar o povo. Se o governante é capaz de fazer bons códigos, então o Estado está em ordem; se não o é, dá-se a desordem. Nosso Estado surgiu outrora em [na região de] Hung e Tai e na medida das necessidades criou instituições, que não são um código duradouro para todas as épocas. Por isso, neste verão, pessoalmente participamos da discussão dos artigos da lei" (apud DIEN, 1976: 80). Note-se que o código é visto como instrumento para ordenar as relações sociais, mas de maneiras não permanentes para todas as épocas e descuradas do particular. "Não deveríamos perturbar as nossas instituições meramente por [para acomodar] um homem [valoroso]", o que vai em sentido oposto à tradição confuciana de elevar os homens mais em função do talento que do berço.

aberto às reformas administrativas do papado gregoriano do século XI. Na visão de Clanchy, a burocracia inglesa realmente começou com os rolos do Tesouro no século XII (p. 21). Pelo menos a partir da década de 1270 comissários senhoriais e oficiais judiciários eram necessários para registrar por escrito os nomes de todos os homens com mais de 12 anos; pelo Estatuto de Exeter, de 1285, os comissários do rei tinham que ser informados de todos os nomes de cada aldeia. Por volta de 1300, bedéis e outros funcionários estavam acostumados a organizar listas; livros sobre administração das herdades feudais recomendavam que se listasse no outono tudo o que se encontrava nos solares. Nesse período, no reinado de Eduardo I, até alguns servos usavam documentos (p. 33).

A estrutura da vida rural era profundamente influenciada pelo fato de a Inglaterra nunca ter adotado o sistema, revivido na Itália e no sul da França mais ou menos nessa época, pelo qual um notário tinha que produzir e certificar documentos; em vez disso, os indivíduos mesmo o faziam, usando selos próprios. Por conseguinte, não houve o mesmo desenvolvimento de notários de aldeia, tão bem ilustrado por *La Maison du Père*, de Collomp, na Provença do século XVIII, terra do *Droit écrit* [direito escrito, em francês no original – N.T.], onde notário e clérigo controlavam juntos os usos fundamentais da escrita nas áreas rurais. O padre anotava os eventos da vida do indivíduo, os principais *rites de passage*s – batismo, nascimento, casamento e morte –, enquanto o tabelião ou notário registrava os contratos de casamento e os testamentos que os acompanhavam, assim como as vendas, empréstimos e outras transações que exigiam documentos escritos. No século XVIII, quase todo casamento na Alta Provença, fosse qual fosse o nível social, requeria um contrato a ser escrito e endossado na casa da noiva. Por um tempo o marido se tornava "le maître de la dot" ["o senhor do dote", em francês no original – N.T.], com a mulher retendo os direitos sobre sua propriedade, que era listada em separado. O contrato cartorial precedia a cerimônia religiosa em várias horas e os termos do acordo eram entendidos como *paroles de future*, *verba de futura* (COLLOMP, 1983: 18); em outras palavras, eram vinculantes para ambas as partes. O contrato era assinado por tantas testemunhas quanto as partes pudessem reunir, o próprio número sendo um sinal de *status*. Embora nem todos pudessem ler e escrever, "o valor do registro notarial e o poder quase mágico da palavra escrita" eram uma das bases da sociedade provençal (p. 19). A escrita mais uma vez infiltrava-se em todos os quadrantes da vida doméstica, constituindo um formidável instrumento de controle dos assuntos familiares.

O contraste entre os sistemas foi notado num estágio bem inicial. Um italiano em visita à Inglaterra, um certo Giovanni di Bologna, ele mesmo tabelião, observou em 1279 que os italianos queriam ter um instrumento público para todo contrato que faziam, enquanto na Inglaterra isso não era exigido. No entanto, a prova documental passou a ser cada vez mais requerida e, pelo Estatuto dos

Mercadores de 1285, "toda cidade importante da Inglaterra era obrigada a ter um funcionário para registrar reconhecimentos de dívida em duplicata e redigir termos de obrigação autenticados por um selo real" (CLANCHY, 1979: 37). Já em 1235 um pleito foi julgado sem fundamento porque nenhum documento escrito o comprovava.

Foi no século XII que tais documentos se tornaram comuns; e o século XIII viu seu arquivamento para referência e uso subsequente (às vezes em triplicata, o chamado "pé de acordo") [o texto de uma transação era produzido em duplicata num pergaminho, em colunas lado a lado, e cada parte ficava com uma cópia; ao pé era reproduzido numa terceira cópia para o arquivo do Tesouro – N.T.]. Clanchy observa que a taxação era o principal objetivo do rei ao ordenar os registros (que se tornaram, por isso, uma atividade central do Erário), mas os indivíduos também usavam registros de transações de terra e de dívidas para outras finalidades.

Essa proliferação de documentos, que preparou a nobreza na Inglaterra para um uso mais geral da escrita, foi seguida pelo advento de registros e arquivos. Ao mesmo tempo, a acumulação de livros levou ao desenvolvimento das bibliotecas, da classificação e dos catálogos. Também estimulou a criação de "guias" literários. A produção dos acadêmicos "visava dar conta da crescente massa de material escrito, provendo guias para ela (em latim) em tratados com organização lógica; a *Summa Theologiae* de Tomás de Aquino (composta por volta de 1260) é o mais conhecido desses textos" (CLANCHY, 1979: 84). Uma *summa*, assim como uma *glossa*, era uma forma escolástica padrão, definida por um bispo do século XII como "uma enciclopédia concisa" ou "um compêndio e coletânea de exemplos". O protótipo desses compêndios foi o *Sic et Non* de Abelardo (composto na década de 1130), que visava fazer um corte na "massa de palavras" apresentada aos estudantes de teologia com uma seleção de citações contraditórias reunidas em seções com títulos e subtítulos. Textos legais passaram por um processo semelhante.

Note-se o que acontece então. O acúmulo de documentos leva, como em Ebla mais de três milênios antes, a esforços para organizá-los em arquivos. Mas a tradição escrita é cumulativa também de um outro modo, não apenas quantitativamente, uma vez que o conhecimento contido nos documentos é submetido aos mesmos processos. O conhecimento acumula-se e precisa ser resumido. Colocar textos diferentes, pontos de vista diversos, lado a lado, tem o efeito extra de destacar, de apontar as contradições que seriam difíceis de perceber no discurso oral, estimulando então comentários, argumentações e tentativas de solução que de início eram no mais das vezes orais. Não que a contradição e a argumentação, que Lloyd considera corretamente tão importantes para os primeiros desenvolvimentos clássicos da Grécia (1979), fossem ausentes das sociedades orais. Quem quer que tenha acompanhado um longo processo judicial na África ou mesmo um acerto de disputa menos formal terá plena consciência de que as argumentações e debates estão na sua essência mesma. Mas falar contra (*contra dicere*) é uma coisa, escrever contra é outra. Pois não se trata simplesmente de circulação e resistência; a contradição adquire uma dimensão diferente quando o texto é disponível como instrumento de comparação. Isso porque as contradições se tornam mais "óbvias" e mais "precisas" quando colocadas lado a lado: isso em geral significa serem retiradas do contexto, o que é, como todo autor sabe, uma espécie de falsificação. E o efeito disso é especialmente marcante naqueles campos em que o discurso da autoridade obteve até então, ou no qual o reconhecimento da diferença requer, a justaposição literal de declarações gerais feitas ao longo do tempo, processo que se torna possível apenas com o advento de um registro quase permanente.

Na Inglaterra medieval foi essa relativa permanência do registro que era constantemente percebida como uma das grandes vantagens da palavra escrita, embora a noção tivesse alguns curiosos efeitos colaterais. O Domesday Book foi usado como fonte legal por mais de 200 anos (sobretudo no período final), embora fosse uma sondagem da situação nacional em um determinado momento específico no tempo. Por conseguinte, seu valor de verdade diminuía justo na medida em que aumentava a percepção desse mesmo valor. Porque a palavra escrita passou a ser associada à imortalidade. O grande tratado de Bracton sobre o direito medieval inglês foi uma tentativa de produzir ordem (uma *summa*) a partir dos "antigos julgamentos de homens justos" que deviam "com a ajuda da escrita ser preservados *para sempre*" (grifo meu) – a mesma tentativa da obra de Glanvill (BRACTON, 1968: II, 19; GLANVILL, 1965). Também achavam, não pela primeira nem pela última vez, que a escrita imortalizava não apenas as palavras mas o próprio escriba. O autorretrato de Eduíno, monge da Igreja de Cristo em Canterbury, declarava-o "príncipe dos escritores", cuja glória e fama jamais morrerão (CLANCHY, 1979: 89). Ordericus Vitalis diz que "com a perda dos livros os feitos dos antigos entram em esquecimento... com a mudança do mundo, como neve e granizo se fundem nas águas rápidas de um rio, levados pela corrente para nunca mais voltar" (CLANCHY, 1979: 117; ORDERICUS VITALIS, 1854: II, 284-285). Ou nas palavras de Bracton sobre a permanência do testemunho escrito: "Oferendas são feitas às vezes por escrito, isto é, em cartas patentes, para lembrança perpétua, porque a vida do homem é breve e para que a oferenda seja facilmente comprovada". No seu perspicaz estudo sobre o direito medieval europeu, Kern também ressaltou que havia "uma necessidade... de descobrir algum meio de dar permanência e autenticidade" (1939: 178), embora aí ele esteja discutindo a reunião de escritos fragmentários sob a forma de um código. Mas seu estudo ainda apoia a tese geral de uma outra forma, ao apontar o papel da lei escrita na transição do "costume ao direito estatutário" (1939: 76ss.). Foi a lei douta que erigiu o *Corpus Juris* do Direito Romano; "sendo lei morta, não tradição viva, ele compelia ao estudo sistemático e à descoberta de princípios", dando à jurisprudência "seu caráter de ciência da interpretação de estatutos abrangentes" (p. 177). O novo direito generalizou-se sobre uma extensa área, enquanto a lei consuetudinária "só é adequada a pequenas comunidades locais". Isso deu origem à ideia de que "a lei existe como um corpo completo em um código" promulgado pelo Estado, de que "a lei escrita é abrangente" (p. 178).

Essas noções, diz ele, deram origem à separação parcial da lei em relação à sociedade, que assinalamos. "Para uma pessoa simples... é estranho que toda a lei esteja contida em livros e não onde Deus a plantou, ou seja, na consciência e na opinião pública, no costume, no sólido entendimento humano. A lei positiva escrita traz consigo advogados e teóricos doutos, afastados do povo" (p. 178-179). Por conseguinte, jurisconsultos e advogados são vistos como "perversores da justiça", que lidam com "leis ininteligíveis... feitas arbitrariamente por homens... ressuscitados em Bolonha". Em contraste com o direito positivo codificado, o direito consuetudinário

> passa solenemente por cima de leis obsoletas, afundadas no esquecimento e que morrem em paz, mas a lei permanece jovem, sempre na crença de que é velha. Todavia, não é velha... O direito estatutário, por outro lado, não pode ser libertado da letra dos textos legais, até que um novo texto substitua o antigo, mesmo que a vida de há muito tenha condenado o velho texto à morte; enquanto isso não acontece, o texto morto detém o poder sobre a vida (1939: 179).

Sobre o mesmo tema comenta Clanchy:

> A verdade lembrada também era flexível e atual, porque não se podia provar que nenhum costume antigo era mais velho que a memória do mais sábio dos viventes. Não havia conflito entre passado e presente, entre antigos precedentes e a prática atual... Registros escritos, por outro lado, não morrem em paz, pois retêm uma meia-vida nos arquivos e podem ser ressuscitados para informar, impressionar e mistificar gerações futuras (CLANCHY, 1979: 233).

O sistema legal inglês mudou de outras maneiras importantes com o uso crescente da escrita. A profissão jurídica, como um corpo de especialistas letrados, surgiu no fim do século XIII. Já havia mudanças na maneira de pleitear direitos, com procedimentos formais cujas instruções eram dadas em livros. O discurso público era deliberadamente aprendido através da palavra escrita. O duelo verbal, o conflito legal adquiriu a característica de seguir os papéis de uma encenação, sobre o que Clanchy faz um interessante comentário que se aplica também à literatura: "A ideia de cada protagonista ter um papel escrito palavra por palavra, que devia ser seguido fielmente, não era familiar aos atores não letrados presentes, quer nos tribunais de justiça quer nos palcos do lado de fora das igrejas, cujos problemas eram comuns. Num drama religioso, *Le mystère d'Adam* (de cerca de 1140), a maneira de dizer as palavras é descrita detalhadamente. M.D. Legge sugere que os papéis escritos podiam ser uma novidade; razão pela qual os atores são instruídos a não acrescentar nem omitir nada, a ter uma dicção clara e dizer as suas falas na ordem correta" (CLANCHY, 1979: 225). Estamos de novo aí com o problema da formalização e a separação dos papéis dos que reproduzem (e aceitam) a palavra escrita por quem está mudando o antigo ou criando o novo.

A letra e o espírito da lei

Essa divisão entre criador e ator, entre o *aidos* com sua lira e o *rhapsodes* com seu ponto de apoio, o primeiro criando poesia, o segundo repetindo a versão autorizada, é drasticamente ampliada com a substituição do texto pela emissão vocal, levando a uma divisão do trabalho entre o processo de criação e o de reprodução que já observamos na comparação entre o profeta e o sacerdote. Um contraste paralelo existe entre a letra e o espírito das leis. É por termos uma letra da lei que podemos mudá-la de acordo com certa concepção do seu "espírito". Embora possamos considerar essa noção de essência ou espírito como algo obscuro, um *ignis fatuus* [fogo fátuo, em latim no original – N.T.], ainda assim representa um reconhecimento de que surgem dois caminhos para a verdade, a verdade literal (a letra da lei) e a verdade subjacente (o espírito da lei).

Voltamos a um tema central do primeiro capítulo, a maneira como as religiões escritas, com efeito a própria tradição escrita, estimula uma generalizada normatização. Podemos encarar esse processo, como o faz Fallers em relação ao pensamento legal, como uma questão de explicitar o que de outra forma fica implícito. Eu iria além e o veria como uma transformação do comportamento normativo, dando origem à noção de regra que Bourdieu (1977) acertadamente critica. Duas linhas argumentativas se entrelaçam. Há uma diferença importante entre raciocínio implícito e explícito (ou normas implícitas e explícitas), uma vez que o segundo envolve o conceito de "publicação", de tornar público e, mais importante, de manter algo em domínio público por meio de uma forma permanente. Isso significa: escrever. Segundo, o processo de tornar explícito faz mais do que mudar o que era anteriormente implícito, pois quando qualquer coisa é colocada por escrito ela se submete potencialmente a reelaborações. Terceiro, o processo de colocar regras, leis ou normas por escrito é também um processo de universalização, de generalização, à maneira do que já discutimos.

O problema, naturalmente, não é que as normas estejam ausentes nas sociedades orais. Epstein corretamente insiste na "prioridade lógica" das normas no processo de disputa (1967: 206). É antes uma questão das mudanças que ocorrem quando as normas se tornam explícitas ao serem colocadas por escrito. Não apenas elas tendem a eliminar diferenças locais e aumentar a "certeza", como podem também ser submetidas a uma variedade de novas operações e formas de análise. "Para muitos juristas... o teste fundamental da jurisprudência está na análise e exposição sistemática das regras e preceitos legais, na dedução dos princípios e conceitos gerais subjacentes à verdade e na maneira como estes podem ser construídos em um esquema ou sistema lógico e coerente" (EPSTEIN, 1967: 208-209).

Os "princípios" surgem por dedução e são construídos em sistemas "lógicos". Mas tal sistematização é essencialmente dependente do caso registrado e da palavra escrita, que podem ser lidos, relidos, reorganizados e abstraídos em nível mais geral. A ausência dessa possibilidade e de seu potencial desenvolvimento significava que, embora analisando casos específicos de maneira bem detalhada, os debatedores de Epstein relutavam em tratar de questões hipotéticas. Não porque lhes faltasse percepção legal "mas porque sua maneira de pensar era específica e não abstrata; as regras legais que expunham não eram concebidas como entidades lógicas; eram antes incorporadas numa matriz de relações sociais, única capaz de lhes dar significado" (p. 210).

Seu modo de pensar, digo eu, é dominado pela ausência da escrita, essa importante tecnologia intelectual, e da tradição que a escrita torna possível. Sem esse mecanismo de distanciamento os casos tendem a permanecer incrustados numa matriz de particularidades. A questão não é simplesmente que estão lidando com "sociedades múltiplas", para usar a expressão de Gluckman, mas que um importante meio de abstração e generalização no nível intelectual não está disponível aos atores.

O exemplo do processo de generalização que dei no primeiro capítulo foi o da reação a um homicídio, onde argumentei que na vida real a avaliação de um homicídio depende do contexto e da categoria. Isso é verdadeiro mesmo nas sociedades com escrita, com a reação dependendo do fato de a vítima pertencer ou não ao grupo, de o ato ser definido como um fato de guerra, resultado de contenda, homicídio involuntário ou puro e simples assassinato. Mas o código escrito tende a apresentar o complexo conjunto de atos sob a forma de regras mais simples: "Não farás isso e aquilo". Tais fórmulas altamente descontextualizadas são particularmente características das religiões escritas, em especial as religiões universalistas de conversão, uma vez que apresentam um conjunto de normas, possivelmente sob a forma de uma série de mandamentos, cuja aplicabilidade é mais ampla do que a das proibições tribais ou nacionais. Estas últimas tendem a ser mais específicas: "Não deves fazer aos outros [judeus, muçulmanos] exceto nas seguintes condições..." Mas as complexidades são eliminadas, de modo que as normas das religiões escritas são em geral guias para a ação ideal e não para a ação prática, para santos e não para pecadores. Traduzir essas normas gerais em termos cotidianos requer em geral uma série de ajustes orais ou até comentários escritos que podem servir tanto para interpretar como mesmo para mudar a lei.

A lei secular não funciona exatamente da mesma maneira que as injunções religiosas, mas já argumentamos, como Kern, que se a lei do costume é local, a lei escrita é geral, em parte por ser escrita e em parte por não ser de Igreja mas de Estado. Um exemplo marcante vem da história pós-colonial da África Oriental. Se o Quênia e a Tanzânia unificaram o sistema judicial mas tentaram preservar o direito consuetudinário através de sua codificação, Uganda estabeleceu um sistema jurídico nacional na esperança de que as leis do costume desapareceriam por si. Por exemplo, o código definiu o adultério como relação sexual com outra mulher que não a esposa monogâmica, mas, como assinala Fallers, essa definição deixava sem sentido a vida social da maior parte do país (1969: 334). Por causa dessa legislação, encontramos um conflito disseminado com a moralidade (p. 328), porém mais devido a uma supergeneralização das normas do que, como sustenta Fallers, pela necessidade de separar uma esfera justificável limitada.

Concentrei-me neste capítulo em comparar a lei africana com o sistema legal tal como se desenvolveu na Europa. O que tem a desvantagem de comparar um sistema legal relativamente tardio com um sistema oral. Se tomássemos um exemplo anterior de direito influenciado pela escrita, a comparação assumiria uma outra forma, pois não poderíamos nos referir ao corpo desenvolvido do Direito Romano. Os antigos códigos da Mesopotâmia e os das tribos germânicas eram de tipo diferente dos tratados de Teodósio e Justiniano. No entanto, alguns dos mesmos processos de generalização e abstração que vimos funcionando na Grã-Bretanha medieval e em suas recentes colônias também operaram em tempos mais antigos.

Se o texto de Hamurábi é um tratado sobre decisões, de acordo com Bottéro "ele omite todos os aspectos de ordem individual, contingente ou insignificante do ponto de vista judicial" (1982b: 428). É a seletividade que diferencia o "douto", com o texto na mão, do espectador, "uma forma de abstração que tal processo exige, eliminando de uma questão particular tudo que não se relacione a uma preocupação intelectual específica" (p. 429). Não importa como definimos a compilação de Hamurábi, está claro que ela contribuiu para o desenvolvimento da jurisprudência e a Bottéro compara-a a um trabalho científico, especificamente a um texto médico pela estrutura e método, isto é, pela generalização a partir de casos e pela eliminação do específico.

Por fim, vale a pena voltar ao exemplo da Suméria para retomar o que dissemos no início deste capítulo: que, se a redação de códigos e registro de casos foram importantes para o desenvolvimento da jurisprudência e a sistematização da lei para o raciocínio legal de forma mais geral, a nova técnica foi de início mais influente para a produção de documentos legais. Grande número deles nos foi legado pela Suméria. Milhares de tabletes de argila estão inscritos com todos os tipos de formas legais – contratos, escrituras, testamentos, notas promissórias, recibos e decisões judiciais. O estudante de direito dedicava muito de seu tempo a praticar a escrita da terminologia legal altamente especializada, assim como dos códigos legais e decisões judiciais "reforçadas por precedentes" (KRAMER, 1956: 51). Registros de um caso, "o da mulher silenciosa" em relação ao assassinato do marido, são encontrados em mais de uma cópia, indicando que era "considerado nos círculos legais da Suméria um precedente memorável" (p. 53).

Na antiga Suméria a administração da justiça estava nas mãos dos sacerdotes, embora mais tarde se tornasse ocupação de um ramo especializado da profissão. Casos continuavam a ser instruídos no templo ou diante dele e era lá que se arquivavam os julgamentos. Gradualmente a aplicação da lei passou às mãos de juízes civis (JOHNS, 1904: 83), mas a preocupação esmagadora com os trâmites escritos continuou. No julgamento, ambas as partes tinham que mostrar os seus "tabletes", os escritos relativos ao caso. Landsberger e Balkan falam até de um procurador, "um funcionário especial que dá assistência nos trâmites" (LARSEN, 1976: 152, 186).

Compare-se a situação no antigo Egito, onde a administração da lei era intimamente ligada à administração geral, com escribas e pessoal do registro muitas vezes envolvidos nas duas áreas. Também no Egito a escrita dominava grande parte dos trâmites. Por exemplo, "todos os que pleiteavam reparação civil tinham que submeter o seu caso por escrito e, se possível, apresentar documentos escritos que o sustentassem; uma vez que todos os testamentos, contratos, pagamentos de impostos etc. eram também registrados por escrito e cópias arquivadas na Casa Branca, o arquivo do erário, não deve ter sido difícil, na maioria das vezes, estabelecer a verdade" (WOOLLEY, 1963: 495-496). A verdade estava em jogo, mas também a falsidade. Pois registros escritos podiam ser alterados como os orais, embora neste último caso sejam mais fáceis de descobrir alterações. Nas paredes de um túmulo encontramos detalhes de um caso judicial de um certo Mes que reclamava um imóvel que pertencera à sua família por muito tempo mas tinha sido tomado e entregue a um tal Khay; o caso foi ganho por Mes com base não apenas em que as escrituras de propriedade de Khay eram forjadas como também por ter havido falsificação do registro da terra na época do julgamento formal[49]. Mesmo nesse nível a mudança começa a ser um processo mais intencional, consciente e, neste caso, ilegal, envolvendo até a falsificação. Pois os

---

49. Precauções eram, naturalmente, tomadas contra esse crime. Na Mesopotâmia, o recurso a invólucros, cópias, testemunhas e juramentos (JOHNS, 1904: 80; LARSEN, 1976: 187) ajudava a proteger o documento ou estabelecer sua validade.

registros eram essenciais para o julgamento – em um determinado caso a decisão sobre uma propriedade fazia referência a decisões tomadas nos 80 anos anteriores e também aos primeiros tempos da herdade, 300 anos antes (O'CONNOR, 1983: 218).

Os fatos relevantes em uma ação legal estendiam-se enormemente no tempo, assim como no espaço a lei lançava seus tentáculos do nível nacional ao local. O consequente processo de generalização ocorreu tanto na forma quanto no conteúdo. De modo que era fixado um formato escrito, pelo menos de determinadas disposições, e se dava ao mesmo tempo uma perda de contexto e uma maior explicitação de normas e procedimentos implícitos. O emprego da escrita levou, por um lado, a desenvolvimentos da documentação legal e, de outro, a avanços no pensamento legal, à elaboração de registros, do código e de sua aplicação.

5
Rupturas e continuidades

É perigoso mas necessário voltar aos objetivos que se estabeleceram no início de um ensaio. No meu caso foram, primeiro, delinear os efeitos dos primórdios da escrita na organização das sociedades humanas – dos primórdios porque analisar os efeitos de uma longa tradição escrita seria assumir uma tarefa muito mais difícil – e, segundo, tentar indicar como tais considerações poderiam não apenas qualificar noções simplistas eurocêntricas da natureza das sociedades modernas e tradicionais mas também modificar análises da classificação e desenvolvimento das comunidades humanas, através de uma ênfase maior do que comumente se dá aos meios e modo, isto é, às relações de comunicação. Neste capítulo conclusivo quero resumir o primeiro objetivo, exemplificar o segundo e acrescentar alguns comentários sobre procedimentos analíticos.

Ao traçar algumas das importantes diferenças que a escrita pode trazer à organização da ação social, tomei como base categorias institucionais amplas: a religião, a economia, a ordem política e a lei. Mesmo quando adquirem a forma de organizações separadas, nenhuma dessas instituições é completamente distinta, de modo que inevitavelmente se sobrepõem os tópicos dos capítulos. E quando se trata das sociedades mais simples, a sobreposição é tanta que só se pode abordar essas categorias em termos funcionais.

Quanto à organização social, o longo processo de aprendizado exigido pelas primeiras formas de escrita leva ao aparecimento de especialistas na nova tecnologia que não participam dos processos produtivos básicos e têm que ser, portanto, sustentados pelos que participam, por meio de alguma forma de redistribuição ou dotação. A escrita alfabética, ao contrário, não precisa da criação de uma classe de escribas; no entanto, um processo bastante similar ocorre quando a alfabetização escolar é estendida a povos anteriormente sem escrita (ou mesmo camadas analfabetas), uma vez que o esforço exigido para aprender a ler e escrever é nitidamente maior na primeira geração do que na segunda e a posição singular que a primeira geração adquire lhe dá um *status* especial na sociedade. Mas através da história a especialização de escribas combina com a relativa autonomia da tradição escrita para promover a autonomia estrutural das "grandes organizações", que tendem a desenvolver seus próprios corpos literários, seu próprio pessoal de conhecimento especializado. O caso a que se deu maior atenção foi o da religião; com o surgimento do templo ou mosteiro sustentado por dotação, a Igreja torna-se uma organização distinta, com interesses parcialmente separados dos do Estado. Quaisquer divergências entre os domínios clerical e real, implícitas nas sociedades orais, tornam-se agora explícitas e podem adquirir uma dimensão "ideológica". Pois a tradição escrita articula crenças e interesses de uma forma semipermanente que pode estender suas influências independentemente de qualquer sistema político em particular. É aí que o fenômeno da conversão entra em jogo, com tudo o que implica para a pluralidade religiosa e ideológica, e as liberdades e conflitos selvagens que essa diferenciação faz surgir.

Ao expor as influências da escrita sobre a religião, falo de tendências. Sempre haverá exceções. Algumas religiões do Livro não são religiões de conversão; alguns cultos em sociedades sem escrita podem buscar adeptos. Examinemos primeiro o caso das religiões do Livro. Sob certos pontos de vista, o hinduísmo parece uma religião específica de determinada cultura. No entanto, sua prática é amplamente difundida pelo Sudeste Asiático no período medieval, não apenas na Indochina continental mas também no arquipélago índico de nome similar, a Indonésia. Em toda essa extensa área a influência do hinduísmo era imensa, como prova o efeito totalmente dominante que teve sobre a iconografia, ou seja, sobre a escultura e a pintura, assim como no templo e na literatura. Não é apenas uma questão de traçar influências gerais, mas de encontrar escrituras e formas visuais específicas dos deuses que seriam reconhecidas em todo o subcontinente indiano. O budismo é evidentemente uma religião de expansão, tendo se espalhado ainda mais além do que o hinduísmo, pelo Extremo Oriente, incorporando alguns dos mantras hinduístas escritos e difundindo a própria escrita. A China tinha, no entanto, suas "religiões" de caráter mais particular, como o taoismo, que usava escrita logográfica nos textos rituais, para propósitos divinatórios e outros sobre uma enorme área, mas que não se expandiu além dos confins do império. Se algumas formas contemporâneas de hinduísmo e budismo na Índia, China e Japão parecem menos preocupadas com fronteiras e mais com incorporação, houve períodos na história dessas religiões em que a conversão e o medo da apostasia desempenharam papéis mais dominantes. E mesmo hoje os conflitos entre hinduísmo e islamismo, o aparecimento da seita sikh, as conversões ao Islã, ao cristianismo e ao neobudismo entre algumas castas inferiores expõem os aspectos de defesa de limites dessas crenças escritas, cada uma com seus textos sagrados, suas preocupações com a alfabetização e com um modo exclusivo de adoração e culto, com noções excludentes de salvação e acesso à verdade.

Das principais religiões escritas do Oriente Médio, hoje em dia o judaísmo parece um exemplo de credo não proselitista, uma vez que o seu corpo de crenças e práticas ligou-se a um grupo tribal específico. Mesmo assim, a religião judaica parece de fato ter-se expandido por todo o Mediterrâneo na segunda metade do primeiro milênio a.C., convertendo a suas crenças e práticas a antiga população fenícia. A diáspora não foi apenas a fuga da Palestina mas também a conversão ou incorporação de povos na Etiópia, Arábia, Índia, sul da Rússia e até na China. Mas de qualquer forma, apesar da natureza de base tribal de sua mensagem, o Antigo Testamento tornou-se um Livro Sagrado para toda a Cristandade e, em certa medida, também para o Islã, o que deu reconhecimento específico aos povos do Livro.

No caso das sociedades sem escrita, argumentei que carecem de um conceito de religião, em parte porque as atividades mágico-religiosas fazem parte de ação essencialmente social, não constituindo atributo de uma organização separada, e em parte por causa da identificação com um povo, como no caso da "religião axante". Mas se as religiões não se movem, os cultos, sim, o fazem. Nesse contexto, entendo por cultos as práticas ligadas ao que em geral se chama de santuários de cura na África Ocidental, embora tal mobilidade fosse também encontrada em manifestações e movimentos semelhantes (a própria palavra é significativa) não ligados a feitiçaria e que se espalharam de um lugar a outro, de uma sociedade a outra.

A religião e, mais tarde, a educação foram as áreas em que mais se desenvolveu a autonomia estrutural nos estágios iniciais das culturas escritas. Mas o direito e a economia alcançam certa independência de maneiras diferentes. Um ponto geral que a discussão sobre o direito mostrou foi a importância da escrita como forma de armazenar informação, o que permitiu às pessoas superar em certa medida o ajuste homeostático que em geral implica guardá-la de memória. Há em consequência uma perda de flexibilidade que cria problemas numa situação de mudança. Por outro lado, a fixação de dados é vantajosa para relações contratuais de vários tipos, embora o próprio processo de fazer um contrato (ou um registro de terra) tenda a gerar um descuido com direitos e responsabilidades mais amplos, focando-os no indivíduo em vez de reconhecer a participação do grupo maior de parentesco; para lidar com este têm que ser inventadas várias formas legais complexas de "singular corporativo", tornando explícito o que antes era implícito e com isso transformando a situação efetiva.

As potencialidades de mudança ficam especialmente visíveis nos textos mais longos porque a escrita é obviamente mais fácil de rever do que a fala, de modo que as contradições implícitas ficam explícitas e são assim prontamente resolvidas, levando a avanços cumulativos de conhecimento e procedimentos, embora tais avanços deem origem, por sua vez, a charadas de diversos tipos. Tudo isso é parte das potencialidades reflexas da escrita, que afetam as noções de consciência nos dois níveis, explicitando o implícito e tornando o resultado mais acessível à inspeção reflexiva, à argumentação externa e à reelaboração.

Sugeri que esse processo está relacionado a uma concepção mais aguçada de regras e normas, uma noção que mais uma vez nos remete ao direito e à política, quando nada devido à conexão entre regras e governantes. Todas as sociedades são guiadas por normas e regras de algum tipo. Mas onde essas permanecem implícitas, no nível da "estrutura profunda", não adquirem a mesma forma, nem para o ator nem para a sociedade, como quando são conscientemente formuladas pelos governados ou entronizadas em placas gravadas no fórum pelos governantes. Primeiro, não são tão "fixas", geralmente emergem no contexto (qual provérbios), não sob a forma abstrata de um código. Segundo, tendem a ser menos generalizadas que as fórmulas escritas; ou melhor, suas generalizações tendem a ser incorporadas em situações. Terceiro, não são formuladas nem ainda formalizadas em cuidadosas coletâneas ou sumas. É a escrita que possibilita selecionar normas ou decisões e ordená-las à maneira de um guia, um manual. Quando se faz isso, a lei, *Gesetz*, *loi*, distingue-se do "costume" no corpo geral de "direitos" e o escrito recebe um valor de verdade mais alto (numa corte de justiça, na literatura, na filosofia, na citação de uma "autoridade") que o oral.

Seria um equívoco enfatizar demais até que ponto se pode atribuir ao advento da escrita a diferenciação institucional entre, digamos, a ordem política e o direito, mas dois aspectos sobressaem. Direta ou indiretamente, a escrita participa da maneira como definimos "uma religião" e "a lei" (enquanto distintas de religião e "costume"). Num nível diferente, também participa da maneira como definimos os regimes burocráticos e uma economia complexa, que não teriam sentido sem o escritório e o arquivo, no primeiro caso, e, no segundo, sem métodos elaborados de contabilizar lucros e perdas, de levantar crédito e organizar o investimento, de realizar as atividades produtivas e mercantis com algum desenvolvimento da parceria de negócios ou da empresa, formas organizacionais significativamente dependentes do uso da escrita. Por isso vemos uma ligação entre empréstimos, atividade bancária e escrita em toda a história humana.

Isso não significa dizer que as sociedades orais não possuem instituições análogas. Os acertos de um grupo de irmãos ou entre um marido e a esposa trabalhando juntos numa fazenda ou alguma atividade artesanal guardam íntima semelhança com a parceria de negócios ou uma empresa familiar. O que a introdução da escrita ajuda a fazer, no entanto, é tornar explícito o que era implícito e, ao fazê-lo, estender a possibilidade de ação social, às vezes revelando contradições tácitas e levando assim a novas resoluções (e, provavelmente, a novas contradições), mas também criando tipos mais precisos de transações e relações, mesmo entre parentes que confiam uns nos outros, o que dá a essas parcerias a força para resistir em circunstâncias mais complexas e "anônimas".

Meu segundo objetivo nesta análise foi deslocar parte do peso que em geral tem sido dado aos meios e relações de produção para os meios e relações de comunicação. Por tais entendo não apenas as técnicas mas também a tecnologia, incluindo a tecnologia do intelecto que a tecnologia diretamente possibilita, as bibliotecas de conhecimento acumulado e também os desenvolvimentos cognitivos internos, junto com as restrições e liberdades que os seres humanos conectam a esses sistemas. Não tive intenção de confinar a análise a fatores "materialistas" ou "ideológicos", categorização que sabe a debates idos, de há muito ultrapassados. Quem hoje em dia pensaria nos produtos intelectuais da mão e da mente humanas, tais como a escrita, como sendo puramente internos ou externos, como relacionados apenas à matéria ou às ideias?

A escrita, naturalmente, é uma variável múltipla, tanto em termos de técnica quanto de uso (restrito ou não) e de seu estoque acumulado. A palavra escrita toma muitas formas diferentes, que por sua vez influenciam as tendências que ela provavelmente estimula. De todo modo, a forma que assume não passa de um fator a influenciar uma situação específica. As ramificações do impacto da escrita, a necessidade de levar mais em consideração esse impacto ao explicar importantes mudanças sociais e o reexame, parcialmente independente, da natureza dessas mudanças mesmas pode, por recapitulação e expansão de alguns comentários, levar a uma situação a que aludi antes.

Ao discutir primeiro a religião e depois a lei, chamei atenção para o impulso generalizado que a escrita tende a dar a estruturas normativas, em parte devido à relativa descontextualização da comunicação no canal escrito, em parte em função dos agrupamentos sociais mais amplos dentro dos quais tem lugar essa comunicação. O ponto surgiu novamente em referência à economia do antigo Oriente Médio. Aí a escrita pode ser vista como ligada à circulação de mercadorias e ao uso dos meios de troca (i. é, o dinheiro, especificamente a prata, *l'argent* propriamente), importante faceta da economia voltada para o mercado. Pois a escrita ajudou o desenvolvimento não apenas da contabilidade mas da noção de unidades contábeis, a redução de vários gastos a uma mesma base para permitir o cálculo de lucros e perdas ou, mais simplesmente, para um controle conciso do fluxo de mercadorias.

Tendência semelhante ocorreu na Europa medieval durante os séculos XI e XII, época em que a expansão radical dos usos da escrita viu a repetição e desdobramento dos processos vividos muito antes pelas sociedades com escrita do Oriente Médio e do Mediterrâneo. No seu estudo sobre a utilização crescente de textos na Europa medieval, Stock chama a atenção para o crescimento paralelo da escrita e do sistema monetário (1983: 83): "O renascimento da alfabetização na Idade Média coincidiu com a remonetização dos mercados e das trocas" (p. 32). No final do século XI e no século XII, escreve ele, "[a] Europa testemunhou pela primeira vez desde a Antiguidade a existência de um mercado desinteressado de ideias, para o qual o pré-requisito essencial era um sistema de comunicação baseado em textos. O produto lógico da organização e da classificação escritas do conhecimento foi o sistema escolástico, assim como o mercado foi o instrumento natural para a distribuição de mercadorias reguladas por preços" (1983: 86). Para Stock, as mudanças resultam da operação de "princípios análogos", a relativa autonomia da economia e da academia, sua organização por um conjunto de regras abstratas, a externalidade do mercado e do texto, a criação de um nível de "entidades abstratas" e "relações-modelo" que corrrespondem a estruturas léxicas e sintáticas, processos sociais e intelectuais que geraram um certo grau de secularização (p. 87).

Se as sociedades não podem ser reduzidas a sistemas de comunicação ou de troca, deve-se claramente esperar que mudem em linha com as mudanças nesses sistemas, mudanças que incluem a monetização e também a alfabetização. A ligação entre as duas tem ressonâncias na sociologia de Talcott Parsons, para quem o "[d]inheiro é provavelmente o caso mais impressionante de um meio institucionalizado que... tem todas as propriedades de um meio e linguagem de comunicação... O fenômeno essencial é a *generalização* dos compromissos e das expectativas associados a eles" (1960: 273, grifo meu). Num nível mais concreto, o dinheiro cria um meio de troca (mais ou menos) generalizado e também um sistema de reconhecimento através do qual uma ampla gama de mercadorias e serviços pode ser resumida nos termos altamente generalizados de uma única escala de valores. Embora não sejam necessariamente concomitantes, o processo de generalização envolvido pela expressão escrita de normas e o uso de meios de troca mais "universais" seguem, em certo sentido, um curso paralelo.

A ligação sugerida entre dinheiro e escrita levanta o problema bem mais geral da natureza da economia que prevaleceu na Antiguidade, com seus elaborados sistemas de escrituração, acumulação e comércio. No comércio antigo da Assíria, de acordo com Veenhof, "a prata servia a um propósito puramente comercial e funcionava como dinheiro em todos os sentidos da palavra" (1972: 399). Ele não está se referindo ao papel que o dinheiro desempenha em toda a economia ao longo do período completo, mas a certas operações mercantis realizadas em determinada época, por volta de 1900 a.C., envolvendo comerciantes, mercadores e "os grandes banqueiros e investidores financeiros". Aqui ele não hesita em falar de mercados e praças de mercado (ou de transações nas casas mercantis), de sócios ou acionistas e vendas em comissão, de preços variáveis e de lucros e perdas. Quanto às relações de produção, havia escravos mas também eram usados homens livres, isto é, trabalhadores assalariados. Alguns tecidos eram produzidos em oficinas, algumas domésticas, por encomenda ou não. Assim como várias instituições estavam envolvidas nas atividades econômicas – o templo e o Estado, a empresa familiar e a sociedade de negócios – também existiam várias formas de trabalho e de propriedade fundiária. O sistema de meeiro era encontrado junto com o de serviço nas tecelagens reais, o trabalho contratado junto com a corveia e a escravidão (JOHNS, 1904: 173, 196). Argumentei que a presença da escrita foi um instrumento para controlar essa variedade de relações de trabalho, mas também, em certa medida, para a sua gênese.

Uma coisa que ocorreu nessas complexas operações comerciais, como assinala Oppenheim (1964: 88), foi que o capital se tornou uma mercadoria para cujo uso se cobravam juros. Como meio e padrão de troca, a prata ficou sujeita a um tratamento "capitalista". Não que isso fosse aprovado em todo tipo de transações, como por exemplo as que se davam dentro da própria família. Diz o Antigo Testamento: "A um estranho podes emprestar com usura; mas a um irmão não emprestarás com usura" (Dt 23,20). No sul da Mesopotâmia não parece ter havido essa ambivalência, daí a origem da posterior visão teológica da Babilônia como centro das ideias "capitalistas" sobre dinheiro, embora a Bíblia objetasse basicamente ao comércio terrestre. De acordo com Oppenheim, essa característica babilônica estava ligada ao alto grau de urbanização e a uma economia de estocagem associada ao empreendimento mercantil, integração que "parece ter favorecido o uso do dinheiro, isto é, excedentes de produção" (p. 89). Mais tarde, na segunda metade do primeiro milênio, aumentou o papel do capital "privado", distinto dos investimentos do templo e do palácio, e há evidência de uma "casa bancária" assumindo algumas responsabilidades anteriores das "grandes organizações" (p. 85).

Oppenheim e Veenhof não são os únicos estudiosos da Assíria a falar em capitalistas e usurários no antigo Oriente Médio. Woolley faz o mesmo em sua história da Unesco (WOOLLEY, 1963), para evidente desconforto dos colegas russos (1963: 613). Mas já no início do século Johns havia falado de "capitalistas" no seu compêndio sobre as leis babilônicas e assírias, comparando sua atuação à futura *commenda* no Mediterrâneo, instituição considerada dependente da escrita. "O agente toma ações ou dinheiro do dono do capital, assina por ele, concorda em pagar tanto de lucro e vai ao mercado tentando obter o máximo" (1904: 78). A comparação com as práticas comerciais de Veneza e dos árabes do Oriente Médio é ampliada nas obras de Landsberger, Garelli e Larsen (1976: 102). Oppenheim chama atenção para atividades similares nas cidades fenícias na Idade do Ferro e entre as caravanas dos nabateus dos primeiros séculos de nossa era (1964: 92). Em cada um desses casos, mercadores parcialmente independentes e sob certo grau de proteção do seu rei ou da nobreza local realizavam operações comerciais e bancárias de tipo capitalista, um tipo que nos tempos modernos se expandiu à indústria além do comércio.

Isso não quer dizer que as "grandes organizações" não dominavam, na maior parte do período mais antigo, os processos de produção e distribuição. Mas como estudiosos do comércio assírio deixam claro, a noção de Polanyi sobre comércio estatal, sem mercado e sem dinheiro (1957) simplesmente não se sustenta para todo o período. De acordo com Larsen, "as antigas colônias comerciais assírias no norte da Síria e na Anatólia baseavam-se num sistema socioeconômico de tipo 'capitalista' em que o comércio de longa distância permaneceu um empreendimento privado de risco" (1976: 16). Não apenas no comércio mas também nos setores fundiário, de trabalho e de produção encontramos atividades de risco e outras formas econômicas que mais tarde na história humana vieram a dominar o sistema social.

O que não encontramos, naturalmente, é uma economia capitalista industrial de tipo moderno. Mas é algo totalmente diferente negar a presença de atividades econômicas de tipo capitalista. Tal controvérsia representa uma ressaca de tipos anteriores de teoria evolucionista da sociedade humana em que os estágios tendem a sobredeterminar a natureza da ação social. Uma teoria sobredeterminada de estágio significa, por exemplo, que "dinheiro" ou "mercados" só podem existir por definição em certos períodos globalmente identificados, por exemplo, sob os estágios designados como capitalismo ou feudalismo. Grande parte dos dados da história econômica ou social não justifica essas divisões radicais, com um sistema de troca, como o redistributivo, desaparecendo para abrir caminho a um outro sistema, ou o trabalho escravo desaparecendo da face da terra para ser substituído pela servidão. Tais pressupostos, onde são válidos, tendem a favorecer as sequências específicas de eventos registradas na Europa Ocidental. Mas, de qualquer forma, quando olhamos a Mesopotâmia antiga, a China do século XIV, a Índia do século XVI ou o Brasil do século XIX, verificamos a coexistência de uma variedade de formas de trabalho, de propriedade fundiária e de troca, embora obviamente em diferentes "mesclas". Segue que a mudança social consiste não tanto da ruptura dos sistemas sociais sob pressão de contradições internas para adotar novas formas de trabalho, novas relações de produção, mas na expansão de uma forma existentes às expensas de outra. A expansão pode ser súbita ou gradual, mas o importante é que essas formas alternativas de atividade social e econômica já existiam dentro do sistema social e assim fora desde o desenvolvimento da "civilização" na Idade do Bronze. E uma razão para sua presença primitiva era a íntima conexão da monetização, da tomada de crédito, da sociedade de negócios e da contabilidade sob todas as formas com a existência da escrita.

Em sua análise magistral da organização social e econômica, Weber diz que a "contabilidade do capital surgiu como uma forma básica de cálculo econômico apenas no mundo ocidental" (1947a: 193), que é uma forma de contabilidade monetária peculiar à "atividade econômica lucrativa racional" que "visa a avaliação e verificação de oportunidades de lucro e sucesso" (p. 191). Ao mesmo tempo ele reconheceu que uma forma elementar dessa atividade já se encontrava na *commenda*, de que discutimos uma variedade.

> Nos primórdios da atividade lucrativa racional, o capital aparece, embora não com esse nome, como uma soma de dinheiro usada em contabilidade. Assim na relação de *commenda* vários tipos de mercadorias eram

confiadas a um mercador em viagem para venda num mercado externo, e possivelmente ele era também comissionado para comprar outros bens que se pretendia vender internamente. O lucro ou perda era então dividido em determinada proporção entre o mercador e o empresário que adiantou o capital. Mas para isso acontecer era necessário avaliar as mercadorias em dinheiro, isto é, fazer balanços no início e no fim do empreendimento. O "capital" da relação de *commenda* ou a *societas maris* [em latim, sociedade para financiar comércio marítimo – N.T.] era simplesmente essa avaliação em dinheiro, que servia apenas ao propósito de acertar as contas entre as partes, nada mais (1947a: 196).

Como Weber percebeu ao falar das "limitações no desenvolvimento do capitalismo" no mundo antigo, atividades de tipo capitalista eram realizadas muito antes da existência da *commenda* medieval, atividades que eram dependentes de complexos processos contábeis. Por que então a contabilidade de capital só é encontrada como forma básica no mundo ocidental? É porque se considera característica essencial a escrituração de entrada dupla, que parece ter sido uma invenção italiana relativamente tardia, publicada pela primeira vez em 1494 mas já usada desde duas gerações antes? É porque eram necessárias especificações extras, as "empresas de fins lucrativos com balanço de capital" tendo que estar "duplamente orientadas para o mercado, nele adquirindo meios de produção e nele vendendo seu produto"? (p. 201). No entanto, a racionalidade da contabilidade monetária em que Weber insiste está claramente presente na Antiguidade e não teve que esperar o Renascimento europeu, pois sua existência estava diretamente ligada ao uso da escrita para o registro de ingressos e despesas das "firmas" mercantis e também dos templos e palácios do Oriente Médio. Fossem quais fossem os importantes desenvolvimentos ocorridos mais tarde, não incluíam a introdução da racionalidade ou da contabilidade.

Um exame das implicações da escrita nesses contextos leva-nos a especificar de várias maneiras os pressupostos antropológicos e históricos. Primeiro, precisamos desafiar a maneira pela qual a categorização das atividades humanas em, digamos, redistributivas ou de troca se transforma em tipos ou estágios de sociedade de tal modo que uma espécie de atividade é vista não apenas como dominante de toda a gama de ação econômica mas também como excludente de outras possibilidades. As possibilidades em geral já estavam presentes, ainda que subdominantes. Em segundo lugar, é ainda mais necessário questionar essas dicotomias e distinções baseadas mais na sensação do que em fatos, mais no sentimento do que no estudo, que tendem a separar-nos de nossos antecessores por um abismo profundo. O caso realmente não exige a criação dos mundos clássicos da Grécia e de Roma, exceto para aqueles que veem uma divisão fundamental tanto de mentalidade quanto de produção entre o moderno e o tradicional, entre industrial e pré-industrial, capitalista e pré-capitalista. Mas há também uma Grande Divisão que classifica de primitivo tudo o que aconteceu antes da Atenas do século V. Muito sem dúvida contribuíram para o desenvolvimento das culturas humanas aqueles dois períodos, mas pareceria perigoso traçar uma linha divisória muito forte entre "nós" e as grandes civilizações do antigo Oriente Médio (ou da Índia e da China, aliás), pois elas possuíram e utilizaram uma invenção fundamental da humanidade na esfera das comunicações, a saber, a escrita, e dela fizeram uso não apenas cosmético mas profundo em muitas áreas da vida social, permitindo o desenvolvimento de novas formas de organização social e novas maneiras de lidar com a informação.

Temos que ter cuidado, repito, e não traçar uma linha divisória muito forte. Se a escrita ajudou a desenvolver novas modalidades de operação em lógica formal, inicialmente o fez tornando explícito o que era implícito nas culturas orais, que não eram nem pré-lógicas nem alógicas exceto num sentido muito limitado dessas palavras.

Esses alertas são necessários porque superprivilegiar a experiência europeia com teorias de estágios que nos separam de forma muito aguda de outras sociedades leva-nos a cair na suposição autocelebrativa de que apenas em uma região do mundo podia ter ocorrido a modernização. Antes de atribuí-lo à ética econômica particular do protestantismo, por exemplo, é bom lembrar que mercadores budistas alfabetizados do Sri Lanka medieval não eram seriamente inibidos por seus preceitos religiosos, muito menos os empreendedores fabricantes de seda e cerâmica na China medieval ou de algodão na Índia, mais ou menos à mesma época. Na verdade, os próprios monastérios budistas eram dirigidos como "negócios", com abundância de registros, deixando de lado a tradição ascética dos fundadores e se tornando, como o próprio Weber observou sobre templos e mosteiros de outra região, "os lugares mesmo de toda economia racional". Com efeito, na China e no Tibé, como em algumas ordens da Europa Ocidental, eles estavam profundamente envolvidos no comércio. E a natureza dessa "racionalidade" estava ligada ao uso da escrita para finalidades tanto econômicas quanto religiosas.

As sementes de muitos fatores que associamos à ascensão do Ocidente não foram plantadas na Europa Ocidental mas alhures, mesmo em outras partes que não as culturas descendentes da Grécia e de Roma. No sentido limitado de racional que o argumento de Weber implica (e que é toda noção, como a de lógica, que vale a pena analiticamente), as economias "racionais" e, de forma mais geral, as atividades "racionais" foram instituídas não pelo advento do capitalismo na Europa, mas pelo advento da escrita na Mesopotâmia 4.500 anos antes, ou melhor, pelos desdobramentos que se deram lentamente como "implicações" da escrita. O advento da escrita estava, por sua vez, ligado a mudanças no sistema de produção, distribuição e consumo, mas não simplesmente como efeito passivo dessas mudanças. É óbvio que tudo isso não criou o capitalismo – muitos desenvolvimentos posteriores tiveram lugar no sistema de produção e de distribuição, assim como no de comunicação no sentido mais estrito. Mas alguns dos aspectos em geral associados a esses desdobramentos futuros aparecem no período inicial de uma forma que os liga ao advento da escrita e à criação de uma tradição escrita. A generalização dos meios de troca é um desses fatores, como também a escrituração "racional". Por essas e outras razões, uma análise dos efeitos da comunicação pode levar a uma modificação da dicotomia aguda que tantos supõem entre moderno e tradicional, industrial e pré-industrial, capitalista e pré-capitalista, modificação que pode impedir-nos de prematuramente "primitivizar" a vida social de outras "civilizações". Não se trata de desprezar mas de reprogramar as diferenças, dando mais peso à tecnologia e aos conteúdos (incluindo os ideológicos) de novos sistemas de comunicação.

Não é apenas no campo econômico que um estudo das implicações da escrita nos leva a tal reavaliação, mas também no campo religioso. Como no caso do direito, o próprio conceito de religião é afetado. E também a questão do *status* da Igreja como corpo parcialmente independente na sociedade, como uma de suas grandes organizações. O papel dessa Igreja difere do que Durkheim viu na "Igreja" dos nativos australianos, com uma certa autonomia baseada no seu controle de recursos e também de um importante setor da comunicação escrita. Essa independência parcial significa que a Igreja nunca é simplesmente um braço do sistema político, sendo mesmo às vezes seu rival, com os templos e monastérios focando distintamente o poder local, especialmente quando o governo central se mostra fraco. Igualmente, quando esse governo é mais forte, os recursos da Igreja constituem uma presa tentadora a ser usada para suplementar a renda pessoal dos governantes, para erigir monumentos públicos, para distribuir entre os leigos ou investir em novos processos produtivos, consequências essas que ocorreram todas em diferentes pontos da história humana.

Ao longo deste ensaio discuti uma série de outras questões, mas de modo tão sumário que seria absurdo resumir ainda mais um tratamento que já foi extremamente breve sobre um tema vasto: a influência de um importante modo de comunicação, a escrita, na organização social. Sem dúvida omiti muita coisa e incluí fatores diversos do que outros teriam enfatizado aqui e ali. O objetivo foi explicar alguns aspectos da diferença entre sistemas socioculturais que outros podem já ter observado mas que não relacionaram da maneira específica como o fiz.

Ao pegar esse fio da meada, que são os meios e relações de comunicação, não pretendo negar a relevância de outros. Qualquer impressão contrária deriva do método de exposição, que foi selecionar um tópico e segui-lo, em vez de adotar uma linha diferente que seria tentar investigar toda a ampla variedade de fatores relevantes num campo de estudo ou numa situação histórica. Como sugeri na introdução, a análise do caminho seria uma forma de pesar esses diferentes fatores, mas nem o material nem a investigação se prestam a essa técnica. Por outro lado, simplesmente listar toda possível influência sem pesar nenhuma delas é um exercício de pouco valor intelectual, embora possa fornecer conveniente escapatória ao acadêmico supercauteloso que olha ao redor em busca de um algum tipo de modelo explicativo. Nem pretendi argumentar que a introdução da escrita leva imediata ou necessariamente às mudanças que destaquei. A tradição escrita é cumulativa, constrói-se com o tempo. Tentei delinear os efeitos dessa tradição sobre a evolução da organização social, especialmente nas fases de transição. Mas vejo esses efeitos mais como tendências do que necessidades.

Terminaria com mais dois comentários, um novo, outro velho. Ao tratar da lei, introduzi deliberadamente os dados sobre a Inglaterra medieval para indicar que em matéria de meios não estávamos lidando com uma evolução contínua, retilínea, unilinear. Há muitos soluços, fluxos e refluxos num processo ininterrupto. A Europa medieval reviveu, por invenção ou adoção, muitos dos desenvolvimentos da burocracia de governo ocorridos no Oriente Médio uns 3.000 anos antes. No processo, cada região, cada país deu a esses desdobramentos uma característica particular; os efeitos da escrita e da tradição escrita não foram idênticos na Inglaterra e na Itália. Acredito, no entanto, que há bastante coisa em comum que nos permite falar de tendências gerais.

Por fim, a ressalva com que iniciei. Estive tratando, pelo menos em parte, com diferenças societárias que outros já observaram e caracterizaram de maneiras específicas, por exemplo, em termos do contraste entre universal e particular, entre abstrato e concreto, entre flexível e formal. Algumas designações, como por exemplo "descontextualizado", são menos que satisfatórias, pois estamos lidando em geral com tendências e não com dicotomias; nada é completamente "descontextualizado" nem completamente "universal". Além do mais, essas tendências podem ser específicas de determinados campos, por exemplo, a "flexibilidade" maior dada aos contratos ocorre junto com uma maior formalidade no registro de terras. É parcialmente por causa dessas considerações que um resumo levaria apenas a mal-entendidos ao colocar em risco ainda mais o delicado equilíbrio que qualquer investigação desse tipo tem que encontrar entre o geral e o particular, especialmente na qualidade e uso das palavras. Não é difícil tornar o texto obscuro demais ou extremamente simplista. Um equilíbrio é mais fácil de manter se discriminamos mais cuidadosamente com a ajuda de desagradáveis neologismos. Na nossa situação, "[t]enho que usar palavras quando falo com você", como observa o *Sweeney Agonistes* de Eliot. Essa frase pode servir como resumo da natureza da minha investigação, que envolveu uma exploração das diferenças na vida social, em que uso palavras para escrever e também para falar, a você ou qualquer outra pessoa.

Referências

ABRAHAMS, R.G. (1966). Succession to the chiefship in northern Unyamwezi. In: GOODY, J. (ed.). *Succession to High Office*. Cambridge.

ADAMS, R.M. (1975). The emerging place of trade in civilizational studies. In: SABLOFF, J.A. & LAMBERG-KARLOVSKY, C.C. (eds.). *Ancient Civilizations and Trade*. Albuquerque.

_____ (1974). Anthropological perspectives on ancient trade. *Current Anthropology*, 15, p. 239-258.

_____ (1966). *The Evolution of UrbanSociety*: Early Mesopotamia and Prehispanic Mexico. Chicago.

AMES, M. (1964). Magical-animism and Buddhism: a structural analysis of the Sinhalese religious system. In: HARPER, E.B. (ed.). *Religion in South Asia*. Seattle.

AMIET, P. (1982). Introduction historique. In: ANDRÉ-LEIKNAM, B. & ZIEGLER, C. (eds.). *Naissance de l'écriture*: cunéiformes et hiéroglyphes. Paris: Ministère de la Culture.

_____ (1972). *Glyptique Susienne*. Paris [Mém. de la Délégation Archéologique em Iran, col. 43].

_____ (1966). Il y a 5000 ans les Elamites inventaient l'écriture. *Archéologia*, 12, p. 20-22.

ASSMANN, J. (1983a). Schrift, Todd und Identität – Des Grab als Vorschuleder Literatur im alten Ägypten. In: ASSMANN, A. & ASSMANN, J. & HARDMEIER, C. (eds.). *Schrift und Gedächtnis*: Beiträge zur Archäologie der literarischen Kommunikation. Munique.

_____ (1983b). *Re und Amun*: Die Krise des polytheistischen Weltbilds in Ägypten der 18-10 Dynastie. Friburgo.

BAINES, J. (1985). Theories and universals of representation – Heinrich Schäfer and Egyptian art. *Art History*, 8, p. 1-25.

_____ (1983a). Literacy and ancient Egyptian society. *Man*, 18, p. 572-599.

_____ (1983b). Review of Assmann. *Journal of Biblical Literature*.

BARNES, J.A. (1954). *Politics in a Changing Society*: A Political History of the Fort Jameson Ngoni. Oxford.

BARTON, R.F. (1949). *Ifugao Law*. Berkeley.

BERNARD, C. & GRUZINSKI, S. (1985). La Famille em Mésoamérique et dans les Andes. *Encyclopédie de la Famille*. Paris.

BIRLEY, R. (1977). *Vindolanda* – A Roman Frontier Post on Hadrian's Wall. Londres.

BIROT, M. (1960). *Textes administratifs de la salle 5 du palais*. Paris [Archives Royales de Mari, IX].

BLACK-MICHAUD, J. (1975). *Cohesive Force*: Feud in the Mediterranean and the Middle East. Oxford.

BLAINEY, G. (1982). *The Tyranny of Distance*: How Distance Shaped Australia's History. Melbourne.

BOAS, F. (1927). *Primitive Art*. Oslo.

BOHANNAN, P. (1957). *Justice and Judgement among the Tiv*. Londres.

BOTTÉRO, J. (1982a). Écriture et civilization em Mésopotamie. In: ANDRÉ-LEIKNAM, B. & ZIEGLER, C. (eds.). *Naissance de l'écriture*: cunéiformes et hiéroglyphes. Paris: Ministère de la Culture.

_____ (1982b). Le "Code" de Hammu-rabi. *Annali della Scuola Normale Superiore di Pisa*, 12, p. 409-444.

BOURDIEU, P. (1977). *Outline of a Theory of Practice*. Cambridge.

BOWDICH, T. (1819). *Mission from Cape Coast Castle to Ashantee*. Londres.

BOWSER, F.P. (1974). *The African Slave in Colonial Peru 1524-1650*. Stanford.

BRACTON, H. (1968). *On the Laws and Customs of England*. Cambridge, Mass. [Ed. de G.E. Woodbine; trad. de S.E. Thorne].

BRITISH MUSEUM (1963). *Writing in Ancient Western Asia*: Its Origin and Development from Pictures to Letters [Catálogo com ilustrações em diapositivos] [repr., Londres, 1968].

CARRITHERS, M.B. (1983). *The Forest Monks of Sri Lanka*: An Anthropological and Historical Study. Délhi.

CHADWICK, J. (1976). *The Mycenean World*. Cambridge.

_____ (1959). A prehistoric bureaucracy. *Diogenes*, 26, p. 7-18.

CLANCHY, M.T. (1979). *From Memory to Written Record*: England 1066-1307. Londres.

COLE, M. & KEYSSAR, H. (1982). *The concept of literacy in print and film*. San Diego: University of California [manuscrito].

COLLINS, E. (1962). The panic element in nineteenth-century British relations with Ashanti. *Transactions of the Historical Society of Ghana*, 5, p. 79-144.

COLLOMP, A. (1983). *La Maison du père*: famille et village em Haute Provence au XVII et XVIII^{ièmes} siècles. Paris.

COLSOON, E. (1968). Political anthropology: the field. *International Encyclopedia of the Social Sciences*, 12, p. 189-193. Nova York.

_____ (1950). Possible repercussions of the right to make wills. *Journal of African Administration*, 2, p. 24-34.

COQUÉRY-VIDROVITCH, C. (1969). Recherches sur un mode de production africain. *La Pensée*, 144, p. 61-78.

DALLEY, S. (1984). *Mari and Karana*: Two Old Babylonian Cities. Londres.

DAMPIERE, É. (1967). *Um ancien Royaume bandia du Haut-Oubangui*. Paris.

DAS, S.K. (1930). *The Educational System of the Ancient Hindus*. Calcutá.

DAUBE, O. (1947). *Studies in Biblical Law*. Cambridge.

DE ROOVER, R. (1963). The organization of trade. In: POSTAN, M.M.; RICH, E. & MILLER, E. (eds.). *The Cambridge Economic History of Europe* – Vol. III: Economic Organization and Policies in the Middle Ages. Cambridge.

DEWDNEY, S. (1975). *Scrolls of the Southern Ojibwa*. Toronto.

DIAMOND, A.L. (1971). *Primitive Law, Past and Present*. 3. ed. rev.

DIEN, A.E. (1976). Elite lineages and the T'o-pa accommodation: a study of the edict of 495. *Journal of the Economic and Social History of the Orient*, 19, p. 61-88.

DUMONT, L. & POCOCK, D. (1959). On the different aspects or levels in Hinduism. *Contributions to Indian Sociology*, 3, p. 40-54.

_____ (1957). For a sociology of India. *Contributions to Indian Sociology* 1, p. 7-22.

DURKHEIM, É. (1947). *The Elementary Forms of the Religious Life*. Glencoe, Ill. [Trad. de J.W. Swain] [1. ed. francesa, 1912].

_____ (1933). *On the Division of Labour in Society*. Nova York [Trad. de G. Simpson] [1. ed. francesa, 1897].

DYER, C. (1980). *Lords and Peasants in a Changing Society*: the Estates of the Bishopric of Worcester, 680-1540. Cambridge.

EDWARDS, I.E.S. (1971). The early dynastic period in Egypt. In: EDWARDS, I.E.S.; GADD, C.J. & HAMMOND, N.G.L. (eds.). *The Cambridge Ancient History*. Vol. I, parte 2. Cambridge.

_____ (1947). *The Pyramids of Egypt*. Harmondsworth, Middlesex [2. ed., 1962].

EISENSTEIN, E.L. (1979). *The Printing Press as an Agent of Change*: Communications and Cultural Transformations in Early Modern Europe. 2 vols. Cambridge.

EPSTEIN, A.L. (1967). The case method in the field of law. In: EPSTEIN, A.L. (ed.). *The Craft of Social Anthropology*. Londres.

_____ (1954). *Judicial Techniques and the Judicial Process*: A Study in African Customary law. Manchester [The Rhodes Livingstone Papers, n. 23].

_____ (1953). *The Administration of Justice and the Urban African*: A Study of Urban Native Courts in Northern Rhodesia. Londres: HMSO [Colonial Research Studies, n. 7].

ERNOUT, A. & MEILLET, A. (1951). *Dictionnaire Etymologique de la Langue Latine*: histoire des mots. Paris.

ESCARD, F. (1897). Paroisses et communes autonomes Hoedic et Houat – Solutions anciennes de la question sociale. *Revue Internationale, Scientifique, Littéraire et Artistique*, 4, p. 55-78.

EVANS-PRITCHARD, E.E. (1971). *The Azande*: History and Political Institutions. Oxford.

_____ (1956). *Nuer Religion*. Oxford.

_____ (1940). *The Nuer*: A Description of the Modes of Livelihood and Political Institutions of a Nilotic People. Oxford.

FALKENSTEIN, A. (1936). *Archaische Texte aus Uruk*. Leipzig.

FALLERS, L.A. (1969). *Law Without Precedent*. Chicago.

_____ (1956). *Bantu Bureaucracy*: A Study of Integration and Conflict in the Political Institutions of an East African People. Cambridge.

FAUCONNET, P. (1920). *La Responsabilité*. Paris.

FINLEY, M. (1983). *Politics in the Ancient World*. Cambridge.

FLANAGAN, J.W. (1981). Chiefs in Israel. *Study of the Old Testament*, 20, p. 47-73.

_____ (1979). The relocation of the Davidic capital. *American Academy of Religion*, 47, p. 223-244.

FORTES, M. (1962). Ritual and office in tribal society. In: GLUCKMAN, M. (ed.). *Essays on the Ritual of Social Relations*. Manchester.

_____ (1949). *The Web of Kinship among the Tallensi*. Londres.

_____ (1945). *The Dynamics of Clanship among the Tallensi*. Londres.

_____ (1936). Culture contact as a dynamic process: an investigation in the Northern Territories of the Gold Coast. *Africa*, 9, p. 24-55.

FORTES, M. & EVANS-PRITCHARD, E.E. (eds.) (1940). *African Political Systems*. Londres.

FOUCAULT, M. (1979). On governmentality. *Ideology and Consciousness*, 6, p. 5-21.

FRANK, A.G. (1981). *Reflections on the World Economic Crisis*. Londres.

FRIBERG, J. (1978-1979). *The Third Millenium Roots of Babylonian Mathematics*. Parte 1. Göteborg.

FRIED, M. (1967). *The Evolution of Political Society*. Nova York.

FRIEDMAN, J. (1979). *System, Structure and Contradiction*: The Evolution of "Asiatic" Social Formations. Copenhague [Social Studies in Oceania and South East Asia, n. 2].

_____ (1975). Tribes, states and transformations. In: BLOCH, M. (ed.). *Marxist Analysis and Anthropology*. Londres [ASA Studies 3].

FULLER, C.J. (1984). *Servants of the Goddess*: The Priests of a South Indian Temple. Cambridge.

GADD, C.J. (1971). The dynasty of Agade and the Gutian invasion. In: EDWARDS, I.E.S.; GADD, C.J. & HAMMOND, N.G.L. (eds.). *The Cambridge Ancient History*. Vol. II, parte 2. Cambridge.

GARDINER, A.H. (1947). *Ancient Egypt Onomastica*. 2 vols. Londres.

GARELLI, P. (1969). *Le Proche-Orient asiatique*: des origines aux invasions des peuples de la mer. 2 vols. Paris.

GEERTZ, C. (1980). *Negara*: The Theatre State in Nineteenth-century Bali. Princeton, N.J.

GELB, I.J. (1952). *A Study of Writing*. Chicago [2. ed., 1963].

GELLNER, E. (1978). Notes towards a theory of ideology. *L'Homme*, 18, p. 69-82.

GLANVILL, R. (1965) [suposto autor]. *The Treatise on the Laws and Customs of England, commonly called Glanvil*. Londres [Ed. de G.D.G. Hall].

GLUCKMAN, M. (1965). *The Ideas in Barotse Jurisprudence*. New Haven.

_____ (1958). Analysis of a Social Situation in Modern Zululand. *Rhodes-Livingstone Paper*, 28.

_____ (1955). *The Judicial Process among the Barotse of Northern Rhodesia*. Manchester.

_____ (1947). African land tenure. *Scientific American*, 22, p. 157-168.

GODELIER, M. (1977). *Perspectives in Marxist Anthropology*. Cambridge.

GOEDICKE, H. (1979). Cult-temple and State during the Old Kingdom in Egypt. In: LIPINSKI, E. (ed.). *State and Temple Economy in Ancient Near East*. Lovaina [Orientalia Loraniensia Analecta, 5-6].

GOODY, J. [no prelo]. Writing, religion and revolt in Bahia. *Visible Language*.

_____ (1986). The construction of a ritual text. *Proceedings of Berlin Conference on Ritual*.

_____ (1983). *The Development of Family and Marriage in Europe*. Cambridge.

_____ (1982). *Cooking, Cuisine and Class*. Cambridge.

_____ (1981a). Alphabet and writing. In: WILLIAMS, R. (ed.). *Meanings and Messages*: The World of Human Communication. Londres.

_____ (1981b). Scrifice among the LoDagaa and elsewhere; a comparative comment on implicit questions and explicit rejections. *Systèmes de pensée em Afrique noire: le sacrifice IV*, cahier 5, p. 9-22. Ivry: CNRS.

_____ (1980). Rice burning and the Green Revolution in northern Ghana. *Journal of Development Studies*, 16, p. 136-155.

_____ (1978). Population and policy in the Voltaic region. In: FRIEDMAN, J. & ROWLANDS, M. (eds.). *The Evolution of Social Systems*. Londres.

_____ (1977). *The Domestication of the Savage Mind*. Cambridge.

_____ (1975). Religion, social change and the sociology of conversion. In: GOODY, J. (ed.). *Changing Social Structure in Ghana*. Londres.

_____ (1972a). *The Myth of the Bagre*. Oxford.

_____ (1972b). Literacy and the non-literate. *Times Literary Supplement*, mai./1972, P. 539-540 [Repr., DISCH, R. (ed.). *The Future of Literacy*. Princeton].

_____ (1971). *Technology, Tradition and the State*. Londres.

_____ (1970). Sideways and downwards: lateral and vertical succession, inheritance and descent in Africa and Eurasia. *Man*, 5, p. 627-638.

_____ (1969). The classification of double descent systems. *Current Anthropology*, 1961 [Repr., *Comparative Studies in Kinship*. Stanford].

_____ (1968a). Restricted literacy in northern Ghana. In: GOODY, J. (ed.). *Literacy in Traditional Societies*. Cambridge.

_____ (1968b). The social organisation of time. *International Encyclopedia of the Social Sciences*, 16, p. 30-42.

_____ (1967). The over-kingdom of Gonja. In: FORDE, D. & KABERRY, P. (eds.). *West African Kingdoms*. Londres.

_____ (1966). Circulating succession among the Gonja. In: GOODY, J. (ed.). *Succession to High Office*. Cambridge.

_____ (1963). Feudalism in Africa? *Journal of African History*, 5, p. 304-345.

_____ (1962). *Death, Property and the Ancestors*. Stanford.

_____ (1957). Anomie in Ashanti? *Africa*, 27, p. 356-365.

_____ (1954). *The Ethnography of the North Territory of the Gold Coast, West of the White Volta*. Londres: Colonial Office.

_____ [inédito]. *The economic base of British Social Anthropology between the wars* [manuscrito].

GOODY, J. (ed.) (1978). *Literacy in Traditional Societies*. Cambridge.

GOODY, J.; COLE, M. & SCRIBNER, S. (1977). Writing and formal operations: a case study among the Vai. *Africa*, 47, p. 289-304.

GOODY, J. & WATT, I.P. (1963). The consequences of literacy. *Comparative Studies in Society and History*, 5, p. 304-345.

GREEN, M. (1981). The construction and implementation of the cuneiform writing system. *Visible Language*, 15, p. 345-372.

GUIGUE, M.C. (1863). *De l'Origine de la signature et de son emploi au moyen âge principalement dans les pays de droit écrit*. Paris.

GULLIVER, P.J. (1963). *Social Control in an African Society* – A Study of the Arusha, Agricultural Masai of Northern Tanganyika. Boston.

GUNAWARDANA, R.A.L.H. (1979). *Robe and Plough*: Monasticism and Economic Interest in Early Medieval Sri Lanka. Tucson [Association for Asian Studies, n. 35].

HARRIS, R. (1961). On the process of secularization under Hammurabi. *Journal of Cuneiform Studies*, 15, p. 117-120.

HART, K. (1961). *The Concept of Law*. Londres.

HAWKINS, J.D. (1979). The origin and dissemination of writing in Western Asia. In: MOOREY, P.R.S. (ed.). *Origins of Civilization*. Oxford [Wolfson College Lectures, 1978].

HÉBERT, J.C. (1965). La cosmographie malgache suivie de l'énumération des points cardinaux et l'importance du nord-est. *Taloha I. Annales de la Faculté des Lettres*. Université de Madagascar.

―――― (1961). Analyse structurale des géomancies comoriennes, malgaches et africaines. *Journal de la Société des Africanistes*, 31, p. 115-208.

HEMMING, J. (1978). *The Search for El Dorado*. Londres.

HERSKOVITS, M.J. (1938). *Dahomey, an Ancient West African Kingdom*. 2 vols. Londres.

HOCART, A.M. (1950). *Caste*. Londres.

HOMANS, G.C. (1942). *English Vilagers of the Thirteenth Century*. Cambridge, Mass.

HOPKINS, K. [inédito]. *Literacy, monetization and obsessional record-keeping in two Egyptian villages*.

HORNUNG, B. (1982). *Conceptions of God in Ancient Egypt, The One and the Many*. Ithaca, NY [Trad. de J. Baines] [Ed. Alemã, 1971].

HOWE, J. (1985). *The Kuna Gathering*. Stanford.

―――― (1979). The effects of writing on the Cuna political system. *Ethnology*, 18, p. 1-16.

HUMPHREYS, S. (1985a). Law as discourse. In: HUMPHREYS, S. (ed.). The Discourse of Law. *History and Anthropology*, 1, p. 241-264.

―――― (1985a). Social relations on stage: witnesses in Classical Athens. In: HUMPHREYS, S. (ed.). The Discourse of Law. *History and Anthropology*, 1, p. 313-369.

―――― [inédito]. *"La solidarité de la famille"*: kin as witnesses in ancient Athenian law courts.

INGALLS, D. (1959). The Brahman tradition. In: SINGER, M. (ed.). *Traditional India*: Structure and Change. Filadélfia: American Folklore Society.

JACOBSEN, T. (1943). Primitive democracy in Ancient Mesopotamia. *Journal of Near Eastern Studies*, 2, p. 159-172.

JAMES, T.G.H. (1979). *An Introduction to Ancient Egypt*. Ed. rev. Londres.

JANSSEN, J.J. (1982). Gift-giving in ancient Egypt as an economic feature. *Journal of Egyptian Archaeology*, 68, p. 253-258.

JOHNS, C.H.W. (1904). *Babylonian and Assyrian Laws, Contracts and Letters*. Edimburgo.

JORION, P. (1983). *Les Pêcheurs d'Houat*. Paris.

KABERRY, P. (1957). Primitive states. *British Journal of Sociology*, 8, p. 224-234.

KERN, F. (1939). *Kingship and Law in the Middle Ages*, Oxford [Trad. de S.B. Chrimes].

KRAMER, F.W. (1970). *Literature among the Cuna Indians*. Göteborg.

KRAMER, S.N. (1956). *From the Tablets of Sumer*: Twenty-five Firsts in Man's Recorded History. Indian Springs, Col.

LANDSBERGER, B. (1937). *Materialen zum Sumerischen Lexikon*. Roma [1 Die Serie ana ittišu].

LARSEN, M.T. (1976). *The Old Assyrian City State and its Colonies*. Copenhague.

_____ (1974). The Old Assyrian colonies in Anatolia. *Journal of the American Oriental Society*, 94, p. 468-475.

_____ (1967). *Old Assyrian Caravan Procedures*. Istambul.

LAST, M. (1967). *The Sokoto Caliphate*. Londres.

LEACH, E. (1954). *The Political Systems of Highland Burma*: A Study of Kachin Social Structure. Londres.

LE BRUN, A. & VALLAT, F. (1978). L'Origine de l'écriture à Suse. *Cahiers de la Délégation Archéologique Française em Iran*, 8, p. 15-18.

LEVTZION, N. (1966). Early nineteenth century Arabic manuscripts from Kumasi. *Transactions of the Historical Society of Ghana*, 8, 1965, p. 99-119.

LIEBERMAN, S.J. (1980). Of clay pebbles, hollow clay balls, and writing: a Sumerian view. *American Journal of Archaelogy*, 84, p. 339-358.

LLEWELLYN, K.N. & HOEBEL, E.A. (1961). *The Cheyenne Way*. Norman, Okl.

LLOYD, A.B. (1983). The Late Period, 664-323 BC. In: TRIGGER, B.G. et al. *Ancient Egypt*: A Social History. Cambridge.

LLOYD, G.E.R. (1979). *Magic, Reason and Experience*: Studies in the Origin and Development of Greek Science. Cambridge.

LLOYD, P.C. (1962). *Yoruba Land Law*. Londres.

LOPEZ, R.S. (1952). The trade of medieval Europe: the South. In: POSTAN, M. & RICH, E.E. (eds.). *The Cambridge Economic History of Europe* – Vol. II: Trade and Industry in the Middle Ages. Cambridge.

MacCHAPIN, N. (1983). *Curing among the San Blas Cuna*. Universidade do Arizona [Tese de doutorado].

MAINE, H.S. (1931). *Ancient Law*. Londres [1. ed., 1861].

MALAMAT, A. (1973). Tribal societies: biblical genealogies and African lineage systems. *Archives Européens de Sociologie*, 14, p. 126-136.

MALINOWSKI, B. (1938). Introductory essay on the anthropology of changing African cultures. *Methods of Study of Culture Contact in Africa*. Londres [International Institute of African Languages and Cultures – Memorando 15].

MARRIOTT, M. (1955). Little communities in an indigenous civilization. In: MARRIOTT, M. (ed.). *Village India*. Chicago.

MATTHIAE, P. (1980). *Ebla*: An Empire Rediscovered. Londres [Ed. Italiana, 1979].

MELLAART, J. (1968). Anatolian trade with Europe and Anatolian geography and culture provinces in the late Bronze Age. *Anatolian Studies*, 18, p. 187-202.

MORLEY, S.G. & BRAINERD, G.H. (1983). *The Ancient Maya*. Stanford [Rev. De R.J. Sharer].

MORRIS, H.S. (1953). *Report on a Melanau Sago Producing Community in Sarawak*. Londres [Colonial Research Studies, n. 9].

MURDOCK, G.P. (1959). *Africa, its Peoples and their Culture History*. Nova York.

MURRA, J.V. (1980). *The Economic Organisation of the Inka State*. Greenwich, Conn.

NADEL, S.F. (1942). *A Black Byzantium*. Londres.

NASH, M. (1968). Economic Anthropology. *International Encyclopaedia of the Social Sciences*, 4, p. 359-365. Nova York.

NEUGEBAUER, O. & SACHS, A. (1945). *Mathematical Cuneiform Texts*. New Haven [American Oriental Series, 2].

NORDENSKIÖLD, E. (1938). *A Historical and Ethnological Study of the Cuna Indians*. Göteborg.

OBEYESEKERE, G. (1963). The great tradition and the little in the perspective of Sinhalese Buddhism. *Asian Studies*, 22, p. 139-153.

O'CONNOR, D. (1983). New Kingdom and Third Intermediate Period, 1552-664 BC. In: TRIGGER, B.G. et al. *Ancient Egypt*: A Social History. Cambridge.

OPPENHEIM, A.L. (1978). Man and nature in Mesopotamian civilization. *Dictionary of Scientific Biography*. Vol. XV, supl. 1. Nova York [Ed. C.C. Gillespie].

_____ (1964). *Ancient Mesopotamia*: Portrait of a Dead Civilization. Chicago.

_____ (1959). An operational device in Mesopotamean bureaucracy. *Journal of Near Eastern Studies*, 18, p. 121-128.

_____ (1954). The seafaring merchants of Ur. *Journal of the American Oriental Society*, 74, p. 6-17.

ORDERICUS VITALIS (1854). *The Ecclesiastical History of England*. Londres [Trad. de T. Forster].

PARSONS, T. (1960). *Structure and Process in Modern Society*. Glencoe, Ill.

_____ (1951). *The Social System*. Glencoe, Ill.

_____ (1947). Introdução. In: WEBER, M. *The Theory of Social and Economic Organization*. Edimburgo [Trad. de A.R. Henderson e T. Parsons].

_____ (1937). *The Structure of Social Action*. Glencoe, Ill.

PETTINATO, G. (1981). *The Archives of Ebla*: An Empire Described in Clay. Nova York.

PIGGOTT, S. (1950). *Prehistoric India to 1000 BC*. Harmondsworth, Middlesex.

PLANIOL, M. & RIPERT, G. (1925-1934). *Traité practique de drot civil français*. Paris.

POLANYI, K. et al. (1957). *Trade and Markets in the Early Empires*. Glencoe. Ill.

POSPISIL, L.J. (1958). *Kapauku Papuans and their Law*. New Haven.

POSTGATE, J.N. (1974). *Taxation and Conscription in the Assyrian Empire*. Roma [Studia Pohl, série maior 3].

POUND, R. (1942). *Social Control through Law*. New Haven.

POWELL, H.A. (1981). Three problems in the history of cuneiform writing: origins, direction of script, literacy. *Visible Language*, 15, p. 419-440.

PREBBLE, J. (1966). *Glencoe*: The Story of the Massacre. Londres.

PRYOR, F.L. (1977). *The Origins of the Economy*: A Comparative Study of the Distribution in Primitive and Peasant Economies. Nova York.

RADCLIFFE-BROWN, A.R. (1940). Prefácio. In: FORTES, M. & EVANS-PRITCHARD, E.E. (eds.). *African Political Systems*. Londres.

_____ (1935). Patrilineal and matrilineal succession. *Iona Law Review* 20, p. 286-303.

_____ (1933). Primitive law. *Encyclopaedia of the Social Sciences*, 9, p. 202-206. Nova York

RATTRAY, R.S. (1929). *Ashanti Law and Constitution*. Londres.

RENGER, J. (1979). Interaction of temple, palace and 'private enterprise' in the Old Babylonian economy. In: LIPINSKI, E. (ed.). *State and Temple Economy in the Ancient Near East*. Lovaina [Orientalia Lovaniensia Analecta, 5-6].

ROBERTSON SMITH, R. (1889). *The Religion of the Semites*. Londres.

SAHLINS, M. (1958). *Social Stratification in Polynesia*. Seattle.

SCHAPERA, I. (1955). The sin of Cain. *Journal of the Royal Anthropological Institute*, 85, p. 33-43.

_____ (1938). *A Handbook of Tswana Law and Custom*. Londres [2. ed., 1955].

SCHMANDT-BESSERAT, D. (1984). Before numerals. *Visible Language*, 18, p. 48-60.

_____ (1983). Tokens and counting. *Biblical Archaeology*, 46, p. 117-120.

_____ (1982a). How writing came about. *Zeitschrift für Papyrologie und Epigraphik*, 47, p. 1-5.

_____ (1982b). The emergence of recording. *American Anthropologist*, 84, p. 871-878.

_____ (1981a). Decipherment of the earliest tablets. *Science*, 211, p. 283-284.

_____ (1981b). From tokens to tablets: a revaluation of the so-called "numerical tablets". *Visible Language*, 15, p. 321-344.

_____ (1980). The envelopes that bear the first writing. *Technological Culture*, 21, p. 357-385.

_____ (1978). The earliest precursors of writing. *Scientific American*, 238, p. 38-47.

_____ (1977). An archaic recording system and the origin of writing. *Syro-Mesopotamian Studies*, 1/2, p. 1-32.

SCHOSKE, S. & WILDUNG, D. (1984). *Nofret die Schöne*: die Frau in alten Ägypten. Cairo/Mainz.

SCHULZ, F.H. (1936). *Principles of Roman Law*. Oxford [Trad. de M. Wolff].

SEAGLE, W. (1937). Primitive law and Prof. Malinowski. *American Anthropologist*, 39, p. 275-290.

SEMENOV, Y.I. (1980). The theory of socio-economic formations and world history. In: GELLNER, E. (ed.). *Soviet and Western Anthropology*. Londres.

SHILS, E. (1962). The theory of mass society. *Diogenes*, 39, p. 45-66.

SMITH, M.G. (1968). Political anthropology: political organization. *International Encyclopaedia of the Social Sciences*, 12, p. 193-202. Nova York

_____ (1960). *Government in Zazzau*. Londres.

SMITH, R.S. (1985). Rule-by-record and rule-by-reports: complementary aspects of British imperial rule of law. *Contributions to Indian Sociology*, 19, p. 153-176.

SOUTHALL, A.W. (1953). *Alur Society*. Cambridge.

SOUTHWOLD, M. (1961). *Bureaucracy and Chiefship in Buganda*. Kampala [East African Studies, n. 14].

SRINIVAS, M.N. (1956). A note of Sanscritization and Westernization. *Far Eastern Quarterly*, 15, p. 481-496.

STOCK, B. (1983). *The Implications of Literacy*: Written Languages and Models of Interpretation in the Eleventh and Twelfth Centuries. Princeton.

STOCKING, G.W. (1979). *Anthropology at Chicago*: Tradition, Discipline, Department. Chicago [Catálogo de exposição para a Regenstein Library].

SURET-CANALE, J. (1961). *Afrique Noire*. Paris.

TAMBIAH, S.J. (1970). *Buddhism and the Spirit Cults in North-east Thailand*. Londres.

THOMAS, K.V. (1983). *Man and the Natural World*: Changing Attitudes in England 1500-1800. Londres.

_____ (1978). *Religion and the Decline of Magic*: Studies in Popular Beliefs in 16th-century and 17th-century England. Harmondsworth, Middlesex [1. ed., 1971].

THOMPSON, E.P. (1975). *Whigs and Hunters* – The Origin of the Black Act. Harmondsworth, Middlesex.

TRIGGER, B.G. et al. (1983). *Ancient Egypt*: A Social History. Cambridge.

TURKLE, S. (1984). *The Second Self*: Computers and the Human Spirit. Nova York.

TYLOR, E.B. (1871). *Primitive Culture*. Londres.

UDOVITCH, A. (1985). Islamic law and the social context of exchange in the medieval Middle East. In: HUMPHREYS, S. (ed.). The Discourse of Law. *History and Anthropology*, 1, p. 445-465.

WALTON, L. (1984). Kinship, marriage and status in Song China: a study of the Lou lineage of Ningbo, c. 1050-1250. *Journal of Asian Studies*, 8, p. 35-77.

WEBER, M. (1947a). *The Theory of Social and Economic Organization*. Edimburgo [Trad. de A.R. Henderson e T. Parsons].

_____ (1947b). Religious rejections of the world and their directions. In: GERTH, H.H. & MILLS, G.W. [trads. e eds.]. *From Max Weber*. Londres.

_____ (1947c [1919]). Politics as vocation. In: GERTH, H.H. & MILLS, C.W. (trads. e eds.]. *From Max Weber*. Londres.

WEIL, T.E. et al. (1972). *Area Handbook for Panama*. Washington.

WHEATLEY, P. (1975). Sātyanṛta in Suvarṇadvīpa: From reciprocity to redistribution in ancient Southeast Asia. In: SABLOFF, J.A. & LAMBERG-KARLOVSKY, C.C. (eds.). *Ancient Civilizations and Trade*. Albuquerque.

WHITE, L. (1962). *medieval Technology and Social Change*. Oxford.

_____ (1940). Technology and invention in the Middle Ages. *Speculum*, 15, p. 141-158.

WILKS, I. (1966). Aspects of bureaucratization in Ashanti in the nineteenth century. *Journal of African History*, 7, p. 215-232.

WILSON, J.N. (1945). The assembly of a Phoenician city. *Journal of Near Eastern Studies*, 4, p. 245.

WITTFOGEL, K.A. (1957). *Oriental Despotism*: A Comparative Study of Total Power. New Haven.

WOOLLEY, L. (1963). *Prehistory and the Beginnings of Civilization, History of Mankind*: Cultural and Scientific Development. Vol. 1, parte 2. Londres: Unesco.

YOFFEE, N. (1979). The decline and rise of Mesopotamian civilization: an ethno-archaelogical perspective on the evolution of social complexity. *American Antiquity*, 44, p. 5-35.

_____ (1977). *The Economic Role of the Crown in the Old Babylonian Period*. Malibu [Bibliotecha mesopotamica: primary sources and interpretive analyses for the study of Mesopotamian civilization and its influences from late prehistory to the end of the cuneiform tradition. Ed. de G. Buccellati, vol. 5].

ZUIDEMA, T. (1982). Bureaucracy and systematic knowledge in Andean civilisation. In: COLLIER, G.A.; ROSALDO, R.L. & WIRTH, J.D. (eds.). *The Inca and Aztec States, 1400-1800*: Anthropology and History. Nova York.

Índice remissivo

Acádia 72, 99
   acadiano/a 47, 84, 101
   Sargão I de 99
Acerto de disputas 130s., 137, 147, 153, 156
Acordos 103s., 122
   cf. tb. Contratos, Transações
Administração 38, 46s., 54, 57s., 60, 62s., 65, 70-73, 76, 95-101, 106, 118, 153, 161
   alimentar no Egito 71s.
   introdução em Gana 113-115
   papel administrativo dos sacerdotes no antigo Oriente Médio 45
   reformas administrativas do papado gregoriano 154
   sistemas administrativos 92
África 18s., 22, 24, 53s., 73s., 86s., 89s., 93, 96-98, 101, 104, 107, 111s., 116-118, 124, 128, 133, 140, 142, 150, 156
   alur 91, 112
   axante 112
   califado de Sokoto 112
   comunicação e governo 107-111, 114s.
   do Norte 101
   escrita e economia 86-89
   escrita e *status* 116s.
   Etiópia 102, 141
   Meridional 134
      os tonga da 143, 145
   ngoni 91, 112

Nigéria 33
   os nupe da 118
Oriente 18, 86s., 93, 133, 160
Ocidental 34, 40, 61, 64, 71, 73, 98, 101s.
   cf. tb. Gana, Os lozi, Os lodagaa, Os vai, Os tiv, Os daomé, Busoga, Axante, Gonja
Tanzânia 160
   os nyamwezi da 111
   reino Kamba 111
Uganda 116
   sistema judicial em 160
   vizir de Sokoto 112
Agendas 121
América 55, 124, 129
   Central 95-98, 150
      índios da 151
   do Sul 65, 117
      Brasil 152, 170
      clero das fazendas 152
      incas 72
      Peru 74
      quipu 72, 97
   índios cuna do Panamá 121s.
   Nova Espanha 34
   pré-colombiana 97
Américas 38, 93, 95s.
   conquista espanhola das 96, 150
Anatólia 42, 76, 79
   Kanish 79, 81
Anglo-saxão 132, 160
   Inglaterra 149, 153

reserva de direito 144
riht 148s.
cf. tb. Inglaterra
Antigo Egito 18s., 27, 38-46, 48, 50, 62-65, 72, 75s., 100s., 117, 146, 161
  administração no 38, 70, 161
    romano 120
  Amenotep IV (Akhenaton) 41
  Amon-Rá 41s.
  antigo Império 38, 40, 46, 63, 146
  Casa Branca e 71, 161
  clero no 40-42, 44-46, 48s., 89, 98
  contratos escritos de casamento no 141
  culto aos mortos 38s.
  escribas 71
  escrita no 34s., 38-46, 71
  hieroglifos 39
  médio Império 38-40
  novo Império 40, 70
  ostraca 86
  papiros de Abusir 40
  pedra de Palermo 64
  ritual no 39s., 49s.
  Tebas 39, 41
  textos das pirâmides 40
  textos de sabedoria 39
Aristóteles 91, 118
Arquivos 155, 161
Ascetismo 31, 52s., 66s.
Assembleias 135
  debate 118-121
Assinaturas 146
Assíria 59, 79s., 125, 142, 168s.
  Eshnunna da 100
  Shamshi-Adad da 100
Astrologia 47s.
Astronomia 47s., 60s., 83
Axante 24, 26, 30, 103, 105, 107, 109s., 112, 140, 145
  adoção da escrita 101-103

axantehene 22, 108
festa Odwira 109
ouro 105
povo 19s., 102s., 143
religião 19-21, 26, 29s., 169
samansie 143
transmissão de mensagens 107s.

Babilônia 49, 84s., 169
  babilônios 58, 65, 70, 73, 79, 84, 100, 125
  Lagash 84
  reis cassitas 84s.
  Sippar 73
Bíblia 20s., 50s., 71, 169
  Antigo Testamento 165, 169
  Dez Mandamentos 37, 50
  versão autorizada 21
  cf. tb. Judaísmo, Cristianismo
Brâmanes 22, 29s.
Budismo/budistas 26, 35-37, 53, 66-68, 164
  doações aos mosteiros 66s.
  em Báli 22
  neobudismo 164
  Nirvana 37
  sangha 31s., 68s.
Burocracia(s) 32, 58, 62, 71s., 92-94, 101-107, 110, 112s., 115, 122, 124, 129, 139, 145, 153s., 166
  conceito weberiano de 93, 106, 115
  interesses legais nos estados burocráticos 129
Busoga 94, 128, 130, 133s., 136
  cortes de justiça 137
  lei 136-138, 149
Butim/pilhagem 95-97, 104

Calendários 56
  cálculos de 97s.
  cf. tb. Astronomia

Capitalismo 116, 169-173
Censo 69, 71, 95, 115
   indiano de 1872 115
   levantamento etnográfico da Índia 115
China 22, 31s., 46, 50, 55, 74s., 93, 98, 112, 118, 124, 164s., 170, 172
   caracteres chineses 60
   Hangzhou 88
   povo chinês 96
   taoismo 164
Classificação botânica 89
Código(s) 125, 127-133, 135, 139, 156s., 161s., 166
   de Hamurábi 76, 81s., 131, 160
   de Kiev 148
   de Reccessiwinth 148
Comércio 75s., 88s., 98, 142, 166-170
   participação familiar no 77, 79-81, 106, 166, 168s.
Commenda 77, 169-171
Comunicação 77, 85, 89s., 101, 103s., 107-113, 130, 136, 167s., 173
   de conceitos legais 136
   efeitos sobre o governo das mudanças na 92s., 124
   escrita 87s., 101, 107-113, 116s., 119-121, 173
      como meio de 58, 120
   externa e interna 101-106, 111
   modos de 130, 163, 173
   oral 93, 98, 101, 129
Consular
   correspondência 101-103, 112
Contabilidade 54, 58s., 62, 65-69, 71, 77, 81, 87s., 95-97, 104s., 115, 166s., 170s.
   balanço contábil 73s., 80s., 86, 95
   como língua não sintática 97
   contas 87
   linguagem usada em 97

palácio 73s., 95
cf. tb. Registros/arquivos
Contratos 84, 99, 123, 133, 140s., 146, 149, 161, 165
   contradições nos contratos orais 155s., 161, 165
   direito contratual 140-142
   escritos 140-142, 149
      na Itália medieval 161
   fórmulas 84
   orais 140s., 146
   propriedade 141
   cf. tb. Acordos, Tratados
Controle social 130s.
   com tribunais 130
   separação organizacional no 94, 164
   sociedades acéfalas 91s., 95, 102, 107, 129-131
   tribal 92
   cf. tb. Sociedades orais
Conversão religiosa 20s., 24s., 164
Corão 21, 33, 135, 142
Correspondência 98s., 101-103
   consular 101, 103, 112
Corveia 70s., 169
Crédito 78-82, 85, 87, 105, 166
Creta 46, 93
Cristianismo 18s., 25s., 28, 30, 34s., 37, 43, 68, 104, 164
   calvinismo 21
   coptas 19
   cristãos "não praticantes" 52
   ensino cristão 28, 30
   Etiópia cristã 141
   Igreja cristã 34, 52, 66, 144
   luteranismo 21
   Pai-nosso 49
   práticas e crenças cristãs 24s., 34
   tradição cristã, surgimento da religião canônica a partir da 43
   cf. tb. Igreja Católica, Protestantismo

Cultos 47, 63s., 102, 164
  aos mortos 38s.
  espírito 35-38
  fetichismo da mercadoria 20, 33s.
  mobilidade dos 165

Despotismo oriental 93, 111
Dez Mandamentos 37, 50
Dinheiro 55, 61, 167-171
  sistema de contagem 168
Direito/lei 20, 35, 52, 55, 58, 84s., 118, 125-162, 165
  advogados 85, 128-130, 138, 141, 147, 157
  alegações 147, 158
  busoga 136s.
  caso 129, 138s., 160s.
  codificação 127s.
  conflito entre direito nacional e costume local 127s.
  contratual 140-142
  cortes de justiça 20s., 119, 130-132, 134, 136, 138s., 145, 166
  definições de 125-152
  enquanto discurso 130
  especialistas em 138s., 141, 143, 157, 161
  espírito da 158-162
  europeu 129, 132, 137, 156
  fontes do/a 132, 135s.
    Livro do Juízo inglês como 153, 156
  gerando mudanças no/a 132-136
  inglês 128-130, 134, 157
    da blasfêmia 133
    comum 128
    medieval 156
  interesses legais nos estados burocráticos 129
  judicial e legal 127s.
  juízes 132, 137, 139, 147s., 161
  jurisprudência 132, 157, 160
  letra da 85, 158-162
  mudança de *status* por contrato 140s.
  oral 147
  precedente 129, 133s., 136s., 146, 148, 161
  raciocínio legal 136-138, 161
  romano 128s., 134, 157, 160
    tratados de Teodósio e Justiniano 160
  trâmites/procedimentos 147
  cf. tb. Direito consuetudinário, Código(s), Polícia, Contratos, Testamentos, Controle social, Tratados, Justiça
Direito consuetudinário 126-128, 132s., 135, 138, 144, 147, 149, 160
  como direito nacional primitivo 128, 157
  contradições no 155s.
  flexibilidade do 134, 165
  lei tribal 141
  posse consuetudinária 149s.
  regras 130s., 134, 137-147
  reserva de direito anglo-saxã 144
  transmissão oral no 132s., 143, 149
  uniões pelo direito comum 151-153
  cf. tb. Sociedades orais
Divindades masculinas e femininas 36
Documentos 105
  legais 84
  cf. tb. Testamentos, Contratos, Testemunhos, Acordos
Dotações/doações 32, 67
  aos mosteiros 66s., 164
Droit écrit 126, 154
Durkheim 19, 91, 141, 173

Economia 56-89
  aumento de complexidade através da escrita 87s.

efeito da escrita sobre a 54s.
efeito sobre o Estado 56
e o templo 44, 47, 51, 56, 63-69, 72, 85, 89
expansão da 55, 65
política 95
Escravos 101, 168
trabalho escravo 170
Escribas 51, 70s., 84, 118, 130, 161, 163
guardiães de registros 45
status dos 117
Escrita
advento do sistema fonético de 120
alcançar *status* através da 117, 163
alfabética 98, 120, 163
aumento da complexidade do comércio através da 61
codificação dos ideais através da 118, 121
como instrumento político 121
como meio de comunicação 58, 120
como meio de transmitir mensagens 102s., 107-109
como reflexo da estrutura social 129
como registro do pensamento 87
cuneiforme 56s., 60, 101
cursiva 39, 43
difusão de informação através da 88
e administração 46s., 94-97
e a economia antiga 57-63
e a economia palaciana 69-77
e desenvolvimento do Estado 93
e distribuição de poder 121
efeito dos materiais sobre a 39
efeito sobre os índios cuna 121s.
sobre a lei 125-128, 136s., 147s., 167
sobre a prática religiosa 34s., 46-48, 50, 58, 96, 164, 167, 173
sobre a ordem social 40, 118
sobre os sistemas de reciprocidade 86
ensino através de códigos 132
e o templo 57-60, 63
e poder 31, 35, 116, 119
esforço exigido pela 163
especialistas em 99, 116, 132, 143, 157
cf. tb. Escribas
incorporação de ideias através da 34, 113
influência sobre a ordem política 90-92, 107, 123
influência sobre os sistemas políticos 118
interesses legais nos estados burocráticos 129
logográfica 98, 112, 164
materiais usados no antigo Egito 39s.
mobilidade social através da 116s.
não sintática 62
reorganização da informação através da 87
ritual e 51-53
separação entre o público e o privado em estados sem 106s.
silábica 98
cf. tb. Representação gráfica
Estatuto(s) 136, 139, 146, 157
dos mercadores 154s.
Europa 37s., 53, 68, 77, 95, 116s., 120, 125, 129, 132, 134, 151, 160, 167, 170, 172
alfabetização na 120
europeus 89, 101-103, 122, 124
medieval 48, 53, 65, 68, 70, 77, 112, 125, 127, 156, 167, 174
Evidência/prova escrita 145-148, 167

Feudalismo 170
   ocidental 93
Fichas de argila 56, 58-62, 72
França 129, 141
   medieval 127, 154

Gana 20, 24, 28, 87, 102, 109s., 116, 133, 142, 148s., 153
   acerto de disputas em 110s.
   audiência de disputas em 103s.
   introdução da administração em 113-115
   cf. tb. Os lodagaa, Gonja
Glossa 155
Gonja 91, 102, 104, 109, 112, 114, 129
Grécia 31, 48, 90, 118, 120, 125, 141, 155
   advocacia em Atenas 138
   gregos 84, 86, 171s.
   nível de alfabetização 120
   cf. tb. Creta

Hebreus 46, 50s.
   cf. tb. Judaísmo
Hinduísmo 19, 22, 26, 28, 30, 34-36, 53, 67, 118, 164
   brâmanes 22, 29s.
   difusão do 164
   Dīpāvāli 68
   influências culturais do 164
   mantras 22, 164
   parsallah 31
   sistema *jajmānī* 68
Hititas 43, 47, 79, 100
Horóscopos 47

Igreja Católica 21, 24s.
   lutas ideológicas na 104
Impostos, tributos, taxação 66, 69-71, 76, 80, 84s., 89, 98, 104, 113, 145, 155, 161

Índia 31, 36, 55s., 67, 75, 104-106, 124, 164s., 170, 172
   censo de 1872 115
   indianos 86
   levantamento etnográfico 115
   mantras 17, 22
   período mogul 115
   registros de assentamento 115
   sânscrito 35
   tabletes de Mihintale 67
Indonésia 22, 53, 164
Inglaterra 129, 141
   medieval 82, 88, 125, 152-158, 174
   normanda 106, 153
   romana 153
   cf. tb. Anglo-saxão
Irã 32s., 79
Islã/islamismo 18s., 23, 28, 30, 34s., 63, 68, 89, 101-104, 112s., 118, 135, 141
   califado 32
   calígrafos 21
   estados islâmicos 102, 113
   hadith 135
   Jihād Fulani 104, 112s., 118
   jurisprudência sunita 135
   madrassa 31
   Maomé 142
   Maulude 109
   muçulmanos 86, 102, 104, 164
   mundo islâmico 91
   O profeta 104, 109
   Qadariyya 21
   seitas fundamentalistas 33
   Tijaniyya 21
   Waqf 63
   xiitas 32, 104
   cf. tb. Corão

Itália 154
   Bolonha 157
   Gênova 77
   italianos 154
Itinerários 87, 102

Jihād, Fulani 104, 112s., 118
Jornais 116, 120
Judaísmo 18s., 30, 35, 37, 43, 141, 164
   Dez Mandamentos 37, 50
   divindades semitas 43
   expansão do 164
   judeus 82
   Moisés 50
   ortodoxo 21
   Pai-nosso 49
   reformado 21
   sinagoga 21
   Torá 21, 43, 51
   cf. tb. Bíblia, Hebreus
Juramentos 139, 146, 148
Justiça 125, 130, 144, 148

Legais
   documentos 105
   formação em matérias 84, 128, 132, 137, 161
   palavras e expressões 84
   textos 155
   transações 105, 140, 142, 154
      escritas 82s., 142
Legitimação do casamento 151
Listas 48, 51, 58, 62-64, 86s., 122, 149, 153
   botânicas 88s.
Livro do Juízo inglês 153, 156
Livro Sagrado 20, 101, 118, 165
   cf. tb. Torá, Corão, Bíblia
Livros-razão 74

Mensagens 121
   a escrita como meio de transmitir 102s., 107-109
Mercadores 69, 75-82, 87, 106, 168, 170s.
   budistas 172
   Estatuto dos 154s.
   cf. tb. Comércio
Mesopotâmia 18, 47-49, 56-58, 61-63, 65, 70, 75-78, 81, 83, 85, 95, 105, 122, 138, 153, 160s., 169s., 172
   assembleias na 119
   astrologia na 47s.
   democracia primitiva na 119
   escrita cuneiforme 56s., 60, 101
   Hamurábi 84s.
      Código de 76, 81s., 131, 160
   horóscopos na 48
   obras de engenharia na 85
   práticas divinatórias na 47s.
   presságios na 47
   ritual e mito na 48s.
   sistemas de irrigação na 85
   teorema pitagórico na 84
   Terqa 74
Mito(s) 22, 48s., 58, 122
   do bagri 21

Normas explícitas e implícitas 158-162
Notas promissórias 78-80, 161
Números 59-62

O bagri 23
Os daomé 30, 70, 73, 105
Os haussa 112s.
Os lodagaa 22, 28, 52, 61, 86, 98, 107, 129, 142s., 145s., 148
   Birifu 22, 52, 142
   e a escrita 97s.
   influência da escrita sobre as contribuições funerárias dos 86

juramentos entre os 146
transmissão de mensagens entre os 107
yilmiong (o caminho correto) 23
Os lozi 127, 130, 147
   conceito de *mulao* dos 127
Os ojibwa
   rolos de casca de bétula 122
Os tiv (da África Ocidental) 119, 130
Os vai (da África Ocidental) 71, 87

Pactos/acertos 103
Pai-nosso 49
Palavra Sagrada 33
Panteão 40-43
Parsons, Talcott 25, 55, 91, 168
Passaportes 87, 102s.
Platão 118, 127
Polícia 130s.
Práticas divinatórias 47s., 50, 61, 164
Prece 46, 49
Presságios 47s.
Produção 54s., 66, 68-70, 72, 74s., 89, 166, 169s.
   diferenças dos sistemas produtivos 93
   têxtil 74s., 79s.
Propriedade
   da Igreja 66
   direitos de 56, 130, 141, 154
   posse 66, 68, 141, 149s.
   transferência de 131, 141, 143, 150
   transmissão de 144-147, 151s.
Protestantismo 25s., 104
   ética protestante 172
   Reforma protestante 33

Quipu 72, 97

Racionalidade 26, 38s., 43, 67s., 105, 128, 171-173
Recibos 105
Recitação 49
Registros/arquivos 59-64, 66-68, 77, 80, 83, 87, 93, 104s., 122s., 139s., 151s., 153-156, 159, 161s., 165
   agrícolas 88, 105
   arquivo público 102
   assentamento 115
   botânicos 88
   dos índios cuna 121s.
   escritos 115s., 121
   latim como língua de 153
   legais 136s., 140, 146, 151, 153-156, 159, 161s.
   matrimoniais 103, 151, 154
   paroquiais 151
   permanência dos escritos 26, 155-157, 161
   cf. tb. Arquivos
Registros/certidões 52, 67, 145, 149, 151, 154s.
Religião
   adaptação à sociedade 34
   conceito "da"/"de uma" 19
   continuidade da 20-22, 33, 40-42
   conversão à 20s., 24s., 164s.
   difusão da 18-20, 33-35, 37, 164s.
   do Livro 18s., 30s., 33, 49, 53, 101s., 112, 165
   e autonomia 33-35, 64, 68, 104, 121, 129, 165
   e estrutura social 26-30
   e o Estado 26, 31-33, 44
   escrita e não escrita 17s., 21, 24-27, 29s., 32-34, 36-47, 158s., 164
   fronteiras/limites da 20, 24, 164
   Grande e Pequena Tradições 35-38, 120
   ideia de 19
   manutenção da 20, 22, 104
   mundial 18, 21, 25s., 35-38, 104
   no Ocidente 18

oral 41
Páscoa 21
universalista e particularista 25-29, 35, 136, 164
cf. tb. Cultos, sacerdotes/clero
Religioso/a(s)
 dogma 48
 lei 142, 160
 mudança 21, 23s., 41
 obsolescência 23, 42, 53
 proibição 37
 textos (sagrados e ritualísticos) 30, 37-39, 47-49, 66, 164
 cf. tb. Livro Sagrado, Torá, Bíblia, Corão
Representação gráfica 54, 56s., 60-62, 83s., 97, 115, 122
 caracteres chineses 60
 ilustração diagramática 88
 mapas 87
 marcas de identificação 56, 62, 83s.
 natureza abstrata da 60s.
 selos 56, 59, 72, 154
 sinais 57
 cf. tb. Representação pictórica 61, 88, 95, 97, 122
Representação pictórica
 cf. tb. Representação gráfica
Ritos 17s., 49, 52
Rituais 22, 27, 36, 40s., 46, 48-53, 118, 122
 e escrita 51-53, 118
Roma 90, 118, 125, 138, 141, 171s.

Sacerdotes/clero 29-31, 36, 41s., 45, 48, 50s., 54, 57s., 64, 66, 71, 75, 117, 154, 161, 164
 na Mesopotâmia 57, 65, 75s.
 no Egito 41s., 43-46, 63-65, 70s., 98
 seu papel administrativo antigo Oriente Médio 45

Sacrifício 27s., 47, 49, 53
Selos 56, 59s., 72, 155
Síria/sírios 72, 98, 100, 170
 Ebla 72, 74, 76, 82, 98-100, 155
Sistema legal 116-122, 129, 131, 133, 135, 137, 139-141, 147, 157, 160
 anglo-americano 125, 136s.
 inglês 148
Sistemas de arquivamento 93
Sociedades orais 29s., 48, 51s., 61, 83, 85, 87, 101, 105s., 120, 122s., 133-135, 139-141, 143s., 149, 155, 158, 164, 166
 adaptação à religião nas 34
 em Gana 113s.
 entre os índios cuna 121
 instigação à mudança política nas 121
 mudança das leis nas 132-136
 mudança de *status* nas 52, 113, 165
 mudança do oral para o escrito 85, 101, 130, 145-148
 sistemas judiciais nas 111, 127, 130, 138s.
Sri Lanka 37, 66-69, 103, 172
 invasão cola do 69
 Vikramabahn I do 69
Summa(e) 155s., 166
 teológica 155
Susa 59

Tabelas 62
Tabletes 59s., 73s., 78s., 83s., 99s., 103, 153, 161
 Mihintale 67
Terra
 direitos fundiários 67, 82, 85, 130, 142-145, 148-152, 161
 posse 149-151
 propriedade da 67, 117
 registro de título fundiário 82-84, 130, 146, 148-152, 165

transferência de 82, 84, 143, 150s.
   cf. tb. Propriedade
Testamentos 142-147, 161
Testemunhos 146s.
Textos econômicos 92s.
Tibé 22, 31, 70, 172
Torá 21, 43, 51
Transações 82s., 166
Tratados 99-104
Trocas 54-56, 61, 63-71, 78s., 89, 100-103
   conjugais 86
   letras de câmbio 87
   na África 87, 102

Ur 79, 81
Ur III 73, 75, 79, 83

Weber, Max 25s., 31, 67, 91, 93, 107, 128, 170-172
   conceito de burocracia 93, 106s.

Índice geral

Sumário, 5
Estudos sobre a escrita, a família, a cultura e o Estado: uma introdução – Apresentação da série original, 7
Prefácio, 11
1 A palavra de Deus, 17
   O conceito de "uma" ou "da" religião, 19
   Fronteiras, 20
   Mudança, 21
   Obsolescência, 23
   Incorporação ou conversão, 24
   Universalismo e particularismo, 25
   Contradições cognitivas no geral e no específico, 27
   Especialização: sacerdotes e intelectuais, 29
   Dotação e alienação, 31
   As burocracias gêmeas, 32
   Autonomia na organização e estrutura, 33
   Grande e Pequena Tradições: cultos dos espíritos e religiões mundiais, 35
   Escrita e religião no antigo Egito, 38
   Escrita e religião em outras civilizações antigas, 46
   Ritual e escrita, 51
2 A palavra de Mamom, 54
   A origem da escrita e a economia antiga, 57
   A escrita e a economia do templo, 63
   A escrita e a economia palaciana, 69
   A escrita e a economia mercantil, 76
   A escrita e as transações pessoais, 82
   A escrita e a economia na África, 86
3 O Estado, o escritório e o arquivo, 90
   Burocracias, 92
   A administração dos primeiros estados com escrita, 94
      Administração interna, 95
      Administração exterior, 99

A administração dos estados sem escrita, 101
　Administração exterior, 102
　Administração interna, 104
A escrita nas administrações colonial e nacional, 113
Escrita e o processo político, 118
4　A letra da lei, 125
　A definição de lei, 127
　　Tribunais, polícia e códigos, 130
　　Fontes da lei e mudanças de regra, 132
　　Raciocínio legal, 136
　　Organização judiciária, 138
　　Formas legais, 139
　A expansão da escrita e do direito na Inglaterra medieval, 152
　A letra e o espírito da lei, 158
5　Rupturas e continuidades, 163
Referências, 175
Índice remissivo, 191

COLEÇÃO ANTROPOLOGIA

– *As estruturas elementares do parentesco*
Claude Lévi-Strauss
– *Os ritos de passagem*
Arnold van Gennep
– *A mente do ser humano primitivo*
Franz Boas
– *Atrás dos fatos – Dois países, quatro décadas, um antropólogo*
Clifford Geertz
– *O mito, o ritual e o oral*
Jack Goody
– *A domesticação da mente selvagem*
Jack Goody
– *O saber local – Novos ensaios em antropologia interpretativa*
Clifford Geertz
– *O processo ritual – Estrutura e antiestrutura*
Victor W. Turner
– *Sexo e repressão na sociedade selvagem*
Bronislaw Malinowski
– *Padrões de cultura*
Ruth Benedict
– *O Tempo e o Outro – Como a antropologia estabelece seu objeto*
Johannes Fabian
– *A antropologia do tempo – Construções culturais de mapas e imagens temporais*
Alfred Gell
– *Antropologia – Prática teórica na cultura e na sociedade*
Michael Herzfeld
– *Arte primitiva*
Franz Boas
– *Explorando a cidade – Em busca de uma antropologia urbana*
Ulf Hannerz
– *Crime e costume na sociedade selvagem*
Bronislaw Malinowski
– *A vida entre os antros e outros ensaios*
Clifford Geertz
– *Estar vivo – Ensaios sobre movimentos, conhecimento e descrição*
Tim Ingold
– *A produção social da indiferença – Explorando as raízes simbólicas da burocracia ocidental*
Michael Herzfeld
– *Parentesco americano – Uma exposição cultural*
David M. Schneider
– *Sociologia religiosa e folclore – Coletânea de textos publicados entre 1907 e 1917*
Robert Hertz
– *Cultura, pensamento e ação social – Uma perspectiva antropológica*
Stanley Jeyaraja Tambiah
– *Nove teorias da religião*
Daniel L. Pals
– *Antropologia – Para que serve*
Tim Ingold
– *Evolução e vida social*
Tim Ingold
– *Investigação sobre os modos de existência – Uma antropologia dos Modernos*
Bruno Latour
– *O crisântemo e a espada – Padrões da cultura japonesa*
Ruth Benedict
– *A lógica da escrita e a organização da sociedade*
Jack Goody

LEIA TAMBÉM:

O sagrado na história religiosa da humanidade
Julien Ries

O sagrado é um elemento da estrutura da consciência humana. Nessa perspectiva, cientificamente provada pela prestigiosa obra de Eliade, a experiência religiosa aparece como a experiência essencial do ser humano. O *homo religiosus* não está nem perdido nem é alienado, mas é homem completo. A ciência das religiões não indaga as revelações, que são objeto específico da teologia; analisa, porém, as modalidades pelas quais o homem religioso vive o sagrado, modalidades que variam dependendo se se trata do homem arcaico, do adepto de religiões ligadas às grandes culturas históricas ou do fiel das religiões monoteístas.

Essa obra apresenta uma síntese de grande valor e fascínio das principais teorias do sagrado elaboradas pelos historiadores das religiões durante mais de um século, seu rico vocabulário religioso presente nos livros sagrados, no ritual, na liturgia, na iniciação, na celebração, na oração e no ensinamento e uma pesquisa de semântica histórica que nos permite captar melhor a noção e o significado do sagrado nas diferentes religiões. Não se trata de um estudo sistemático e especializado, mas sim de uma tentativa de coordenar as diferentes abordagens feitas por alguns especialistas. A partir das abordagens semânticas procura-se destrinçar o sagrado e o lugar que ele ocupa em cada religião.

Julien Ries (1920 – 2013), foi um historiador das religiões, cardeal e arcebispo católico belga.